계·정·혜,

인간불교의 근본 가르침

계·정·혜,

인간불교의 근본 가르침

人向佛教的戒定慧

성운대사 지음
조은자 옮김

운주사

서문

처음 불문에 드는 사미沙彌를 다른 말로 '근식勤息'이라 부르는데,
'계·정·혜를 힘써 닦고, 탐·진·치를 소멸한다'는 의미입니다. 인생
에서 최대의 적인 '탐·진·치' 번뇌는 불법에서 말하는 '계·정·혜'
삼학으로써만 항복시킬 수 있음을 이를 통해 알 수 있습니다.

계·정·혜 삼학은 경經·율律·론論 삼장三藏이기도 합니다. 경장은
정학을 설명하여 밝힌 것이고, 율장은 계학을 설명하여 밝힌 것이며,
논장은 혜학을 설명하여 밝힌 것입니다. 그러므로 계·정·혜 삼학을
꾸준히 수행하면 사상적으로는 물론 생활 속에서도 부처님의 가르침
을 실천할 수 있습니다.

계·정·혜를 열심히 닦아야 하는 것은 사미뿐만이 아닙니다. 재가
자 또한 삼귀오계三歸五戒를 수지하고 경론을 거듭 탐구해야 합니다.
아라한, 비구, 대보살도 예외 없이 '계·정·혜'를 근면하게 닦아야 합
니다. 지역적으로 불교는 한전漢傳불교, 장전藏傳불교, 남전南傳불교
로 나뉘었지만, 어느 지역의 불교든지 계·정·혜를 근본으로 삼고 있
습니다. 따라서 불교의 승가와 신도 두 대중은 모두 경·율·론 삼장
과 계·정·혜 삼학을 학습의 주요 내용으로 삼아야 합니다.

'인간불교'가 인간적 부처님의 가르침에서 비롯된 만큼 계·정·혜
삼학 역시 인간불교를 실천하는 자들이 힘써 닦아야 하는 근본적인

목표라 할 수 있습니다. 인간불교의 전파는 시대의 흐름을 따른다는 면도 있지만, 전통적 불법에 근거를 두기도 합니다. 인간불교가 지금까지 발전되어 올 수 있었던 것은 초기불교의 계·정·혜를 인간불교 사상의 근본으로 삼았기 때문입니다.

예컨대 불교의 '삼귀오계'를 바탕으로 인간불교는 '삼호三好·칠계七誡'를 제창하였습니다. 불교에 '사선팔정四禪八定'이 있듯, 인간불교에도 생활 속에서 할 수 있는 여러 가지 선정 수행법이 있습니다. 불교가 반야, 중론, 유식, 천태, 화엄 등의 의학義學을 중시하듯, 인간불교 역시 전통불교의 혜학慧學과 현대의 문학, 역사, 철학, 과학기술 등의 학문을 융합하여 인간세계의 불교생활화를 중시합니다.

저는 부처님의 가르침을 전파하고 중생을 이롭게 하며, 사찰을 창건하며 승가 대중을 편안케 하는 데 한평생을 정진하였습니다. 나이가 들어 운신이 여의치 않는 지금도 인간불교를 위해 전통과 현대가 융합된, 고금을 아우르는 일에 동참하고 있습니다.

30여 년간 이어진 홍콩에서의 홍법활동과 홍콩 홍칸체육관에서의 강연 20주년을 맞이하여 이번에 특별히 '인간불교의 계·정·혜'라는 제목으로 3일간 나누어 불학강좌를 열었습니다(2006. 12. 8~10) 감히 '인고증금(引古證今: 옛것을 인용하여 현재의 것을 증명함)'이라 말할 수는 없지만, 고전과 현대가 융합되고 인간불교를 연구하는 당대의 불자들이 초기불교의 계·정·혜를 수학의 목표로 삼아 계·정·혜의 시대적 정신을 더욱 드높이며 인간불교의 근본으로 삼기를 발원합니다.

'일체의 인간은 모두 일체의 법에 의지하라' 하였습니다. 일체의

6

법은 석가여래의 계·정·혜 삼학을 벗어나지 않습니다. 이번 '인간불교의 계·정·혜' 삼학의 불학강좌를 마친 뒤, 3일 동안의 강연 원고를 탈고하지 않고 다시 보충하여 인간불교를 드높이는 불광인의 근본으로 삼을 것입니다. 이 3일간의 강연을 감히 담학논도談學論道라고 부를 수는 없고, 그저 야인헌폭(野人獻曝: 시골 사람이 봄날의 따뜻한 햇볕을 임금께 바친다는 고사)라 할 수 있을 것입니다. 미래에 '삼법인三法印'의 인증 아래, 인간불교가 계·정·혜 삼학의 횃불에 불을 붙이고, 부처님의 법으로 세간을 비추며, 인간을 위한 청정하고 안락한 불국정토를 세워주기 바랄 뿐입니다. 이 소박한 심원心願을 기원하며 일체 중생에게 공양합니다.

불광산 전등루에서

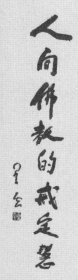

지계는 모든 선법善法 수행의 기초이자
모든 수행의 근본이다.
계는 '봉행奉行'하라는 것이지,
'독송讀誦'하라는 것이 아니다.

제1부 인간불교의 계학

앞으로 3일 간의 강연에서 저는 '인간불교의 계학戒學', '인간불교의 정학定學', '인간불교의 혜학慧學'이라는 주제로 불교의 근본 교리인 '계·정·혜' 삼학을 여러분에게 설명하려 합니다.

홍콩의 불교신도와 인연을 맺어온 것이 지금까지 30년은 훨씬 넘었을 것입니다. 돌이켜 보니 사티엔(沙田) 대회당과 야우마테이(油麻地) 란센리(染顯利) 센터에서 강연한 이후로 매년 정기적으로 홍칸체육관에서 3일 일정으로 불학강좌를 개최해 왔고, 올해로 꼭 20년이 되었습니다. 이 20년 동안 저는 『아함경』, 『육조단경』, 『금강경』, 『유마경』, 『법화경』, 『팔식규구송八識規矩頌』 등 많은 불교 경론의 대의를 이곳에서 강연하였습니다.

또한 불교의 '선수법문禪修法門', '정수법문淨修法門', '율수법문律修法門'을 비롯해서 '몸과 마음', '비움과 채움', '가르침과 실천'이라는 주제로 강연하기도 했습니다.

이러한 강연주제를 통해 불교 각 종파가 주장하는 의리義理와 실천수행법을 탐구하고자 했고, '선사와 선시', '선심禪心과 인심人心', '선도禪道와 불법佛法'이라는 주제를 통해서 선의 뛰어난 진리를 참구하고자 했습니다. 이 밖에도 저는 '불교에서 말하는 재부財富의 도리', '불교에서 말하는 장수長壽의 도리', '불교에서 말하는 인아人我의 도리'는 물론 '불교에서 보는 채식', '불교에서 보는 관리管理', '불교에서 보는 환경보호' 등의 주제로 실생활에서 일어나는 각종 문제에 대한 인간불교의 시각과 해결방법을 제시하였습니다.

지난 20년간 강연이 열릴 때마다 열성적으로 참여해 주셔서 매우 감사합니다. 해마다 세계 각지에서 많은 분들이 불원천리 마다않고 찾아주셨습니다. 가르침을 듣고자 하는 여러분의 열정이 홍콩 불교 신도의 독실함을 증명하고도 남음이 있습니다. 모두들 너무 열심이시라, 법문을 듣고 귀가한 뒤에는 법문을 들을 때의 환희로움을 전화로 세계의 가족, 그리고 친구들과 나눈다는 것입니다. 제가 세계 각지를 다니면서 오대주에 사찰을 건립하고 홍법활동을 하였지만, 홍콩 신도들이 가장 열정적이었습니다. 수많은 홍콩 신도들이 저를 따라 세계 각지를 다니며 법문을 듣고, 호지護持하며, 재보시와 울력보시 등을 행하면서도 결코 공을 내세우는 법이 없었습니다. 그래서 저는 항상 "오늘 제가 세계 각지에서 불법을 추진하는 데 약간이라도 성과를 이룰 수 있었던 것은 분명 홍콩 신도 여러분과의 인연 덕분입니다"라고 말합니다. 정말 대단히 감사합니다.

이 밖에도 요 몇 년 동안 홍콩대학, 홍콩중문대학, 홍콩이공대학

등의 요청으로 수차례 각 대학과 인연을 맺게 되었습니다. 특히 홍콩 중문대학은 2005년 4월 불광산과 협력하여 '인간불교연구센터'를 공동 설립하였습니다. 쌍방이 협력하여 불교연구가 한층 더 심화될 수 있다는 희망에 그 의미가 더욱 크다 하겠습니다.

　2006년 7월 저는 불광산에서 거행한 공승供僧법회에서 '봉인封人'을 해야 한다고 선포한 적이 있습니다. 과거 불교의 '폐관閉關'이란 것이 제가 지금 제시한 '봉인'과 그 의미가 유사합니다. 저는 홍칸체육관에서 20년, 그리고 타이베이 국부기념관에서는 30년을 강연했습니다. 그러니까 해마다 연례행사였던 이러한 강좌를 내년부터는 개최하지 않겠다는 의미입니다. 세월에 장사 없다더니, 저도 이젠 많이 늙었습니다. 그렇다고 오늘부터 제가 여러분과의 만남을 더 이상 가지지 않겠다는 뜻은 아닙니다. '단 하루를 화상으로 살더라도 본분에 충실해야 한다(做一日和尚撞一天鐘)'는 말이 있습니다. 출가자는 단 하루라도 신도들과 인연을 맺는 일을 게을리 해서는 안 됩니다. 그러니 오늘 이후에도 여러분은 여전히 도우道友이며, 언제 어디서든 모두와 인연을 맺을 수 있습니다.

　불교에서는 '계율이 바로 서야 법이 바로 선다(戒住則法住)'라는 말이 있습니다. 그러므로 불교에서도 법치를 강조합니다. 불교의 계율에는 비구 250계, 비구니 348계, 사미니 10계, 식차마나(式叉摩那: 미성년 여성 출가자) 6법계가 있습니다. 그리고 재가신도는 또한 오계와 팔관재계를, 보살은 6중重 48경輕계, 그리고 각종 청규 등을 수지해야 합니다. 여러분들은 이처럼 많은 불교 계율의 속박이 두렵지는 않으십니까? 사실 '계戒'는 '자유'라는 의미이기도 합니다. 법을 무시하고 계율을 지키지 않을 경우는 자유를 잃게 되지만, 법과 계율을 준수하는 사람은 무척 자유롭고 즐겁습니다.

중국불교에서 '선정밀(禪淨密; 참선, 염불, 밀교)'은 기본적인 수행법문입니다. 그러나 참선, 좌선, 독경, 염불 또는 지주持呪나 수밀修密이라 하여도, 반드시 '계'를 통해서 스스로를 규제해야 마음이 일어나고 생각이 움직이는 자신을 끊임없이 정화할 수 있습니다. 그래서 저는 '선정율禪淨律' 세 가지 수행법문을 '선'은 '불심佛心'이자 우리의 참된 마음이고, '정'은 '불토佛土'이자 우리가 사는 세계이며, '율'은 '불행佛行'이자 곧 우리의 행위라고 정의 내린 바 있습니다.

계율은 우리의 행위를 규범 짓는 것입니다. 부처가 되고 조사가 되는 목표를 달성하는 데 우리의 행위는 매우 중요합니다. 특히 인간불교는 불교식 인간세상을 만들어가는 과정에서 방편을 대단히 중요하다고 생각합니다. '방편에는 여러 문이 있지만, 근본으로 돌아가는 데는 두 길이 없다(方便有多門, 歸元無二路)'라는 말이 있습니다. 불교에는 팔만 사천 가지의 법문이 있고, 불법을 5단계로 나눠 '오승불법五乘佛法'이라고 합니다. 삼귀오계의 수학을 포함한 인승人乘은 유교에 상응하고, 십선十善의 선정을 수학하는 천승天乘은 기독교에 상응하며, 사성제四聖諦를 수학하는 성문승聲聞乘과 연기緣起중도의 이치를 수학하는 연각승緣覺乘은 도교에 상응합니다. 인승과 천승의 가르침은 세간법世間法이고, 성문승과 연각승의 가르침은 출세간법出世間法입니다. 불교는 입세간入世間의 정신(인승과 천승)과 출세간의 사상(성문, 연각승)을 결합해 육도만행의 '보살승菩薩乘' 수행을 궁극의 목적으로 삼았습니다. '출세간의 사상으로 입세간의 사업事業을 한다'

는 말은 여기서 비롯되었습니다.

불교의 육도만행 덕목이 많긴 하지만, 종합해 보면 계·정·혜 삼무루학三無漏學에서 벗어나지 않습니다. 계·정·혜 삼학은 불교의 실천 강령이자, 불도를 익히는 사람이 반드시 수행해야 하는 과목입니다. 『번역명의집翻譯名義集』에서는 "그릇된 것을 막고 악을 그치게 하는 것을 계라 하고, 망상을 버리고 마음을 고요히 한곳에 모으는 것을 정이라 하며, 악을 깨트리고 진실을 증득하는 것을 혜라 한다"라고 하였듯이 계·정·혜 삼학은 탐·진·치 삼독을 다스릴 수 있고, 인류의 이기적인 생각을 억제할 수 있습니다. 지계持戒를 하면 이기적이지 않고, 이기적이지 않으면 탐욕스런 마음이 일어나지 않습니다. 선정禪定을 하면 타인에게 피해를 주지 않고, 피해를 주지 않으면 성냄도 일어나지 않습니다. 지혜를 닦으면 무명에 들지 않게 되고, 무명에 들지 않으니 어리석음 또한 존재하지 않습니다.

계율은 고치기 어려운 나쁜 병을 치료하는 좋은 약입니다. 두려울 때 계율은 우리를 보호할 수 있고, 선정은 우리의 신심을 안정시켜 주는 힘입니다. 어려울 때 선정은 우리를 침착하게 만들고, 지혜는 우리 앞날의 밝은 등불이 됩니다. 어리석을 때 지혜는 우리를 인도해 줄 수 있습니다. 계·정·혜 삼학은 불법의 근본입니다. 불교에는 '삼장(경·율·론) 십이부(경전을 12가지로 구분)'의 수많은 경전이 있지만, 결론적으로 보면 계·정·혜 삼무루학을 벗어나지 못합니다.

계·정·혜 삼학 가운데 계학이 첫머리에 오긴 하지만, 서로 밀접하게 연관되어 있습니다. 그래서 '계에서 정이 생겨나고, 정에서 혜가 일어나며, 혜에서 해탈로 들어간다'고 말하는 것입니다. 지혜는 선정의 작용이고, 선정은 지혜의 몸체입니다. 계·정·혜는 불학 공부에서 없어서는 안 될 양식입니다. 먼저 이 '인간불교의 계학'에 대해 다음의 네 가지 관점을 피력하겠습니다.

①**계의 제정**: 때에 따라 제정, 시기에 따라 펼침(因時制宜, 時開時遮)

②**계의 정신**: 악을 그치고 선을 행하며, 중생을 이롭게 함(止惡行善, 饒益有情)

③**계의 실천**: 봉사와 헌신은 나와 남이 다 이로움(服務奉獻, 自他兩利)

④**계의 목표**: 인격을 완성하고 원만한 보리를 이룸(人格完成, 菩提圓滿)

1. 계의 제정: 때에 따라 제정, 시기에 따라 펼침

2,500여 년 전 부처님은 49년 동안 홍법을 펼친 뒤, 열반에 드시며 제자들에게 "계율을 스승으로 삼으라"고 당부하셨습니다. 부처님의 입멸 이후, 지금까지도 불제자들이 여전히 불법을 보고 들을 수 있음은 "계율을 제정하여 승려를 거두라"는 부처님의 말씀에서 비롯됩니다. 즉 '계율이 머물러야 승려가 머물고, 승려가 머물러야 가르침이 머문다'는 것입니다. 이후 중국불교는 전통방식을 계승하여 머리를 깎고 출가했다 하더라도 반드시 등단登壇하여 수계를 받아야 정식 출가자가 될 수 있었습니다.

부처님이 계율을 정한 본래의 뜻은 오로지 승려를 거두어 정법이 오래도록 머물게 하라는 것이었지만, 계율은 단지 출가 대중만이 지켜야 하는 것은 아닙니다. 계율은 일체 선법의 근본이자, 세간의 모든 도덕적 행위의 귀결점입니다. 수계는 학생이 학교 교칙을 준수하고 국민이 법률을 준수하는 것과 같습니다. 다른 점이 있다면 교칙과 법률은 외부에서 오는 속박으로 타율적이지만, 불교의 계율은 마음에서 우러나는 자신에 대한 요구이며 자율적이라는 것입니다.

불교의 계율은 출가자냐 재가자냐, 또 남자냐 여자냐에 따라 차이가 있습니다. 재가신도인 우바이와 우바새가 수계하는 것은 오계五戒, 팔관재계八關齋戒, 십선계十善戒이고, 출가한 사미와 사미니가 수계하는 것은 십계十戒입니다. 또한 식차마나가 수계하는 육법계, 그리고 비구 250계와 비구니 348계 등의 구족계 등이 있습니다.

이상 칠부대중(七衆)이 각기 받아 지녀야 하는 계율을 '별계別戒'라고 하는데, 대승불교에서는 '성문계(소승계라고도 함)'를 가리킵니다. 그런 까닭에 따로 '보살계(대승계라고도 함)'를 제정하였으니 '섭률의계攝律儀戒', '섭선법계攝善法戒', '요익유정계饒益有情戒'인 삼취정계三聚淨戒가 그 내용입니다. 이것은 보리심을 내는 승속僧俗 사부대중이 마땅히 받아 지녀야 하는 까닭에 '통계通戒'라 부르기도 합니다. 이밖에도 '모든 악한 일 짓지 말고, 일체의 착한 일 받들어 행하라. 스스로 그 뜻을 청정하게 함이 모든 부처님의 가르침이다(諸惡莫作 衆善奉行, 自淨其意 是諸佛教)'라는 칠불통계게七佛通戒偈 역시 승속 사부대중의 금계禁戒와 통하기에 이 역시 '통계'입니다.

『사분율四分律』의 기록에 따르면 부처님이 처음 계법을 제정하신 것은 깨달은 뒤 20년 후였습니다. 당시 음란한 행동을 한 수제나須堤那 비구를 보고 부처님께서는 '불사음계不邪婬戒'의 계율을 정하셨습니다. 이처럼 부처님은 문제가 발생되었을 때마다 사건의 재발을 막기 위해서 계율을 제정하셨습니다. 남전불교에는 '오후불식午後不食'이라는 계율이 있습니다. 출가자는 반드시 이른 아침부터 정오까지 음식을 섭취하고, 무릇 정오가 지난 뒤에는 음식을 먹지 않는다는 계율입니다. 이것을 '비시식非時食'이라고 합니다. 부처님이 이 계율을 정하신 이유는, 『오분율五分律』의 기록에 따르면 가류타이迦留陀夷 비구가 어스름한 저녁 무렵 나열성羅閱城으로 탁발을 나갔습니다. 날은 이미 어둑어둑해지고 주위는 잘 보이지 않았습니다. 이때 한 임산부가 그를 보고 너무 놀란 나머지 유산을 하고 말았습니다. 부처님께서는 비구가 오후에 거리에 나가 탁발공양을 하는 것이 불편한 점이 많다고 여겨 비구들의 '오후불식'이라는 계율을 정하셨습니다.

부처님이 계율을 제정하는 인연에서 볼 때 불교의 '계율'은 한편으로는 불교도의 삿되고 그릇된 행위를 방지하기 위한 목적으로, 이른바 그릇됨을 막고 악을 그치게 한다는 '방비지악防非止惡'의 의미입니다. 『백론소百論疏』 상권에서 "계율을 제정한 뜻을 묻노니, 본디 중생을 괴롭히지 않고자 함이라(問制戒意, 本取不惱衆生)"라고 말한 것과 같습니다. 한편으로는 중생을 이롭게 한다(利益衆生)는 더 적극적인 측면도 있습니다. 그래서 『섭대승론석攝大乘論釋』 권11에서는 "여래가 계율을 제정한 두 가지 뜻이 있다. 하나는 성문이 스스로를 제도하고자 계율을 제정하였으며, 또 하나는 보살이 자신을 제도하고 타인을 제도하고자 계율을 제정하였다(如來制戒有二種意. 一爲聲聞自度故制戒, 二爲菩薩自度度他故制戒)"라고 했습니다.

계율戒律에서 '계'는 자발적인 마음으로 규율을 지켜나가는 것이고, '율'에는 타율적 규범이라는 의미가 포함되어 있습니다. 불교 교단의 확립은 반드시 승가 질서의 토대 위에 건립되어야 하므로 각각 제정한 규율 조항과 위반 시의 벌칙 조항을 모두 '율'이라 부릅니다. 만약 일체의 계율 조항을 마음에서부터 우러나와 지키고자 하는 것이라면 '계'라고 합니다.

'계'는 본래 부처님이 세상에 계실 때 외도外道의 그릇된 행위를 들어 불제자를 훈계하고 승가와 신도 두 대중을 깨우치는 것이라는 관점도 있습니다. '율'처럼 문제가 발생할 때마다 제정하는 것이 아니기에 계를 범하였을 때는 처벌 규정이 동반되지 않고, 자발적 노력을 한다는 것이 특징입니다. 이런 견해에 비춰볼 때 본래 계와 율은 약간의 차이가 존재하는데도, 후세의 사람들이 종종 이 둘을 혼용하고 있습니다.

사실 '계율'의 정의가 어떠하든 불교에서 계율을 제정한 까닭은 승단의 청정함과 화목함을 유지하자는 취지이며, 이것이 승단의 생활 규범임은 의심할 여지가 없습니다. 『사분율』권22에서는 계율을 정하면 10가지 이익이 있다고 말합니다. 그것은 ①승가를 통솔하게 하고, ②승가를 화목하게 하며, ③승가를 안락하게 하며, ④믿음이 없는 자에게 믿음을 주며, ⑤믿음이 있는 자에게는 믿음을 증장增長케 하며, ⑥다스리기 어려운 자를 조순調順하며, ⑦부끄러워하는 자들에게 안락을 주며, ⑧현재의 번뇌를 끊게 해주며, ⑨미래의 번뇌를 끊어내 주며, ⑩정법이 오래도록 머물게 해줍니다.

이 열 가지 이로움 가운데 앞의 9가지는 '법으로 승가 대중을 다스린다'는 것으로 승단이 청정하고 화락하게 하는 확실한 방편이고, 마지막의 '정법이 오래도록 머물게 함'이야말로 부처님이 계율을 정하신 궁극적인 목적이라 할 수 있습니다. '부처님의 가르침을 널리 전파하는 것은 본디 승가에 달려 있다'(태허대사 어록)고 했기 때문입니다. 정의사회 구현과 사회질서 유지를 위해 존재하는 세간의 법과 서로 비교해 보면 불교 계율의 제정에는 또한 종교적 사명감과 중생을 이롭게 하려는 부처님의 자비가 가득 담겨 있습니다.

불교 계율의 제정에 관해, 재가신도는 '오계', '보살계', '팔관재계'를, 출가자는 '비구계', '비구니계', '사미계'를 받는 등 불교에 왜 이처럼 계율 조항이 많은지 이해를 못하는 사람도 있을 것입니다. 이치는 매우 간단합니다. 공부하는 학생에게 초등학교, 중·고등학교, 대학교 등의 학업과정이 각기 다르듯이, 불교의 계율 가운데에서 오계는 사람으로서 행하는 근본이며, 보살계는 '위로는 깨달음을 구하고 아래로는 중생을 교화함'을 실천하는 보살도이고, 팔관재계는 재가신도가 출가자의 생활을 체험하고 배우는 일종의 방편입니다.

또 누군가는 "불교에서는 술 마시지 말라는 것을 근본오계라는 커다란 계에 포함하였는데, 술 마시는 게 그렇게 큰일입니까?"라고 묻습니다. 부처님이 제정하신 계율 가운데 본질적으로 죄악인 행위를 '성계性戒'라고 합니다. 예를 들어 살생, 도둑질, 삿된 음행, 거짓말 등의 행위는 불교 계율이나 국가의 법률로 금한다고 제정하지 않더라도 윤리의 본질과 질서 면에서 모두 자연의 이치로 용납되지 못하고, 사회에서 대중적으로 인정하는 죄행이며, '성계'에 속합니다. 본질적으로 죄악은 아니지만, 쉽게 비방과 시기를 불러일으키고 또 다른 본질적 죄악을 야기하는 행위는 '차계遮戒'라고 부릅니다. 예를 들어 술을 마시는 것 자체는 죄악이 아니지만, 술을 마시면 이성을 잃고 한

순간에 살생, 도둑질, 음란, 거짓말 등의 악행을 저지르기 쉽습니다. 그래서 네 가지 근본대계(殺盜淫妄) 뒤에 둔 것입니다.

차계는 또한 '식세기혐계(息世譏嫌戒: 세간의 비방과 혐오를 그치게 하고자 제정한 계율)'라고도 하며, 줄여서 '기혐계'라고 합니다. 이는 부처님이 정한 경죄계輕罪戒에 속하며, 그 목적은 세간의 인간들이 불교에 대해 무의미한 비방을 제지하게 하는 데 있습니다. 하지만 넓은 의미로는 '사중금계四重禁戒' 이외의 모든 계를 가리킵니다. 살생, 도둑질, 음행, 거짓말 등의 성계 중에 특별히 그 죄가 무거운 것을 '사중금계'라고 합니다.

차계는 부처님께서 문제 발생과 지역에 따라 정한 계율에 속하며, 통상적으로 성계보다는 가볍고, 일반적으로 사회에서 죄악이라 여기지 않는 정도입니다. 하지만 불교는 세인들의 비방과 모함을 금지하고 이로 인해 발생하는 또 다른 범죄를 피하고자 이 계율을 정했습니다. 음주 이외에도 저울을 속여 판매하거나 무분별한 채굴로 생명을 해치는 것은 모두 '차계'에 속합니다. 이 중에서도 특히 음주는 더 많은 잘못을 저지르고 계율을 위반할 수 있으므로, 부처님께서는 특별히 이를 금지하고 위반하지 않아야 다른 율의律儀를 지킬 수 있다고 하셨습니다.

'성계'와 '차계' 두 계율을 통해, 부처님께서 계율을 제정하실 때 숙고하셨던 면들이 매우 원만하게 융합되었음을 알 수 있습니다. 특히 불교의 계율은 '제지'라는 소극적인 측면만 있는 것이 아니라 '개허(開許: 계를 어기는 것을 허락함)'하는 면도 있습니다. 예를 들어 청정한 계율에 안주하고 있는 보살이 중생을 살해하고자 하는 도적을 보고 무간지옥에 떨어질 죄업을 지어 사후에 고통의 커다란 과보를 받을 도적이 차마 가엾어 자비를 베풀어 그 생명을 끊었다면 이것은 '개살계開殺戒'입니다.

'때에 따라 계율을 허락하고, 때에 따라 계율을 금지한다'는 대승 계율의 적극적 이타성利他性에 비춰볼 때, 불교의 계율과 세간의 법률은 약간 유사한 점이 있습니다. 예를 들어 살인, 상해, 도둑질, 침략, 폭행, 가정파괴, 허위유포, 사기, 술주정, 횡령, 불법 약물판매 등 형법상의 고발을 당할 범죄를 범했다는 것은 모두 오계를 위반한 것에 속합니다. 법률상의 삼독입법(三讀立法: 국회에서 어떠한 법안을 심의하고 입법할 때 세 번 낭독하는 의식), 삼심정언(三審定讞: 세 번까지 재판을 받을 수 있는 제도), 확정판결은 마치 불문의 삼번갈마三番羯磨와 닮았습니다. 그리고 법률상 범죄행위를 저지른 사람이 뉘우치는 빛을 보이면 정상을 참작해 감형을 해주기도 하는데, 불문에서는 죄업을 진심으로 참회하면 청정함을 얻게 되니, 이는 갱생보호법에 부합된다고 여깁니다.

그러나 불법은 정신과 의미상에서 세간법과는 커다란 차이가 있습니다. 법률에서는 범죄 의도만 갖고는 반드시 죄가 있다 하지 않으며, 범행을 저질러야 비로소 죄를 규정지을 수 있습니다. 그러나 불문에서는 범죄의 의도가 있기만 해도 계를 범한 것에 속합니다. 특히 불교는 마음에 담는 범죄의 경중조차도 무척 중시하기 때문에 모든 계상戒相에도 개開, 차遮, 지持, 범犯의 구분이 있고, 같은 계율 조항을 위반해도 동기와 방법, 결과 등이 다르기 때문에 범죄를 야기하는 경중과 참회의 방식 또한 다른 점이 있습니다. 그러므로 불교의 계율

논형論刑이 더욱 철저합니다.

다른 한편으로, 어떠한 행위는 세속의 법으로 보면 악한 일이지만, 불법의 입장에서 곰곰이 생각해 보면 오히려 선한 일일 수도 있습니다. 살생은 본래 범죄이지만, 생명을 구하고자 살생을 했다면 생명을 죽임으로써 다른 생명을 살린 것이 됩니다. 부처님께서 인지因地 보살로 수행하실 때 '하나를 죽여 백을 살린' 일이 있습니다. 이는 보살의 자비방편인 권지權智입니다. 이처럼 본래 대승불교의 자비원행慈悲願行에다 계법의 정신을 활용해서 '때로는 계를 범하는 것을 허락하고, 때로는 계를 범하는 것을 금지하는 것'이 대승계율의 특징이자 인간불교가 강조하는 지계持戒의 의의입니다. 이처럼 '허락하기도 하고' 또는 '금지하기도 하는' 부처님의 계율 제정 정신은, 계율이란 절대 바꿀 수 없는 것이 아니라 시간·지역·사람에 따라 약간씩 달리 적용할 수 있다는 것을 증명하는 것입니다. 부처님은 남쪽으로 분쟁을 해결하고자 떠나는 아나율 존자를 위해 승복을 한 벌 더 지닐 수 있도록 규정하셨고, 가섭 존자에게 전해달라고 신도들이 아난존자에게 올린 발우로 인해 당시 '축발蓄鉢'의 규율을 완화하여 10일간 소장할 수 있도록 하셨습니다. 생활 속 사소한 부분의 작은 계라도 부처님 시대에 이미 상황에 따라 허락하기도 하고 금지하기도 했다는 것을 알 수 있습니다.

오늘날 옛것만을 고수하려는 일부 인사들은 "부처님이 이미 제정한 계는 바꿀 수 없고, 부처님이 제정하지 않은 계를 늘릴 수 없다"는 이유를 들어 불교의 참신한 발전을 가로막고 있으며, 심지어 계율의 문제에 대한 견해가 다르고 견지하는 바가 다르다는 이유로 불교를 분열시켰습니다.

저는 백장 선사께서 '계율에 어긋남 없이, 총림의 청규를 제정한' 지혜가 무척 존경스러워, 불광산 개산 초기 부처님이 제정하신 것을 충실히 따르며 육화경六和敬과 계율, 총림의 청규淸規를 근거로 불광산 각 조직의 규정과 각종 제도를 제정하고 설립하는 데 착수했습니다. 인사관리에서는 '서열에는 등급이 있고, 상벌에는 제도가 있으며, 직무에는 이동이 있다', '다 함께 만들어 나가고, 제도를 통해 이끌어 나가며, 부처가 아닌 것 짓지 않고, 오로지 가르침에 의지한다'는 등등의 사무寺務 운영 규범을 제정했습니다.

이 밖에도 불광산은 '삭발 기한을 넘기지 말 것, 속가에 밤늦게 머물지 말 것, 공적 재물로 사사로이 왕래하지 말 것, 승가의 윤리를 훼손하지 말 것, 사사로이 제자를 받지 말 것, 사사로이 금전을 축적하지 말 것, 사사로이 도량을 세우지 말 것, 사사로이 신도와 사귀지 말 것, 사사로이 장례식을 치르지 말 것, 사사로이 청탁하지 말 것, 사사로이 부동산을 소유하지 말 것, 사사로이 음식을 만들지 말 것'이라는 12가지의 문규門規를 제정하여 산중의 일 처리 지표로 삼았습니다. 또한 불광산이 발전해 가면서 계속하여 사고師姑 제도, 교사教士 제도, 원공員工 제도, 친속親屬 제도 등을 제정했습니다.

불광산 개산 40주년을 맞이해서는 대대로 제정되어 왔던 조직 정관, 제도 조치, 종풍宗風 사상 등을 다 모아 '불광산도중수책佛光山徒衆手冊'으로 만들어 모든 일 처리의 규범으로 삼도록 했습니다. 이 책은 불광산 종문宗門의 청규, 불광산 종사宗史, 그리고 불광산 종풍 등을 내용으로 담고 있습니다.

'종문 청규'는 주로 불광산종위회佛光山宗委會 조직 법규 및 각종 규정을 명확히 밝힌 것입니다. 여기에는 삭발 규정, 출가 규정, 인수·인계 규정, 승급고사 규정, 상벌 규정, 상고청구 규정, 휴가신청 규정, 휴가 규정, 유학留學 규정, 유학遊學 규정, 연수 규정, 의료 규정, 해외여행 규정, 불제자 고향방문 및 집안을 잘 경영하는(家濟) 규정, 불제자 친족 왕생 장례 및 불사 규정, 차량 통행 관리 규정, 문물 공동구매 규정, 직원고용 규정 등을 포함하고 있습니다.

1. 불광산 종풍宗風

① 팔대종파의 화합, 승가 재가 공유(八宗兼弘, 僧信共有)

② 공동 창작과 존중, 그리고 포용(集體創作, 尊重包容)

③ 배움과 실천을 통한 수행, 민주적 일 처리(學行弘修, 民主行事)

④ 육화교단의 사부대중은 평등함(六和教團, 四衆平等)

⑤ 정치와 종교는 화합하나 편중되지 않음(政教世法, 和而不流)

⑥ 전통과 현대가 상호 융화함(傳統現代, 相互融化)

⑦ 국제적 교류를 통한 공동체 의식(國際交流, 同體共生)

⑧ 인간불교를 통한 불광정토 건립(人間佛教, 佛光淨土)

2. 불광산 종지宗旨

① 문화를 통한 불법 선양

② 교육을 통한 인재 배양

③ 자선을 통한 사회 복지

④공수를 통한 인심 정화

3. 불광산 목표
①인간불교 널리 펼침, 불광 정토 창건
②사부대중 교단 건설, 화목한 세상 촉진

4. 불광산 전통
①인간의 희락喜樂
②대중의 화목함
③문화예술의 교화
④보살의 발심
⑤자비의 근본
⑥편리한 일 처리
⑦국제적 공존
⑧온 세상의 평등

5. 불광인의 정신
①사찰 우선, 자신은 그 다음
②대중 우선, 자신은 그 다음
③신도 우선, 자신은 그 다음
④불교 우선, 자신은 그 다음

6. 불광인의 이념

①영광은 부처님께 돌린다.

②성취는 대중에게 돌린다.

③이익은 사찰에 돌린다.

④공덕은 단나(시주)에게 돌린다.

7. 불광인의 근무신조

①타인에게 믿음을 준다.

②타인에게 기쁨을 준다.

③타인에게 희망을 준다.

④타인에게 편리함을 준다.

8. 불광 사찰의 발전 방향

①전통과 현대의 융합

②승가와 재가신도의 공존

③수행과 깨달음의 병행

④불교와 예술 문학의 합일

9. 불광산의 성과

①현대적 교단 설립: 서열과 항렬, 승가·재가 사부대중, 사업의 기초, 문화교육

②국제적 불교 발전: 불광협회, 해외도량, 국제회의, 종파 간

교류

③인간불법 선양: 생활 속 법어, 인생 속 예의, 가정 속 불법, 사회 속 응용

④양안교류 촉진: 평등 공존, 평화 공영, 불교를 인연으로, 융합을 근본으로 삼다.

10. 사회에 대한 불광산의 공헌

①사회의 풍토 개선, 세간의 인심 정화

②군아郡我의 화합 촉진, 평화세계 건설

11. 불광산이 불교에 미친 영향

①전통적 불교에서 현대적 불교로

②개인적 불교에서 대중적 불교로

③범패의 불교에서 합창의 불교로

④경참經懺의 불교에서 사업의 불교로

⑤지역적 불교에서 국제적 불교로

⑥산만한 불교에서 조직적 불교로

⑦정적인 불교에서 동적인 불교로

⑧산림 속 불교에서 사회 속 불교로

⑨도피적 불교에서 구세救世의 불교로

⑩승려의 불교에서 신도 화합의 불교로

⑪제자의 불교에서 강사講師의 불교로

⑫사찰의 불교에서 집회 장소의 불교로

⑬종파의 불교에서 존중의 불교로

⑭수행의 불교에서 전파의 불교로

⑮법회의 불교에서 활동의 불교로

⑯노년의 불교에서 청년의 불교로

12. 인간불교를 촉진한 불광산의 구체적인 공헌

①세계 불교 인구 증가

②청년 불학 기풍 진작

③재가불자의 불법 선양

④인간불교가 인정을 득함

⑤방송매체에서 불교를 중시

⑥불교 문물 널리 유통

⑦불교 범패가 존중을 받음

⑧불광인회의 괄목할 만한 발전

⑨교육학계가 불교에 긍정적임

⑩정당인政黨人의 불교 실천

⑪예술인의 불교 귀의

⑫불학고시의 눈부신 성과

⑬교도소 홍법 성과 탁월

⑭종족 간 화합과 평화 촉진

⑮남전불교 비구니 교단 부활

제도란 곧 규율입니다. 저는 젊은 시절부터 불교의 가장 큰 폐단은 흩어진 모래처럼 각자 저마다 일 처리하며 조직적인 제도가 없는 것이라 여겨왔습니다. 복장이 통일되지 않은 것은 물론 출가, 삭발, 전계傳戒, 교육 등 엄정한 제도가 서 있지 않아 폐단이 뭉게뭉게 생겨나는 것입니다. 예를 들어 완비된 삭발제도가 없다면 "함부로 제자를 받아들이고, 함부로 아무 데나 거처하며, 함부로 계법을 전해 불교의 윤리 강기綱紀가 단숨에 사라져버리니 스승이 스승 같지 않고 제자가 제자 같지 않은 결과를 초래한다"는 인광印光대사의 말씀처럼 될 것입니다. 특히 엄격한 제도가 없다면 '사자 몸에 붙어 있는 벼룩'처럼 부처님께 기생해 삶을 구차하게 이어가는 무리만 길러낼 뿐입니다. 완벽한 제도가 결여된 사찰의 재산은 사유재산으로 흐르게 되고, 심지어 불문의 청정한 재물은 타인의 소유가 되어 홍법이생弘法利生의 사업에 쓸 수 없게 되므로 저는 불광산을 설립한 이후 줄곧 제도의 확립을 중시해 왔습니다.

제도란 계단처럼 우리를 한 걸음씩 차근차근 올라가게 해주고, 차

례차례 앞으로 나아가게 해줍니다. 완전한 제도가 마련되어야 승단
또한 완전할 수 있으며, 불교의 부흥 또한 태동시킬 수 있습니다. 그
러나 제도도 지나치게 부패하거나 구습만을 고집해서는 안 되며, 반
드시 '인시因時, 인지因地, 인인因人'에 따라 정하여야 합니다.

불법의 진리는 바꿀 수 없다는 것은 의심의 여지가 없습니다. 그러
나 2,500여 년 전 인도에서 중국에 전래된 불법 계율 가운데 이미 현
대사회에 적용하기 힘든 것도 있다고 봅니다. 그러므로 근본대계는
그대로 보존하면서 '소소한 계율'은 시대적 필요, 또는 풍속과 기후,
지역적 차이가 있으니 탄력적으로 조정해야지, 그렇지 않고 '사미계
沙彌戒'처럼 조정하지 않고 적힌 글자 그대로 고집해서는 더욱 발전
하는 데 장애가 될 것입니다. 이것이 우리가 불교 계율을 새롭게 직
시해야 하는 점입니다. 우리가 적극적으로 불법 계율을 인식해야만
계율을 정하실 때 원융圓融하고 근기에 따라 방편을 내신 부처님의
정신을 헛되이 하지 않는 것입니다. 지금부터는 한층 더 심도 있는
계율의 정신을 말씀드리겠습니다.

2. 계의 정신: 악을 그치고 선을 행하며, 중생을 이롭게 함

불교를 믿으면 반드시 수계를 받아야 하고, 수계를 받으면 이것저것
해서는 안 되는 규제들이 많아 굉장히 자유롭지 못할 것이라고 생각
하는 일반인들이 많습니다. 불교 계율의 근본정신은 타인을 침해하
지 않는 데 있습니다. 타인을 침해하지 않고 존중하면 자유로울 수
있습니다. 오계 가운데 '살생하지 말라'는 것은 '타인의 생명을 침해
하지 않는 것'이고, '도둑질하지 말라'는 것은 '타인의 재산을 침해하

지 않는 것'이며, '음행하지 말라는 것'은 '타인의 신체를 침해하지 않는 것'이고, '거짓말하지 말라'는 것은 '타인의 명예를 침해하지 않는 것'이며, '술을 마시지 말라'는 것은 '자신의 이성을 상하지 않고 더 나아가 타인까지도 침해하지 않는다'는 것입니다.

타인을 침해하지 않고 더 나아가 존중하면 나와 남이 모두 자유로울 것입니다. 반대로 감옥에 갇혀 몸이 자유롭지 못한 사람의 경우, 그 원인을 살펴보면 결국 이 오계를 저촉한 것임을 알 수 있습니다. 살인, 상해, 얼굴을 훼손하는 것은 '살생하지 말라'는 계를 범한 것입니다. 횡령, 침략, 절도 갈취, 약탈, 납치는 '도둑질하지 말라'는 계를 범한 것입니다. 강간, 유괴, 이중결혼, 풍습을 어지럽히는 행위는 '음행하지 말라'는 계를 범한 것입니다. 비방, 배신, 위증, 협박은 '거짓말하지 말라'는 계를 범한 것입니다. 독극물의 판매 및 흡입, 운반과 술을 마시는 것은 '음주계飮酒戒'를 범한 것입니다. 오계를 범했기에 몸이 묶여 자유롭지 못하며 자유를 잃어버린 것입니다. 그러므로 수계는 법을 지키는 것이고, 수계해야 자유로울 수 있습니다. 수계를 하지 않았는데 위법 행위를 한다면 법률에서도 관용이 없을 뿐더러 인과도덕의 심판 역시 뒤따를 것입니다. 수계를 더욱 속박하는 것이라 여기지 말아야 하며, 오계를 받아 지니고 진실되게 오계를 이해할 수 있는 사람이라면 진정한 자유를 누릴 것입니다.

삼보에 귀의함은 불도를 익히는 첫 단추이며, 계율을 수지함은 그 믿음을 실천하는 것입니다. 불제자가 삼보에 귀의한 뒤에는 더욱 발심하고 계를 받아야 합니다. 수계란 일종의 발심이며, 마음이 일어나면 어떠한 사마외도도 모두 자취를 감추게 됩니다. 계는 일체 선법의 근본이기 때문입니다. 『대지도론大智度論』에서는 "매우 나쁜 병에는 계율이 좋은 약이네. 매우 두려울 때에는 계율이 지켜주네. 죽음의 어둠에서는 계율이 밝은 등불이네. 그릇된 길에서는 계율이 다리라네. 죽음의 바다 한가운데에서는 계율이 커다란 배라네(大惡病中, 戒為良藥. 大恐怖中, 戒為守護. 死暗冥中, 戒為明燈. 於惡道中, 戒為橋樑. 死海水中, 戒為大船)"라고 하였습니다. 청정한 계를 받아 지니면 절로 커다란 힘과 공덕이 생겨나게 됩니다. 그러나 우리가 계의 정신에 대해 반드시 정지정견正知正見을 갖추는 것이 계를 지니는 것보다 더욱 중요합니다.

그래서 '계'에 관한 다음 몇 가지의 관념을 여기서 설명하고자 합니다.

1) 파계와 파견

'파계破戒'는 계법을 위반한 것으로 행위상의 개인적인 실수이며, 참회를 통해 바로잡을 수 있습니다. 진리를 그릇되게 이해하는 것으로 사상 면에서의 근본적인 잘못이 '파견破見'입니다. 파견한 사람은 견해 면에서 불법의 참 이치를 다시 받아들이지 못하므로 불도와는 영원토록 인연이 없습니다. 그래서 파계는 참회하면 되지만, 파견은 참회가 통하지 않습니다.

'수계를 한 뒤에라도 계율을 어길 경우가 반드시 있을 텐데, 그러느니 차라리 수계하지 않으면 오히려 계율을 어길 걱정은 하지 않아도 되잖아'라고 생각하는 사람도 있습니다. 수계한 뒤에는 설령 계율을 어겨도 부끄러운 마음이 있어 참회할 줄 알기에 그 죄가 비교적 작으며 깨우칠 기회가 여전히 남아 있습니다. 그러나 수계하지 않은 사람은 계율을 어겨도 참회하거나 고칠 줄을 모르니 자연히 그 죄가 더욱 무거워져 삼도악도三途惡道에 깊이 빠지게 됩니다.

불교에서 파계한 사람은 부끄러워하지 말고 지극히 정성된 마음으로 참회하면 새 삶의 희망이 있습니다. 그러나 파견한 사람은 병이 고황膏肓에 든 것처럼(고膏는 심장의 아랫부분, 황肓은 횡격막의 윗부분을 말하며, 이 둘 사이에 생긴 병은 매우 낫기 어렵다고 전해진다) 백약이 무효합니다. 정치적으로 사상범의 죄질을 비교적 심각하게 여기는 것과 같습니다.

불교의 계율 면에 있어 잘못된 사상과 견해, 즉 신견身見·변견邊見·사견邪見·견취견見取見·계금취견戒禁取見 등 인과에 어두운 다섯 가지 사악한 견해는 번뇌의 근원이자 도를 장애하는(障道) 근본이기도 합니다. 그러므로 불도를 수행하는 사람은 우선 먼저 바른 앎과 바른 견해(正知正見)를 배양해야 하고, 계를 받고 나면 기준이 되는 행동규범을 가지고 스스로를 제어할 줄 알아야 합니다. 설령 어긴다고 해도 참회할 수 있기에 계율은 두려워할 대상이 아닙니다. 계율이 있기에 평화가 있고, 계율이 있기에 안전하며, 계율이 있기에 보호를 받습니다.

2) 지지와 작지

불교의 계율은 '지지止持'와 '작지作持' 이 두 가지에서 벗어나지 않습니다. 예를 들어 칠불통계게에서 '모든 악한 일 짓지 말라(諸惡莫作)'는 지지계止持戒이고, '모든 착한 일을 받들어 행하라(衆善奉行)'는 것은 작지계作持戒입니다. 법과 기강을 어지럽히는 나쁜 일들을 하지 않으면 지계이고, 위반하면 범계犯戒가 됩니다. 반대로, 타인에게 유익하고 좋은 일을 발심하여 행하면 지계이고, 회피하고 짓지 않으면 범계입니다. 이로써 불교의 계율은 '방비지악防非止惡'이라는 소극적 측면뿐만 아니라 '중선봉행衆善奉行'의 적극적 측면마저 갖추고 있음을 알 수 있습니다. 소극적으로 악을 그치는 칠부대중의 별계別戒인 성문계聲聞界 외에, 적극적으로 선을 행하라는 보살의 삼취정계三聚淨戒가 담겨 있다 하겠습니다.

삼취정계는 대승보살계의 대표적인 것으로 다음을 포함하고 있습니다.

① 섭률의계攝律儀戒: 악을 방지하기 위해 불교가 제정한 각종 계율을 준수한다.

② 섭선법계攝善法戒: 일체의 선을 계로 삼아 선법을 실천할 것을 서원한다.

③ 섭중생계攝衆生戒: 발심하여 중생을 교화하고 중생을 이롭게 한다.

섭중생계는 중생에게 유익함을 주는 방편이라 하여 '요익유정계饒益有情戒'라고도 합니다. 『보살지지경菩薩地持經』권4에서는 요익중생(유정)의 방법으로 11가지를 들고 있습니다.

① 중생이 유익한 일에는 모두 벗이 되어 주는 것

② 이미 병들었거나 아직 병들지 않은 중생의 모든 괴로움과 그들

을 간병하는 이들 모두와 벗이 되어 주는 것

③모든 중생을 위해 세간법과 출세간법을 설해 주거나 또는 방편으로 지혜를 얻게 해주는 것

④은혜를 알고 그 은혜에 보답하는 것

⑤중생들의 갖가지 공포에서 구호해 주고, 모든 어려움을 깨우쳐 주어 걱정과 번민을 여의도록 하는 것

⑥가난하고 지친 중생을 보면 그들이 필요로 하는 것은 모두 보시하는 것

⑦덕행을 구족하고 삼매에 의지하여 여법하게 무리를 거두는 것

⑧먼저 위로의 말을 건네고, 수시로 오가면서 음식을 나눠주며, 세간의 선한 말을 해주는 등 중생을 편안케 하는 것은 모두 따르고 편안케 하지 않는 것은 모두 멀리하는 것

⑨진실로 덕이 있는 자는 찬탄하여 그를 기쁘게 하는 것

⑩악을 행한 자에게는 인자한 마음으로 꾸짖어 뉘우치어 고치게 하는 것

⑪신통력으로 악도를 보임으로써 중생들로 하여금 모든 악을 두려워하고 불법을 봉행하며 기쁜 마음으로 믿고 희유希有의 마음을 내는 것

이 '삼취정계'는 불교의 계율이 일체의 악한 일을 금지(止持)하는 소극적 의미는 물론 일체의 선한 일을 실천(作持)하는 적극적 의미까지 담고 있으며, 스스로를 정화하고 타인을 이롭게 함을 설명하고 있습니다. 그래서 때로는 일부러 회피하는 것 역시 계율을 범하는 것입

니다. 이것은 바로 불교 계율이 단순하면서도 광대한 불가사의한 점이자 보살도를 실천하는 수행자가 반드시 새겨야 하는 계의 진정한 정신이라고 할 수 있습니다.

이 밖에도 불교에는 수많은 계율이 있습니다. 사미십계沙彌十戒 가운데 '금은보석을 가지지 말라', '노래하고 춤추거나 그런 것을 구경하지 말라', '제때가 아니면 먹지 말라', '높고 넓은 평상에 앉지 말라' 등의 계율은 현대 사회생활에 비추어볼 때 청정하게 수지하기가 무척 어렵습니다. 심지어 일본불교에서는 아내를 얻고 자식을 낳아 사찰을 물려주기도 하고, 티베트의 승려는 인연에 따라 고기를 섭취하며, 더욱이 사찰에서는 가죽제품 법구와 현대화된 용품을 사용하고, 항상 논쟁거리인 '소식훈명(素食葷名: 채식이면서 고기를 뜻하는 글자가 들어가는 것)' 등의 문제들. 우리는 이런 문제에 대해 어떠한 시각으로 바라봐야 할까요?

불교의 계율은 융통성 없이 글자 그대로의 가르침에 집착할 필요는 없으며, 계율의 정신과 그것에 담긴 의미, 그리고 인간성을 더욱 중시해야 합니다. 중국 대승불교의 '삼단대계三壇大戒'에는 중생을 구제하고 이롭게 한다는 인간불교의 정신이 깊이 함축되어 있습니다. 이른바 '삼단'이란, 초단初壇 사미계는 '섭률의계'를 잘 지켜야 하고, 이단二壇 비구계는 '섭선법계'를 구비해야 하며, 삼단三壇 보살계는 '요익유정'의 정신을 갖춰야 합니다. '삼취정계'가 구족되었기에 이를 바탕으로 대승불교가 발전되어 왔으며, 이것이야말로 인간불교의 계율이 담고 있는 특색이라고 하겠습니다.

계율은 인생과 미래를 업그레이드시킬 수 있습니다. 안타깝게도 남전불교는 지금까지 비구계만을 받아왔기에 중생을 이롭게 하는 보살의 인간성 면이 결여되어 있었습니다. 과거 불교의 계율은 '악을 짓지 말라'는 소극적 측면만을 중시하고, 선을 행하는 적극적인 정신이 결여되어 있었습니다. 그래서 위에서 열거한 것 외에도 '승가 대중은 재물을 신도에게 보시하면 안 된다', '재가신도는 비구(니)계를 듣지 말아야 한다', '비구는 여신도를 만나서는 안 된다'는 등 계율이라는 것 대부분 "이러면 안 된다, 저러면 안 된다"는 것들이었습니다. 더구나 오계를 수지함은 인간 도리의 근본임에도, 과거에는 사람들이 『범망경梵網經』의 계율을 '자신의 손으로 술잔을 건네 다른 이에게 주어 술을 마시게 하면 오백세 동안 손이 없게 된다'라고 해석하여 지나친 협박과 위협적인 느낌을 주었습니다. 그리하여 오히려 설득력을 잃고, 불도를 배우고자 마음먹은 사람들까지 떠나가게 만들었습니다. 특히 오랜 세월 동안 '팔경법(八敬法: 비구니가 지켜야 할 여덟 가지 규범)'에 해당되어 얼마나 많은 우수한 여성들이 출가하는 데 방해를 받았습니까? 그러니 '반드시 이러해야 하고, 또 반드시 저러해야 한다'는 사상이 오늘날 우리에게는 필요한 것입니다. 우리는 계율 규범을 인간적인 것으로 만들어야 합니다.

인간적인 계율이란 악을 끊고 허물을 없애 신심身心을 규범에 맞게 한다는 소극적인 측면은 물론, 더욱 널리 선행을 닦고 선한 일을 닦으며 자리이타自利利他 목적의 봉사와 공헌이라는 보살계의 정신을 발휘해야 한다는 적극적인 측면도 있습니다. 오늘날 불교계가 부처님께서 세상에 계실 때의 사회적 배경을 현대인에게 요구한다는 것은 합당치 않다고 봅니다. 부처님께선 마치 법률전문가처럼 당시 인도의 민심, 풍속, 문화 등 여러 가지 인연을 감안하여 각종 계율을 제정하셨지만, 시대가 변하고 많은 시간이 흘렀으므로 수많은 계율들이 이미 시대적 발전에 미치지 못하고 있습니다. 예컨대 다음과 같은 것들입니다.

①오른쪽 어깨를 드러낸다(偏袒右肩).

인도는 아열대 기후에 속합니다. 이 계율을 만약 추운 북쪽 지역의 사람에게 준수할 것을 강요한다면 결코 이치에 맞지 않습니다.

②금은보석을 지니지 말라.

과거 인도에서는 화폐를 사용하지 않았습니다. 현대인들은 문을 나서기만 하면 의·식·주 어느 것 하나 돈과 관련되지 않은 것이 없습니다.

③여인과 접촉하지 말라.

과거 부처님께서는 건전한 승단을 조성하기 위해 준엄한 계율을 제정했습니다. 그러나 지금은 남녀평등을 부르짖는 시대이고, 남녀가 접촉할 수 있는 기회도 무척 많습니다. 법회를 열면 도착하는 순서대로 착석을 한다든가, 승차할 때 남녀 구분 없이 순서대로 줄을 선다는 것 등은 너무 당연한 일입니다. 현대에는 남녀가 왕래할 때 공과 사를 분명히 하고, 사적으로 은밀하게 1:1 만남을 자주 갖지 않으며, 평소 정상적인 사회활동을 통해 만남을 갖는 것이 시대적 발전 추세일 것입니다.

④기혐계譏嫌戒

이 계율은 가끔 행동이 지나치면 비방과 혐오를 당하는 것이 두려위 이도저도 안 한다거나, 지나친 걱정으로 본래 불법이 가진 책임, 그리고 중생을 이롭게 하는 적극적인 행위를 망각한다거나, 불교로 하여금 현대를 감화시키는 힘을 잃게 하는 상황을 야기하게 됩니다.

　우리는 계율은 인정과 도리에 부합되고 인정과 인성이 존중되는 원칙하에 제정되어야 한다고 생각합니다. 당초 백장 선사께서는 계율을 피해 총림의 청규를 따로 제정하였습니다. 인간불교는 현대에 와서 시대적 추세에 더욱 부응하기 위해 시의적절한 전통계율이라면 존중할 것을 주장합니다. 그 밖에 현대사회에서 필요하다고 인정되어 제정한 현대생활 율의는 불교의 현대성을 발전시킬 수 있을 뿐만 아니라 당시 부처님께서 계를 제정하셨던 본뜻과 정신에도 부합된다고 봅니다. 물론 우리는 세계 각지의 불교가 '계율'에 대한 정신과 본뜻을 철저하게 인식하기를 바랍니다. 그렇지 않고 부처님 당시 정해진 계율 그대로만을 고집한다면 불교의 발전은 요원할 것입니다. 오늘 이후 각국의 풍속과 민풍, 사회습관을 서로 존중하면서 공통된 인식을 모으는 것이야말로 세계의 불교가 단결하고 발전을 더욱 가속화할 수 있는 길이라고 봅니다.
　불교의 계율은 자신을 수양하고 타인을 이롭게 함을 가장 소중하게 생각합니다. '인성즉불성人成卽佛成'이라고 했습니다. 청정하게 계율을 수행하여 지니는 외면적인 모습에서부터 마음이 흔들리지 않는 내면적인 것까지 계율은 그 단계가 다소 다릅니다. 특히 시대적 변천에 따라 소소한 계율 중에는 이미 각국의 서로 다른 풍습과 현대라는 시간에 어울리지 않는 것들이 많습니다. 그래서 우리는 '불침범不侵犯'이라는 계율의 근본정신을 바탕으로 오계, 보살계를 더욱 확대해야 도덕이 땅에 떨어지고 사회의 질서가 무너지는 오늘날의 병폐를 바로잡을 수 있다고 주장합니다. 계율로써 인간화, 생활화, 현대화를 규범화하여 보살도의 '자리自利'와 '이타利他'의 계율 수행을 통해 인간불교를 세우며, 팔정도와 사섭법(四攝: 사람을 포섭하여 교화하는 네 가지 방법. 보시섭布施攝, 애어섭愛語攝, 이행섭利行攝, 동사섭同事攝)과 육바라밀(六度)로써 계율의 내용을 삼아야 널리 중생을 이롭게 할 수 있다고 봅니다. 그래서 인간불교는 팔정도야말로 계율이고, 육도만행이야말로 계율이며, 사섭법문이야말로 계율이라고 주장합니다. 중생을 이롭게 할 수 있는 내용을 담고 있어야 진정한 계율이라고 할 것입니다.

3. 계의 실천: 봉사와 헌신은 자타가 이롭다

『화엄경華嚴經』에서는 "계는 무상보리의 근본으로 일체의 선근을 자라게 한다"고 말합니다. 계율은 불법의 생명이며, 모든 부처님이 세간을 감화시키는 근원입니다. 부처님께서는 모든 중생에게는 불성佛性이 있다 하셨습니다. 그러나 비록 불성을 다 갖추고 있어도 반드시 계율을 지킨 다음에야 불성이 드러납니다. 그래서 『불유교경佛遺教經』에서는 "만약 누군가 청정한 계를 지닌다면 능히 선법善法이 생길 것이고, 청정한 계가 없다면 모든 선한 공덕 또한 생기지 않을 것이다"고 했습니다.

지계는 모든 선법 수행의 기초이자, 모든 수행의 근본입니다. 계율은 '봉행奉行'하라는 것이지, '독송讀誦'하라는 것이 아닙니다. 평소 생활 속에서 항상 '좋은 일과 좋은 말 하고, 좋은 마음 가진다'는 것이 삼업을 정화하는 것이자, '모든 악한 일 짓지 말고, 일체 착한 일 받들어 행하며, 스스로 그 뜻을 청정하게 하라'는 '칠불통계七佛通戒'를 실천하는 것입니다. 호의를 가지고 타인을 대하고, 매사에 타인을 걱정하며, '인연과 과보'의 진리를 이해하고 실천하는 것이 곧 계율입니다.

계율은 타인에게 뭔가를 요구할 때가 아니라, 스스로를 규제하는 데 사용하는 것입니다. 스스로 발심하여 청정하게 수지하고 보살도를 실천하는 것이 계율의 정신입니다. 보살도의 정신은 '상구보리上求菩提 하화중생下化衆生'의 보리심을 일으키는 것입니다. 그러므로 보살계는 방비지악防非止惡의 섭률의계 외에도, 선법을 부지런히 수행하는 섭선법계와 중생을 제도하는 요익유정계도 있습니다. 보살은 더 널리 중생을 제도하기 위해서 발심하는 것이므로 '상구보리 하화중생'의 보리심을 일으키지 않으면 보살이라 할 수 없습니다. 그러므로 보살계에는 비록 '살인, 도둑, 음란, 거짓말, 술 판매, 사부대중의 허물을 말함, 자신은 추켜세우고 타인은 비방함, 나의 것을 아끼고자 남을 헐뜯음, 회개하지 않고, 삼보를 비방함' 등의 십중계十重戒 및 사십팔경계四十八輕戒 등의 계상戒相이 있지만, 근본정신은 보리심을 내는 것이고, 보리심을 계체戒體로 삼는 것입니다. 보리심을 잃는 것은 보살계의 근본정신을 위반하는 것입니다.

보통 일반 불제자는 평소에 참선, 염불, 신심 수행을 하고 여가시간에는 지역봉사를 하고 있습니다. 또는 금전적 재보시나 구호활동에 힘을 보태기도 합니다. 불서 인쇄나 불법을 홍보하는 데 힘을 보태기도 하고, 불교학교 설립 등 문화 교육 사업에 동참하기도 합니다. 이것이 삼취정계三聚淨戒를 봉행하는 것이자 보살도를 실천하는 것입니다.

지계는 '자신이 싫은 것을 남에게 시키지 않는다'는 일종의 자비심이자 보살도의 구체적인 표현입니다. 중국은 대부분의 불제자가 채식을 하는 관습이 있습니다. 초하루와 보름마다 채식을 하는 사람이 있는가 하면, 아침마다 채식을 하는 사람도 있습니다. 비록 철저하게 지키지는 않지만 재계齋戒하는 날이면 채식을 해야 한다는 인식은 있습니다. 채식이 불제자의 전유물은 아니지만 불교 채식의 주목적은 자비심을 배양하고, 생명을 존중하며, 살생하지 않기 위해서입니다. 살생이야말로 인간세상에서 가장 잔인한 일일 것입니다. 평소에 자주 보는 개미, 파리, 모기, 바퀴벌레 등도 모두 하나의 생명이고 그들도 생명이 소중한 것은 압니다. 하지만 보통은 모기나 개미가 눈에 띄는 순간 손으로 때리거나 발로 밟아 죽여 버립니다. 물론 모기나 개미 등의 곤충이 생활 속에서 불편함을 주는 것은 확실합니다만, 그래도 쫓아버리거나 곤충이 들어오지 못하도록 사전에 미리 차단을 하고 쉽게 죽이지 말아야 합니다. 죽을 정도로 죄를 지은 것도 아닌데, 한 번에 생명을 없애버리는 것은 너무 지나친 형벌이 아닐까 합니다.

이 사례는 계율을 수지하는 것이 신앙에 기초하지만, 생명을 상하지 않고 타인에게 피해를 주지 않는 자비심이 그 근본임을 주로 설명하는 것입니다. 예컨대 오계를 수지하면 타인에게 무외시無畏施를 베풀 수 있습니다. 내가 지계를 청정하게 하면 타인은 내가 침범할 것을 걱정할 필요가 없기 때문입니다. 그러므로 오계를 또 다른 말로 '오대시五大施'라고도 합니다.

오계는 불교의 근본대계입니다. 불교의 계율에는 출가자와 재가자의 구분이 있긴 하지만, 일체의 계율은 모두 오계를 그 근본으로 합니다. 오계를 수지하는 사람은 25분의 선신善神이 보호하는 등 무한한 이익을 얻을 뿐만 아니라, '자타양리自他兩利'할 수도 있습니다. 예컨대 살생하지 않으면 자신은 자비심이 늘어나고 타인은 생명을 잃지 않습니다. 도둑질하지 않으면 자신은 덕행을 잃지 않고 타인은 재물을 잃지 않습니다. 음행하지 않으면 자기 가족들은 화목하고 타인은 정절을 잃지 않게 됩니다. 거짓말하지 않으면 자신은 신용을 잃지 않고 타인은 명성이 훼손되지 않습니다. 술을 마시지 않으면 자신은 지혜가 상하지 않고 타인은 해를 받지 않습니다.

이 밖에도 살생하지 않는 데서 그치지 않고 더 나아가 생명을 보호한다면 자연히 건강과 장수를 얻을 수 있습니다. 또한 도둑질하지 않고 더 나아가 보시를 한다면 재물이 늘고 부귀하게 됩니다. 음행하지 않고 더 나아가 타인의 정절을 존중한다면 자연히 가정이 화목하고 원만해집니다. 거짓말하지 않고 더 나아가 타인을 칭찬한다면 자연히 좋은 명성을 얻게 됩니다. 술을 마시지 않고 독극물의 유혹을 멀리 한다면 몸은 자연히 건강하고 지혜는 절로 맑아지게 됩니다. 그러므로 오계를 수지하면 현세에서는 고뇌와 두려움을 없앨 수 있고, 신심의 자유와 평안, 화목, 즐거움을 얻을 수 있으며, 미래에는 삼악도를 면하고, 인간계와 천상계의 과보를 얻으며, 드디어 성불에 이르게 됩니다. 오계를 수지하면 복전福田을 가꿔 얻고자 하지 않아도 절로 많은 이익과 무한한 공덕의 선과善果를 누릴 수 있게 됩니다.

보통 사람들은 불교를 신앙할 때 장수, 재물, 명성, 가정 화목, 자손 번창 등등 바라지 않는 것이 없습니다. 만약 오계 수지를 내팽개치고 모든 불보살에게 자신이 원하는 바만 얻고자 기도한다고 가정합시다. 원인이 없는데 어찌 그 결과가 나올 수 있겠습니까?

수지 오계는 소극적으로 보면 속박처럼 보일지 몰라도, 적극적인 면에서 볼 때는 '수계한 자는 어두운 곳에서 밝음을 만나고, 가난한 사람이 보물을 얻는 것과 같다'는 말처럼 무한한 이익이 있습니다. 계율을 지니는 이익이 비록 많아도, 현실생활에서는 본인의 직업과 관련하여 오계를 수지하기 어렵기 때문에 불도를 배우지 않고 계를 받지 않으려는 사람도 있습니다.

포목점 주인의 예를 들어 봅시다. 손님이 들어오면 천을 살펴보고 항상 "여기 천들은 물이 빠지지 않나요?" 하고 질문할 것입니다. 이때 주인이 "물이 빠진다"고 사실대로 말하면 장사가 잘될 리 없습니다. 그러니 어쩔 수 없이 쉽게 거짓말을 하게 됩니다. 또 농부의 예를 들어 봅시다. 밭을 일궈 씨앗을 뿌리고 좋은 과일을 수확하고자 하면 해충을 박멸하기 위해 어쩔 수 없이 농약도 뿌려야 합니다. 이러니 어떻게 계를 지킬 수 있겠습니까?

수계는 남에게 조금의 피해도 절대 주지 않는 것이 아닙니다. 현실 생활에서 지계를 원만하게 한다는 것은 결코 쉬운 일이 아닙니다. 바닷가에 사는 어부는 '고기 잡는 것'을 업으로 살아갑니다. 이처럼 그릇된 행위와 그릇된 생활을 하는 사람도 불도를 배우고 계를 받을 수 있을까요? 이 문제를 보니 10여 년 전 국제불광회 설립 초기 타이완의 샤오류치우(小琉球)에서 있었던 불광분회의 좌담회가 생각납니다. 하루는 그들의 요청으로 좌담회에 참가를 했는데, 그때 분회의 회장이 다음과 같은 말을 했습니다.

"우리 섬 주민은 대부분 물고기 잡는 것을 업으로 살아갑니다. 이것은 불교의 불살생에 저촉되는 것입니다. 살생하지 않으면 밥 먹고 살기도 힘듭니다. 그러니 여기서 불교를 포교하기란 여간 어렵지 않습니다."

당시 저는 이분들에게 "불교에서 살생하지 말라고 강조하지만, 경중輕重의 구분은 있습니다. 특히 살생에는 '살행'과 '살심'을 구분합니다. 여러분은 생활을 유지하기 위해 물고기를 잡는 것이지, 죽이겠다는 생각이 있는 것은 아닙니다. 이것은 사람이 죽은 뒤 화장을 치를 때와 같습니다. 한번 타오른 불길은 시체에 기생하는 벌레는 물론 심지어 목재에 기생하는 벌레까지 전부 태워버립니다. 그러나 우리는 죽이겠다는 뜻은 없었습니다. 바로 살의가 없다는 것입니다. 이처럼 비록 잘못은 있지만 비교적 가벼우며, 더구나 진심으로 잘못을 뉘우친다면 구제를 받을 수 있습니다"라는 법문을 들려주었습니다.

불교는 사람을 그 근본으로 삼는 종교입니다. 아무리 미약하고 작은 생명일지라도 모두 존중해야 한다고 주장하지만, 앞서 말한 것처럼 우리는 매일 무의식중에 수많은 생명을 해하고 있으면서도 스스로 자각하지 못합니다. 우리가 숨 쉬는 이 공기 중에는 미생물이라는 생명이 없을까요? 마시는 차와 먹는 음식 사이에도 미생물이 없을까요? 심지어 주사, 약, 수술, 화장, 토장土葬을 하면서 우리 몸에 기생하는 생명을 해하는 건 아닐까요? 다만 그 순간 우리에게 '살심'이 없었을 뿐입니다. 우리는 비록 살생이라는 행위를 짓더라도 살생이라는 '심업(心業: 마음으로 짓는 업)'을 짓지 않도록 수양해야 합니다. 생물의 생명을 해치는 행위를 했거나 부주의로 생명을 죽인 뒤에는 후회하는 마음을 갖고 깊이 참회하는 것이 불교 계율의 근본정신입니다.

불교는 지계를 주장합니다. 계의 근본정신이 타인에게 피해를 주지 않고 존중하는 것임은 이미 얘기했습니다. 그러나 사람들은 "수계는 쉽지만, 지계는 어렵다"고 얘기합니다. 그렇다고 '어렵다'는 것이 '절대 불가능하다'라는 것은 아닙니다. 오계를 전부 수지해도 되고, 편안한 대로 나눠서 수지해도 됩니다. 『대지도론』에서는 "계율은 불살생에서 불음주까지 다섯 가지가 있다. 만약 오계 가운데 한 계목만 행함은 한 부분(一分)이라 하고, 두 가지 계나 혹은 세 가지 계를 행함은 적은 부분(少分)이라 하며, 네 가지 계율을 행함은 여러 부분(多分)이라 하고, 다섯 가지 계율을 다 행함은 원만한 부분(滿分)이라 한다. 이 부분 가운데 어떤 것을 받을지는 항상 자신의 뜻에 따른다"라고 했습니다.

이를 통해 재가자는 자신의 상황에 따라 수지하기 쉬운 한 계목, 두 계목, 또는 세 계목, 네 계목을 선택해서 수지에 정진하고 점차 오계까지 원만하게 도달하게 하면 됩니다. 정업正業에 종사하지 않는 사람이라도 일단 발심하여 불도를 배우고 자신의 방편대로 계목을 적은 부분을 받고 난 뒤, 기회가 되면 직업을 전환하십시오. 세간에는 수천수만의 직업이 있는데 마음만 있다면 이 직업이 아니더라도 또 다른 직업을 가지면 됩니다. 꼭 살생을 업으로 삼지 말고, 인체를 해하는 일을 자신의 직업으로 삼지 말며, 직업을 바꿔도 살아나갈 수 있습니다.

직업은 생활에 필요한 것을 제공해 줌은 물론 공헌, 봉사, 널리 선연을 맺는 가장 좋은 수행이기도 합니다. 그러므로 정당한 직업에 종사해야 하고 직업적 도덕성의 관념을 확실히 갖춰야 합니다. 예컨대 다음과 같습니다.

①인과의 관념을 가져라.

공무의 편리성을 내세워 탐오貪汚, 사기, 사리사욕, 뇌물수수, 공권력 남용 등을 해서는 안 되며, 매사 얻는 바를 모두 공공의 이익으로 돌리고 정직하게 직분에 임해야 합니다.

②인내의 역량을 가져라.

책망을 들어도 원망하지 말고, 어려움이 닥쳐도 책임을 전가하지 말며, 괴로움과 원망을 기꺼이 받아들이면서 일체를 당연하게 여깁니다. 인내의 힘이 있어야 감내할 수 있고, 책임질 수 있습니다.

③직업 존중 정신을 가져라.

업무 중 책임진 일은 열심히 처리하고, 그런 가운데서 즐거움을 찾아야 합니다. 맡겨진 일을 타인에게 전가하지 말고, 타인을 힘들게 하는 것을 즐거움으로 삼지 말아야 합니다. 타인이 편하도록 배려하고 도와주는 것이 직업 존중의 정신입니다.

④은혜에 감사하는 미덕을 가져라.

매사 은혜에 감사해야 합니다. 일할 기회를 준 사장님께 감사하고, 동료에게 감사하며, 우리 업무에 협조해 주는 업체 등에도 감사해야 합니다. 감사하는 마음이 있으면 아무리 바쁘고 힘들더라도 기쁘고 즐겁게 일해 나갈 수 있습니다.

불도를 배우고자 발심한 후에는 청정한 계를 수지하는 것 외에 일상 속에서 널리 선업을 닦고, '팔정도'를 생활의 기준으로 삼아야 할 것입니다. '팔정도'란 올바른 견해, 올바른 사유, 올바른 말, 올바른 직업, 올바른 생활, 올바른 선정, 올바른 알아차림, 올바른 노력 등입니다. 인간이 생활 속에서 따르고 받들어야 할 덕목이 바로 '팔정도'입니다. 저는 인간불교를 위해 팔정도를 근거로 『생활율의백사生活律儀百事』를 쓴 적이 있습니다. 오늘 이렇게 인연이 닿았으니 여러분께 들려드리겠습니다.

인간불교현대율의人間佛敎現代律儀

1. 승가 · 재가 공동 준수사항 (8종 총80조)

1) 사회율의십사(社會律儀十事: 정치 · 군사 · 경제 · 직업 · 처세 등)

①정치는 일시적이고 신앙은 영원합니다. 신도 대중은 헌법에 명시된 정치적 활동에 참여할 수 있지만, 승가 대중은 정치에 대해 물을 수는 있어도 정치에 간섭해서는 안 됩니다.

②정치에 몸담은 자는 불법을 저지르거나 횡령을 하거나 사리사욕을 채워서는 안 됩니다. 권력을 이용해 남을 괴롭히거나 선량한 사람을 억압하지 말아야 합니다. 이중적 인격을 가지면

안 되고 이중적 수단을 부리지 말며 이간질을 하지 말아야 합니다. 그렇지 않으면 진정한 신자信者라고 할 수 없습니다.

③정치에 참여하는 신자는 공익에 열성적으로 임하고 대중을 위해 복을 지어야 합니다. 윗사람과 아랫사람 모두와 좋은 인연을 맺도록 해야 하며, 뒷돈을 주고 관직을 사는 행위나 돈 봉투가 오가는 선거는 절대 안 됩니다. 또한 흑색비방 선전, 상대 후보에 대한 인신공격 등 정당하지 못한 불법적인 수단을 통해 당선하고자 해서는 안 됩니다.

④공직에 있는 자는 국민에게 봉사하는 것을 그 목적으로 삼아야 하며, 권위주의적인 관료의식으로 국민을 괴롭혀서는 안 됩니다. 민의의 대표로 국회에서 정치에 대해 질문할 때는 이치에 맞게 논쟁을 펴야 하며, 고성이 오가거나 소란을 피워서는 절대 안 됩니다.

⑤승가자나 재가자나 국가를 배신하고 적국과 내통하여 국가의 기밀정보를 유출시키거나 유언비어를 날조해 퍼트리는 등 조국을 위험에 빠뜨리는 행위는 절대 해서는 안 됩니다.

⑥불법이나 살생과 관련된 직업에 종사하지 않는 것이 올바른 생활(正命)에 부합되는 경제생활입니다. 무기·독극물·인신매매·도살·성매매·무면허 의료행위·가짜 약 제조 및 판매·밀주 제조·불량식품 제조 및 판매 등이 여기에 속합니다.

⑦직업윤리를 준수해야 합니다. 적법하게 일 처리를 하고, 문서 위조, 문서 유출, 상업기밀을 훔치는 행위, 검은 돈과의 결

탁, 자금 빼돌리기, 고의성 부도, 강제합병, 하루아침에 벼락부
자가 되기 등을 바라거나 해서는 안 됩니다.

⑧상업에 종사할 경우 어른 아이를 막론하고 속이지 말아야
합니다. 본전만으로 이익을 추구해야 합니다. 사재기, 시장 독
과점, 물가상승 유도 등을 하지 말고, 분량을 속이지 말아야 합
니다.

⑨사기강탈, 불법복제, 사기위조, 음란물 성행, 인터넷 독성바
이러스 전파, 남은 음식 재판매 등 온갖 불법적인 행위들을 멀
리해야 합니다.

⑩일 처리는 성실하고 대인관계는 화목해야 합니다. 타인을
해칠 궁리만 해서는 안 되고, 시기로 타인을 포용하지 못하는
것도 안 됩니다. 더 나아가 누구나 '좋은 일을 하고, 좋은 말을
하며, 좋은 마음을 갖는다'는 '삼호三好' 운동을 실천해야 사회
에 선량한 풍토가 조성될 수 있습니다.

2) 거가율의십사(居家律儀十事: 의식주행·윤리·혈연 등)

①윤리를 중시하고, 효도를 주장하며, 가족 간에는 화목해야
합니다. 윗사람은 자애로 아랫사람을 대하고 아랫사람은 웃어
른께 효도해야 합니다. 형제 간에는 우애 있고 화목하며, 고부
간에는 사랑하고 존경해야 합니다. 비록 가족 간이라도 개인의
생존권을 존중해야 합니다.

②가족구성원은 능동적으로 가사에 적극 참여해야 합니다.

집 안팎을 깨끗하게 청소하고 물건은 사용한 뒤 제자리에 정리 정돈 합니다. 창문은 깨끗하게 닦고 항상 실내공기를 순환시킵니다.

③사람은 소박한 생활을 숭상하고 청빈한 사상을 길러야 합니다. 의식주행衣食住行 등 일상의 자원들을 낭비하지 말고, 유행을 좇고 유명 상표만을 고집하지 말며, 소박함을 추구해야 합니다.

④가족구성원 개개인의 인격을 존중해야 합니다. 특히 노약자와 부녀자를 보호하고 가정폭력이나 윤리에 어긋나는 일은 모두 발생하지 않도록 해야 합니다.

⑤좋은 집안생활(居家)의 소양을 배양하고, 생활 취미를 더 보태어 정신을 더욱 승화시킵니다. 지역사회와 이웃들과는 친목을 도모하고 서로 돕고 보살펴 주며, 홀로 사는 독거어른에게는 먼저 관심과 사랑을 보여주어야 합니다.

⑥평소 가족들과 함께 대화를 하거나 영화 또는 TV를 시청합니다. 음악을 듣거나 핸드폰 통화를 할 때는 작은 소리로 해야 하며, 이웃의 안정을 방해해서는 절대 안 됩니다.

⑦휴가 때는 불필요한 접대를 줄이고 신심에 유익한 신앙 활동을 가족과 함께 참여한다든가, 독서, 장기, 운동 등 온 가족이 다 함께 하는 즐거움을 찾아야 합니다. 일이 있어 외출을 할 경우 가족이 걱정하지 않도록 가는 곳과 귀가 시간을 알려주어야 합니다.

⑧거실, 주방, 욕실 등 사용 후에는 다른 사람이 사용하는 데 불편하지 않게 늘 깨끗하게 정리 정돈을 합니다.

⑨집에서 기거할 때는 화재와 문단속에 각별히 신경 써 불의의 화재로 나와 타인 모두 재난을 당하지 않도록 해야 합니다.

⑩돈을 사용할 때도 지혜가 필요합니다. 빌릴 돈을 미리 따져 보듯 생활에서 지출되는 비용도 예산을 짜야 합니다. 친한 친구라고 해도 금전적 왕래는 합당하지 않으며, 또한 자주 친구들을 집으로 불러 즐기는 것은 다른 가족의 개인생활에 피해를 줄 수 있으니 하지 말아야 합니다.

3) 인사율의십사(人事律儀十事: 고용·피고용·파트너·동료·친구·친족·사농공상의 왕래 등)

①사람이 정직, 근면, 성실, 후덕, 선량, 친화력 등의 좋은 인상을 가지면 타인에게 믿음을 줄 수 있습니다.

②타인의 프라이버시를 존중해야 합니다. 사적인 비밀을 캐지 말고, 단점을 들추지 말며, 분란을 조장하지 말아야 합니다.

③고용인을 학대하지 말고 노동력을 갈취하지 말아야 하며, 노동력을 제공하는 대중에게는 합법적인 대우를 해줘야 합니다.

④직장에서는 회사 제도를 존중하고 더욱 발전하고자 노력해야 합니다. 진취적이고 낙관적 태도를 가지고 책임감과 자긍심을 기르고 타인과 잘 지내야 합니다. 특히 학습의 기회나 선연을 맺을 기회를 버리지 않도록 하며, 감정적으로 일 처리를 하

지 말고 '안 된다'라고 쉽게 말하지 말아야 합니다.

⑤직업윤리를 발휘하며 공공의 물건들을 낭비하지 말고 공무와 상업기밀을 지켜야 합니다. 관계없는 사람과 공무를 얘기하지 말고, 특히 남을 탓하며 불만을 표출하지 말아야 합니다.

⑥평소 사무실의 책상은 깔끔하게 정리하고 물품은 어지럽게 쌓아놓지 말아야 합니다. 특히 업무상 비품을 자신의 것처럼 아껴 써야 합니다.

⑦업무상 전화를 받을 때는 작은 소리로 통화하여 타인을 방해해서는 안 됩니다. 전화를 너무 오래 붙잡고 있어 타인이 사용하는 데 방해하지 않도록 통화는 간단명료하게 합니다. 부득이한 경우를 제외하고 자신의 편리를 위해 업무용 전화를 사적으로 사용하지 말아야 합니다. 물론 컴퓨터도 마찬가지입니다.

⑧업무상 책망을 당해도 화내지 말고, 해야 될 일을 질질 끌지 말아야 합니다. 상사가 지시한 일은 거스르거나 감추지 말고 능동적으로 보고해야 합니다. 자신의 직업을 존중하고, 동료와 즐겁게 지내며, 게으름을 피우거나 나태하지 말아야 합니다. 남과 어울리지 않고 혼자 괴팍하게 행동하거나, 특권을 누리고 요령을 피워서는 안 됩니다. 더 나아가 끊임없이 혁신적인 생각을 하고 도덕적인 면을 항상 더 키워야 합니다.

⑨관리자는 부하를 아끼고 사랑하며, 그들의 의견에 귀 기울여야 합니다. 스스로도 건강관리를 하고 포용력 있는 도량, 책임지는 용기, 결단력 있는 지혜, 능동적인 정신 등을 길러야 합

니다. 후배를 경시하지 않고, 권력에 집착하지 않으며, 의심하지 않고, 공을 다투지 않으며, 좋은 일도 힘든 일도 매사 부하와 함께 해야 합니다.

⑩ 함께 일을 할 때에는 서로 존중하고 분담하고 협력해야 하며, 서로 겸양, 공경, 예의, 양보를 하여 불상사가 일어나지 않도록 해야 합니다. 남을 책망하는 마음으로 스스로를 질책하고 자신을 용서하는 마음으로 타인을 너그럽게 이해해야 합니다.

4) 생활율의십사(生活律儀十事: 언어·행동·인간관계·여행·손님 접대 등)

① 독서하는 습관을 길러 인생에 서향書香이 깃들도록 해야 합니다.

② 올바르지 못한 취미와 불량한 습성을 없애야 합니다.

③ 생활에서 일과 휴식을 올바로 병행해야 합니다. 식사는 아무 때나 하지 말고 규칙적으로 시간을 정해서 해야 합니다.

④ 승가 대중은 새벽 6시 전에는 일어나야 하고, 신도 대중은 늦어도 7시 전에는 일어나야 합니다.

⑤ 밤 10시 이후에 전화해서 잡담을 하거나 공무를 논의하는 것은 부적절합니다. 국제전화를 걸 때는 먼저 시차를 고려해야 합니다. 물론 특별한 상황일 경우에는 예외가 될 수 있습니다.

⑥ 친구를 방문할 경우에는 미리 약속을 잡고, 제시간에 도착하며, 너무 오래 머무르지 않는 것이 좋습니다.

⑦ 출가자는 엄숙한 용모와 장중한 태도를 갖춰야 합니다. 깔

끔한 용모와 단정한 옷차림을 해야 합니다. 특히 뛰어다니지 않고, 큰소리로 시시덕거리지 않으며, 뒤질세라 앞을 다투지 않고, 먼저 앉겠다고 다투지 말아야 합니다. 또한 멀리서 큰소리로 부르지 않고, 손짓 발짓을 하지 않으며, 은밀히 귓속말하지 않고, 여럿이 모인 자리에서는 사투리를 사용해 대화하지 않습니다.

⑧ 말은 간단명료하고 사용하는 어구도 고상하며 예의발라야 합니다. 거짓으로 꾸미는 말, 거짓말, 거친 말 등을 사용하지 말아야 합니다. 특히 타인의 믿음을 훼손하는 말은 혜명慧命을 끊게 하니 그것은 살생과 다를 바 없습니다.

⑨ 외출 시 차를 이용할 경우 예의바르게 운전하며 법규를 준수하고 양보하도록 합니다. 교통법규를 위반하지 않고, 경적을 함부로 울리지 않으며, 소음을 내지 않고, 유해가스를 뿜지 않으며 과속운전을 하지 말아야 합니다.

⑩ 해외여행 시는 현지 문화의 장점을 받아들이는 한편, 방문 예절과 공중도덕을 중시하여 개인 및 국가의 체면을 짓밟지 말아야 합니다.

5) **자연율의십사**(自然律儀十事: 환경보호·생태보호·동물보호·방생 등)

① 함부로 개간하고 벌목하지 말아야 하며, 국토를 침범하지 말고, 불법 건축을 하지 말아야 합니다.

② 애완동물을 아무렇게나 버리면 안 되고, 올바르지 못한 방

생을 해서는 안 되며, 적극적으로 생태계를 보호해야 됩니다. 특히 타인과 인연을 만들고 살 길을 열어 주는 것이 가장 좋은 동물 보호입니다.

③동물을 학대하지 말고 키우는 동물을 잡아먹지 말아야 합니다. 특히 생선회처럼 동물을 날로 먹으면 안 됩니다. 자비심이 자라나도록 세 끼 식사는 되도록 담백하게 먹어야 합니다.

④동물을 함부로 잡거나 죽여서는 안 됩니다. 예를 들어 전어 電魚, 독어毒魚 등을 함부로 포획하거나 살상하는 것은 생태계를 파괴하고 수질을 오염시킴은 물론 사람의 건강에도 해를 끼치게 됩니다.

⑤가죽제품을 입지 말아야 합니다. 담비가죽, 호랑이가죽, 악어가죽, 공작 깃털, 상아 등 동물의 가죽 및 털로 만든 제품을 몸에 두르며 뽐내지 말아야 합니다.

⑥꽃과 나무를 보호하고 함부로 뜯지 않으며, 나무심기 등 녹화사업에 적극적으로 참여해야 합니다.

⑦쓰레기 분리를 생활화해야 합니다. 전 세계 인류가 아름답고 깨끗한 지구를 물려줄 수 있도록 폐기물을 함부로 버리지 말고, 유해물질을 함부로 태우지 말아야 합니다. 공기와 수질을 오염시키지 말고, 토지를 파괴하지 말아야 합니다.

⑧물, 전기, 입고 먹는 것 등등 생활 자원을 절약해서 사용해야 합니다. '물 한 방울은 천금과 같고, 종이 한 장을 만들기 위해 얼마나 많은 나무를 베었는가!'라는 말처럼 에너지 자원을 소

중하게 여기고 마구잡이로 낭비하지 말아야 합니다. 공공시설 역시 함부로 파괴하지 말고 더욱 아껴서 사용해야 합니다.

⑨내가 가진 복을 아끼는 것은 내 주변 환경에서부터 시작해야 합니다. 타인을 소중히 하고, 인연을 소중히 하고, 생명을 소중히 하고, 인정을 소중히 하고, 재물을 소중히 하고, 시간을 소중히 하고, 동물을 소중히 하고, 능력을 소중히 하는 등 '소중하게 여기는' 습관을 길러야 비로소 부유한 인생이 됩니다.

⑩마음 속 내부의 먼지와 때는 없애거나, 좋은 것으로 바꾸고자 노력해야 합니다. 외부의 오염은 다 함께 환경을 아끼고 사랑하자는 공통된 인식을 불러일으켜야 합니다. 신심을 정화하는 것이야말로 자아의 성취입니다.

6) 국제율의십사(國際律儀十事: 종족·인권·생존권·전쟁 등)

①국가의 국민은 화합해야 합니다. 사사로이 결탁하여 사리사욕을 채우고, 뜻이 다른 당이라고 배척해서는 안 됩니다. 분열과 내란을 획책하면 안 되고, 묵은 원한을 갚고자 해서도 안 됩니다.

②종족은 평등합니다. 고의로 종족 간 대립을 도발해서는 안 되며, 소수민족을 존중하고, 약자는 보호해야 합니다.

③**인권은 존중받아야** 마땅합니다. 생존, 참정, 재산, 자유, 문화, 지혜, 신앙 등은 모두 존중 및 보장받아야 합니다.

④이 땅의 중생은 모두 생존의 권리가 있습니다. '중생은 모두

불성을 가지고 있다'라는 말처럼 일체의 중생은 모두 똑같은 생존권을 누려야 하기 때문에 함부로 살생해서는 안 될 뿐만 아니라 '방생放生', '호생(護生: 생명을 보호함)', '석생(惜生: 생명을 아낌)'을 해야 하며, 자비심으로 일체 중생을 보호해야 합니다.

⑤전쟁은 가장 문명화되지 못한 행위입니다. 전쟁이 한 차례 발생되면 얼마나 많은 가족이 이별의 고통을 겪고, 또 얼마나 많은 생명이 사라지며, 얼마나 많은 재산의 손실을 보고, 얼마나 많은 문화재들이 사라집니까? 그러므로 모든 사람은 평화적 성격을 기르고, 국가와 민족의 생명은 다 함께 공존해야 합니다.

⑥국가 간 우의를 중시하고, 국제 간 경제무역을 촉진하며, 국제회의를 통한 교류를 실시하고 민족 간 국제결혼을 존중해야 합니다. '아무리 멀리 떨어져 있어도 가까이 있는 것과 같다'라는 말은 현대인들이 품어야 할 포부입니다.

⑦국제간 언어는 소통되어야 하고, 문화는 교류되어야 하며, 민족은 평등해야 합니다. 경제는 상호 도움을 줄 수 있어야 하고, 물질은 서로 유통되어야 합니다. 사해四海 안에서는 모두가 형제 같다 하였으니, '지구촌 한 가족'이라는 마음가짐을 가져야겠습니다.

⑧국가 간에는 이민을 허락하고 관광을 개방해야 합니다. 국제인사의 세관 검사 시는 존중해야 하며, 여행객들은 출입국 당시 현지 법규를 준수하고 적극 협조해야 합니다.

⑨국제적으로 중대한 재난이 발생하면 인도주의 정신에 따라 구호대를 파견하고 서로 도와 '남이 굶주리면 내가 굶주린 듯 여기고, 남이 물에 빠지면 내가 물에 빠진 듯 여긴다'는 '공존 공생'의 마음가짐을 가져야 합니다.

⑩바른 믿음의 종교 사이에는 상호 존중과 포용을 해야 합니다. 각각의 종교 교주는 다를지라도 혼란을 야기하지 말고, 서로 존중해야 합니다. 각기 지향하는 바는 달라도 자신들의 가르침을 더욱 펼쳐 '같은 가운데 다름이 존재하고, 다른 가운데 같음을 추구'해야 합니다. 신도 사이에는 서로 왕래하며 우의를 증진시켜야 합니다.

7) 교육율의십사(教育律儀十事: 학습·봉사·기능개발·존사중도尊師重道 등)

①가정교육: 부모는 자녀의 생활을 돌보고 양육을 책임져야 합니다. 언어, 사상, 행동, 도덕, 인격 등을 나름의 규범에 맞게 좋은 교육을 시켜야 합니다. 일과 휴식이 규칙적인 생활, 올바른 행동과 정서, 겸손하고 예의바른 대인관계, 부적절한 서적 보지 않기, 인터넷이나 TV 등에 빠지지 않기 등 어릴 적부터 좋은 습관을 길러줘야 함은 물론 자주 도서관을 찾아 책을 많이 보도록 해야 합니다.

②학교교육: 지식의 전달 외에도 더욱 폭넓은 학습과 인문적 사상 업그레이드, 도덕적 인격의 완성, 신심의 균형적 발전을

갖춘 차세대를 배양하는 데 그 목적이 있습니다.

③사회교육: 인간은 생계를 이어 나갈 각종 기술을 학습해야 합니다. 단강사檀講師, 포교사, 교사, 의사, 간호사, 회계사, 운전사, 요리사, 수력전기 기능사, 재봉사, 실내인테리어 설계사, 농경, 원예, 서예, 편집 등 일생 동안 최소한 자격증 3개는 가져야 합니다.

④평생교육: 인간은 평생 공부해야 합니다. '늙어 죽을 때까지 배워야 한다'라는 말처럼 끊임없이 계속 학습해야 합니다. 이웃에 봉사함을 배우고, 사회에 공헌함을 배우고, 타인을 이롭게 함을 배우고, 견해가 달라도 존중함을 배우고, 공생과 화합을 배우는 것이 가장 중요합니다.

⑤생활교육: 생활에는 규율이 있어야 합니다. 방탕한 생활이나 음주, 흡연, 마약 등을 해서는 안 됩니다. 항상 운동으로 건강을 단련하고 시간, 신용, 이치, 법률을 준수해야 합니다.

⑥지식교육: 일반상식, 지리와 역사를 두루 통달하며, 특히 인문지식 등과 관련된 것은 항상 관심을 갖고 살펴야 합니다. 자질을 개선하고 포부와 시야를 넓혀야 합니다.

⑦사상교육: 사상은 순수해야 하고, 견해는 정확해야 하며, 손해를 봐도 인내하는 법을 배우고, 늘 잘못을 참회하며, 끊임없이 발전하고 거듭나도록 해야 합니다.

⑧인격교육: 자비로운 인격을 학습의 목표로 삼고, 제불보살을 본보기로 삼으며, 계·정·혜를 구도求道의 근본으로 삼고,

지인용智仁勇을 행동지침으로 삼으며, 마음에 '성현은 나의 우상'이라는 관념을 지녀야 합니다.

⑨ 도덕교육: 유교의 사유팔덕四維八德, 도교의 청정무위淸淨無爲, 불교의 오계십선五戒十善, 사무량심四無量心, 육바라밀六波羅蜜 등은 모두 배우고 실천해야 할 덕목들입니다.

⑩ 전인교육: 스스로 이해하고 이치를 깨달아 자발적으로 자기 주도 학습 정신을 가져야 합니다. 능동적으로 난관을 극복하고, 선사들께서 부단히 '제기의정提起疑情'과 '참구화두話頭參究'를 한 것처럼, 자신이 어디에서 와서 어디로 가는지를 알아야 합니다.

8) 신앙율의십사信仰律儀十事

① 승직자와 신도 사이에는 끊이지 않는 분쟁과 도의道誼를 훼손하지 않기 위해 금전적 왕래나 대출을 해서는 안 됩니다.

② 신도 대중이 승가 대중과 왕래할 때는 정확한 지견知見이 확립되어야 합니다. 예를 들어 승가의 일은 승가가 결정하며, 임의대로 승려를 붙잡거나 머물게 해서는 안 됩니다. 승단의 화합을 해치는 것을 막고 오역(五逆: 다섯 가지 지극히 무거운 죄)의 죄를 짓지 않도록 하기 위해서입니다. 청규를 위반하거나 사문을 배반한 승려 역시 계를 범한 것과 같다고 봅니다.

③ 불광회원은 분쟁이 생기면 국제불광회가 제정한 '칠멸쟁법七滅諍法'에 따라 처결합니다.

④매일 아침저녁 일정한 시간을 정하여 스스로 정진하며, 일
주일에 1일은 향을 올리거나 반나절을 폐관하여 스스로 수행
합니다.

⑤매일『불광기원문佛光祈願文』한 편을 독송하며 스스로 발원
합니다. 매일 삼보에 귀의하며 자아 발전을 합니다.

⑥인과업보를 바르게 믿고, 무상無常·고苦·공空을 바르게 알
며, 연기의 진리를 이해하고, 팔정도를 봉행합니다.

⑦인간불교란 바로 생활 속에서 불법화佛法化하고, 생활 속에
서 믿음을 가지는 것입니다. 관혼상제, 이사 등 모두 불교예식
에 의거하여 행하고 겉치레 등으로 낭비하지 말아야 합니다.
풍수와 시간 등에 지나치게 집착하지 않아야 하며, 마음을 바
르게 가지면 그날이 곧 좋은 날이고, 내가 서 있는 그곳이 곧
좋은 곳입니다.

⑧인생에 삼귀오계, 팔관재계, 단기출가, 유학참방 등에 참가
하거나 자원봉사의 행렬에 참여하는 수행생활의 계획을 미리
세워야 합니다.

⑨모임 접대 시에는 자신은 불교신자임을 먼저 밝히고, 술을
권한다거나 주정을 부리지 말아야 합니다. 여의치 않을 때는
최소한 술 대신 차로 대신해야 하며, 취하지 않는 것을 원칙으
로 합니다.

⑩보시는 최대한 기쁘게 해야 하고, 고민하거나 괴롭거나 후
회할 보시는 하지 말아야 합니다. 또한 교육, 문화, 자선, 수행

등 세상에 공헌하는 바른 믿음의 도량을 선택하여 복전福田을 가꾸는 기준으로 삼아야 합니다.

2. 승가 필수사항 (20조항)

① 네 가지 근본대계를 봉행해야 합니다. 살생하지 않고 보호하며, 도둑질하지 않고 보시하며, 음욕하지 않고 존중하며, 거짓말하지 않고 성실해야 합니다. 응당 '유정한 중생을 이롭게 한다'는 말을 평생 봉행하겠다는 하나의 신조로 삼아야 합니다.

② 부처님께 기대어 삶을 영위하지 말고 중생을 널리 제도하겠다는 발심을 해야 합니다. 세간의 인정에 담담하며 신심을 자비, 보리, 자재해탈보다 더 위에 안주하도록 해야 합니다.

③ '사불괴신四不壞信'을 철저히 견지해야 합니다. 삿된 종교를 믿지 않고, 삿된 서적을 보지 않으며, 삿된 사람과 왕래하지 않고, 삿된 활동에는 참가하지 않습니다.

④ 도기道氣 있는 출가자가 되어야 합니다. 교만함을 없애고, 억울함도 참아 넘기며, 근면하게 일하고, 복을 소중히 여깁니다. 자비로운 서원을 세우고, 불교를 사랑하며, 맑은 믿음을 갖고, 참되게 수행합니다. 습기習氣를 고치고 위의威儀를 기르며, 시기심을 없애고, 더 넓은 마음을 가집니다. 기험을 피하고, 세속을 멀리하며, 열심히 학습하고, 중생 제도를 합니다. 근검절약하고 분수를 알아야 하며, 스스로 절제하고 안일하지 말아야

합니다. 논쟁을 피하고, 미움과 원망을 갖지 말며, 혈육의 정을 담담히 하고, 내면의 깨달음을 얻도록 합니다.

⑤불도를 탐구하는 데는 '십무사상十無思想'이 있어야 합니다. 재물이 없는 가운데 부귀함, 구하는 바 없는 가운데 부유함, 인연이 없는 가운데 자비로움, 욕심이 없는 가운데 즐거움, 머무는 곳 없는 가운데 내 집, 편안함이 없는 가운데 머무름, 사람이 없는 가운데의 대중, 후회가 없는 가운데의 마음가짐, 총명함이 없는 가운데의 지혜로움, 공덕이 없는 가운데의 일 처리 등입니다.

⑥사사로이 신도와 사귀지 말고 중생을 평등하고 자애롭게 봅니다. 사사로이 신도에게 보시를 청하지 말고 개인적인 청탁을 하지 않습니다. 또한 사사로이 돈을 모으지 않고, 도량을 건립하지 않으며, 부동산을 매입하지 말고, 제자를 받지 않으며, 음식점을 운영하지 않아야 합니다. 그리고 공동재산을 주고받지 않으며, 속가俗家에서 유숙하지 않고, 삭발할 시기를 어기지 않으며, 승가 윤리를 어지럽히지 않아야 합니다.

⑦'다 함께 만들어 나가고, 제도를 통해 이끌어 나가며, 부처가 아닌 것 짓지 않고, 오로지 가르침에 의지한다'는 불광인 업무 처리 규정을 준수해야 합니다. 개인적 발전이 아니라, 불광인의 인간불교 정신을 지녀야 합니다. '영광은 부처님에게, 성과는 대중에게, 이익은 사찰에, 공덕은 시주에게' 돌립니다.

⑧평상심을 갖고 부서 이동, 평가, 상벌, 인사고과 등을 받아들

이고, 항상 "불교가 으뜸이요, 자신은 그 다음이다. 사찰이 으뜸이요, 자신은 그 다음이다. 대중이 으뜸이요, 자신은 그 다음이다. 신도의 시주가 으뜸이요, 자신은 그 다음이다"라는 것을 봉행해야 합니다.

⑨대중에게는 자비를 가져야 합니다. 타인에게는 믿음과 환희와 희망과 봉사를 주어야 합니다. 그러나 감정에 치우쳐 잘못을 두둔하고 사사로이 관심을 가져서는 안 됩니다.

⑩자원봉사자를 남용해서는 안 되고 신도를 내키는 대로 부려서는 안 됩니다. 자원봉사자에게는 존중과 교육, 발탁, 장차 발전할 수 있는 기회를 주어야 합니다.

⑪원만한 성격을 지녀야 합니다. 대중을 멀리하고 늘 혼자 행동하지 말며, 권세 있는 사람에게 빌붙거나 '일대일'로 출입하며 소수의 한 두 사람과만 왕래해서는 안 됩니다. 승단은 단체 생활입니다. 적어도 세 사람 이상의 승려가 서로 다툼 없이 화합하는 것이 '승가僧伽'의 의미입니다.

⑫세속의 학위를 배우고자 뜻을 가진 사람은 신청할 수 있습니다. 단 반드시 사찰 관계 부서의 심사를 거쳐야 하며, 공부하겠다는 거짓 평계로 승가의 인격을 실추시켜서는 안 됩니다.

⑬참회를 거치지 않고 만족하지 말아야 합니다. 홍법을 펼칠 때는 마땅히 교사, 간호사, 유치원교사, 음악가, 미술가, 국어교사, 문화교육, 행정, 강연, 편집, 창작, 자선, 참선 수행, 정념淨念 등 상대의 근기에 맞는 방편으로 교화의 방향을 잡아야

합니다.

⑭일할 때는 겸허하고 조용한 어조로 하며, "나는 스님이다"
고 자처하거나 교만해서는 안 됩니다. 신도를 책망해서는 안
되며, 선배를 원망해서도 안 됩니다. 신도가 숭배하고 존중하
고 공양한다고 해서 한껏 들떠 자신의 입장을 망각해서는 안
됩니다.

⑮더 넓은 마음, 더 숭고한 인격, 더 풍부한 지식, 더 견고한 도
심道心을 가져야 합니다. 편협한 감정을 광대하게 하고, 초월하
고, 승화하려면 독서, 봉사, 수행을 즐겨하고 대중, 사찰, 불교,
홍법을 사랑해야 합니다.

⑯수도인修道人의 기백과 소양을 갖추려면 거칠고 자극적인
말을 하지 말아야 합니다. 졸속으로 일 처리를 하지 말고 교만
하거나 믿음을 깨트리지 말아야 합니다. 백해무익한 말을 삼가
고 바른 생각을 많이 해야 합니다. 도반 또는 승려와 신도 사이
에는 승단의 일을 놓고 대화를 하거나 원망의 말을 해서는 안
됩니다.

⑰일 처리와 처세에서 자신의 희로애락에 따라 기준을 세우면
안 되고, 도량을 불의에 빠뜨려서도 안 되며, 자신은 불교, 사
찰과 한몸이라는 관념을 가져야 합니다.

⑱고뇌하고 참회하며 평범할지언정 작은 잔재주가 있다고 스
스로 우쭐하여 사찰에 해를 끼치거나 거룩한 가르침을 경시해
서는 안 됩니다.

⑲무슨 일이든 근면하게 임하고 굳건한 의지를 단련하도록 해야 합니다. '법을 널리 펼침은 가업이요, 중생을 이롭게 함은 사업이다'라는 마음가짐을 갖고, 한가로운 것에 만족해서는 안 됩니다.

⑳사찰에서 승적僧籍이 박탈된 자와는 왕래하지 말아야 하며, 그렇지 않으면 자신이나 상대방 모두에게 이롭지 못합니다.

이 외에 불광산 남중학부男衆學部에서 학생들과 좌담회를 하면서, 문득 사람은 홀로 생존해 세상을 살아갈 수 없고, 반드시 무리와 섞여 사회생활을 해야 한다는 생각이 들었습니다. 특히 불도를 익히는 데는 인간 사이의 공존을 더욱 중시해야 합니다. '불법은 중생의 몸에서 구한다', '불법은 공경恭敬 가운데에서 구한다' 하였습니다. 어느 누구라도 우리를 성취하게 해줄 주변의 대중을 소홀히 해서는 안 될 것입니다. '넓어서 가히 사람을 품을 만하고, 두터워 가히 사물을 담을 만하다'고 했습니다. 우리가 사회에서 출세해서 타인에게 존중을 받고 인기 있는 사람이 되고 싶다면, 먼저 자신의 소양을 잘 갈고 닦지 않으면 안 됩니다. 당시 불제자가 수신과 양성하는 좌우명으로 삼기를 바라는 뜻에서 저는 '인생의 가장 큰 20가지'를 적어 보았습니다. 대중들도 참고할 수 있도록 여기에도 올리는 바입니다.

인생의 가장 큰 20가지(人生二十最)

①인생의 가장 큰 적은 자신이다.

②인생의 가장 큰 악습관은 이기심이다.

③인생의 가장 큰 비애는 무지이다.

④인생의 가장 큰 착오는 삿된 견해이다.

⑤인생의 가장 큰 실패는 교만이다.

⑥인생의 가장 큰 번뇌는 욕망이다.

⑦인생의 가장 큰 무명은 원망이다.

⑧인생의 가장 큰 근심은 생사이다.

⑨인생의 가장 큰 과오는 침범하는 것이다.

⑩인생의 가장 큰 곤혹은 시시비비是是非非이다.

⑪인생의 가장 큰 미덕은 자비이다.

⑫인생의 가장 큰 용기는 잘못을 인정하는 것이다.

⑬인생의 가장 큰 수확은 만족이다.

⑭인생의 가장 큰 자원은 신앙이다.

⑮인생의 가장 큰 소유는 감사하는 마음이다.

⑯인생의 가장 큰 수양은 관용이다.

⑰인생의 가장 큰 본전은 존엄이다.

⑱인생의 가장 큰 환희는 법락이다.

⑲인생의 가장 큰 희망은 평안이다.

⑳인생의 가장 큰 발심은 중생을 이롭게 함이다.

'인생의 가장 큰 20가지'는 도덕적 권고의 일종이지만, 사실 인간 불교의 계율이기도 합니다. 이것을 해낼 수 없다면 바른 믿음을 가진 불제자라고 할 수 없을 것입니다.

정법을 믿는 불제자란 매일 경전을 얼마나 읽고 염불을 얼마나 했느냐가 아닙니다. 생활에서 항상 불법을 봉행하고 불법으로 자신의 신심과 행동을 규범화하며, 더 나아가 타인을 유익하게 하는 것입니다. 또한 이런 것들을 자신의 평소 수행덕목으로 삼고 밀행密行 계율을 지켜 나가는 것이 중요합니다.

밀행은 품행을 도약시키고 도덕적으로 원만하게 만드는 불이법문不二法門입니다. 저는 『불광교과서』에 '밀행백사密行百事'를 쓴 적이 있습니다. 불제자들 수행에 참고하시라는 의미에서 들려 드리겠습니다.

밀행백사密行百事

1. '처신 밀행' 25가지 사항

①말 한 마디를 참고, 한 순간을 인내하며, 한 걸음 물러나고, 한 번 용서하는 것이 처신을 위한 밀행입니다.

②"당신은 크고 나는 작소", "당신은 있고 나는 없소", "당신은 맞고 난 틀리오", "당신은 좋고 나는 나쁘오"라고 하는 것이 처신을 위한 밀행입니다.

③매일 변함없이 꾸준히 소액기부를 하고 사회에 환원하는 것이 처신을 위한 밀행입니다.

④공로는 남에게 돌리고, 영광과 성공은 대중에게 돌리는 것이 처신을 위한 밀행입니다.

⑤기쁨으로 인연 맺고, 타인을 돕는 것이 처신을 위한 밀행입니다.

⑥입으로는 칭찬하고 타인에게 믿음과 환희를 주는 것이 처신을 위한 밀행입니다.

⑦국가에는 불청지우不請之友가 되는 것이 처신을 위한 밀행입니다.

⑧친구에게는 지난 악감정을 생각지 않는 것이 처신을 위한 밀행입니다.

⑨자신에게는 초심을 잃지 않는 것이 처신을 위한 밀행입니다.

⑩사회에는 변함없이 보시하는 것이 처신을 위한 밀행입니다.

⑪비교하지도 따지지도 않는 것이 처신을 위한 밀행입니다.

⑫미소로 사람을 대하고, 예의 바른 일 처리가 처신을 위한 밀행입니다.

⑬손해 봐도 개의치 않고 너그럽게 사람을 대함이 처신을 위한 밀행입니다.

⑭모진 꾸지람도 묵묵히 견디고, 충격을 받았을 때 마음의 평정을 유지함이 처신을 위한 밀행입니다.

⑮질투와 미움을 받으면 자애로움으로 대하고, 비방 당하면 그 덕을 감사히 여기는 것이 처신을 위한 밀행입니다.

⑯내 편리를 위하여 남을 침해하지 않음이 처신을 위한 밀행

입니다.

⑰남보다 먼저 목적을 달성하고자 남을 비꼬지 않음이 처신을 위한 밀행입니다.

⑱상대방이 잘되는 것을 시기해 타격을 주지 않음이 처신을 위한 밀행입니다.

⑲타인을 책망하는 마음으로 자신을 책망하고, 남을 용서하는 마음으로 자신을 용서함이 처신을 위한 밀행입니다.

⑳널리 선한 인연을 맺고 남의 충고도 흔쾌히 받아들임이 처신을 위한 밀행입니다.

㉑사욕을 채우고자 남을 상하게 하지 않음이 처신을 위한 밀행입니다.

㉒집착을 내려놓고 겸허히 가르침을 받아들임이 처신을 위한 밀행입니다.

㉓진실한 믿음으로 사람을 대하고 보답을 바라지 않음이 처신을 위한 밀행입니다.

㉔이웃에 관심을 기울이고 자원봉사에 참여함이 처신을 위한 밀행입니다.

㉕남의 부탁을 받으면 그 일에 열과 성을 다함이 처신을 위한 밀행입니다.

2. '생활 밀행' 25가지 사항

①식사 전에 오관게五觀偈를 외우는 것이 생활을 위한 밀행입

니다.

②일상생활에는 일과 휴식, 규칙적이어야 함이 생활을 위한 밀행입니다.

③화초와 수목을 보호하고, 물을 주며 다듬어 줌이 생활을 위한 밀행입니다.

④타인의 안녕을 방해하지 않도록 행동을 조심함이 생활을 위한 밀행입니다.

⑤걷고 서고 앉고 누워 있을 때에도 위의를 갖춤이 생활을 위한 밀행입니다.

⑥술과 색정을 멀리하고 자치와 자율적인 생활이 생활을 위한 밀행입니다.

⑦운전 시 양보하고 행인의 안전에 관심을 가짐이 생활을 위한 밀행입니다.

⑧매월 적어도 하루는 폐관하여 불법을 수지함이 생활을 위한 밀행입니다.

⑨매일 한 가지씩 남을 감동시키는 일을 함이 생활을 위한 밀행입니다.

⑩매월 보답을 바라지 않고 남을 돕는 좋은 일을 함이 생활을 위한 밀행입니다.

⑪잠자기 전 참회문을 읽고 하루의 잘못을 반성함이 생활을 위한 밀행입니다.

⑫적어도 매주 한 번 대중과 함께 법회에 참석함이 생활을 위

한 밀행입니다.

⑬ 배우고 기꺼이 받아들이는 자세와 매사 인내함이 생활을 위한 밀행입니다.

⑭ 매일 환희와 자비를 타인과 함께 나눔이 생활을 위한 밀행입니다.

⑮ 낭비하지 않고 소중히 여기며 근검절약함이 생활을 위한 밀행입니다.

⑯ 조금 더 채식을 하는 것이 조금 더 생활 속에서 실천하는 밀행입니다.

⑰ 기쁠 때 많이 말하지 않고, 화났을 때 화를 옮기지 않음이 생활을 위한 밀행입니다.

⑱ 매주 적어도 한 시간 사회봉사를 함이 생활을 위한 밀행입니다.

⑲ 계율에 의지하고, 육근을 빈틈없이 보호함이 생활을 위한 밀행입니다.

⑳ 음식을 절제하고 욕심을 부리지 않고 만족을 아는 것이 생활을 위한 밀행입니다.

㉑ 신체의 병고 때문에 하늘과 남을 탓하지 않음이 생활을 위한 밀행입니다.

㉒ 마음을 고쳐먹고 뉘우치며 생각을 바꾸는 것이 생활을 위한 밀행입니다.

㉓ 욕망, 애정, 직업 등이 정당하기만 하면 생활을 위한 밀행입

니다.

㉔시비를 퍼트리지 않고, 근심 고뇌를 남에게 전하지 않음이 생활을 위한 밀행입니다.

㉕자신의 처지에 안주하고, 인연 따라 생활하며, 마음은 자유롭고 기쁘게 일함이 생활을 위한 밀행입니다.

3. '처세 밀행' 25가지 사항

①타인과 화합하고 대중과 화목함이 처세를 위한 밀행입니다.

②타인을 헤아려주고 인아人我가 원만하면 처세를 위한 밀행입니다.

③항상 타인의 뜻에 따르고 민의를 중시함이 처세를 위한 밀행입니다.

④타인의 선한 행동을 따라 배우고 공통된 인식을 이룸이 처세를 위한 밀행입니다.

⑤젊은 초학자를 이끌고 지도하는 것이 처세를 위한 밀행입니다.

⑥훌륭한 스승을 만나면 뜻을 거스르지 않고 가까이에서 모심이 처세를 위한 밀행입니다.

⑦현명한 사람을 만나면 겸허히 배우는 것이 처세를 위한 밀행입니다.

⑧부모와 가족을 봉양하고 효를 다함이 처세를 위한 밀행입니다.

⑨상사에게는 성심성의껏 대하는 것이 처세를 위한 밀행입니다.

⑩위기에 처한 사람을 보면 용감하게 나서 구하는 것이 처세를 위한 밀행입니다.

⑪자신의 힘과 분수, 인연에 맞게 기쁘게 보시함이 처세를 위한 밀행입니다.

⑫인과를 명백히 아는 것이 처세를 위한 밀행입니다.

⑬이치와 지혜로 감정을 정화하고, 자비로 감정을 승화함이 처세를 위한 밀행입니다.

⑭이치와 도리로 감정을 규제하고, 도덕으로 감정을 이끄는 것이 처세를 위한 밀행입니다.

⑮마음을 가다듬어 흔들림이 없도록 함이 처세를 위한 밀행입니다.

⑯자신의 과오를 감추거나 변명하지 않음이 처세를 위한 밀행입니다.

⑰시시비비에 휘둘리지 않는 것이 처세를 위한 밀행입니다.

⑱말과 행동을 삼가고 근신함이 처세를 위한 밀행입니다.

⑲그릇됨을 막고 악을 그치는 것이 처세를 위한 밀행입니다.

⑳만나면 세 마디 이상 건네고, 안부를 묻는 것이 처세를 위한 밀행입니다.

㉑대화 시에는 미소를 짓고, 한 번쯤 논쟁을 피해 입을 다무는 것이 처세를 위한 밀행입니다.

㉒자신은 이치에 맞지 않고 타인은 모두 옳다는 것이 처세를
위한 밀행입니다.

㉓장기를 기증하여 인간 세상에 사랑을 남김이 처세를 위한
밀행입니다.

㉔함부로 의심하거나 시기하지 않음이 처세를 위한 밀행입
니다.

㉕부지不知, 불능不能, 부정不淨, 불선不善을 부끄러워함이 처세
를 위한 밀행입니다.

4. '수행 밀행' 25가지 사항

①아침에 향 한 대 피울 동안 정좌하여 생각을 맑게 함이 수행
을 위한 밀행입니다.

②매일 경전 한 권을 독송하고 문사혜聞思慧를 증진함이 수행
을 위한 밀행입니다.

③매일 이른 아침 기원문을 낭독하여 자비심을 증진함이 수행
을 위한 밀행입니다.

④어디에 있든 항상 재난을 입은 이들을 위해 기도함이 수행
을 위한 밀행입니다.

⑤모든 불법을 물러남 없이 근면하게 수행함이 수행을 위한
밀행입니다.

⑥모든 계율을 어기지 않겠다고 결심함이 수행을 위한 밀행입
니다.

⑦마음으로는 허튼 생각 없이 바른 지혜를 분명히 아는 것이 수행을 위한 밀행입니다.

⑧몸으로는 삿된 행동하지 않고 입으로는 나쁜 말 뱉지 않음이 수행을 위한 밀행입니다.

⑨자신의 분수에 만족하고 뜻은 적정열반에 둠이 수행을 위한 밀행입니다.

⑩화려함을 좋아하지 않고 소박하며 복을 소중히 함이 수행을 위한 밀행입니다.

⑪일체 구함이 없이 굳건한 의지로 정진함이 수행을 위한 밀행입니다.

⑫선정과 지혜에 전념하고 쉽게 변하지 않는 마음이 수행을 위한 밀행입니다.

⑬자신의 선함은 말하지 말고 타인의 잘못은 드러내지 않음이 수행을 위한 밀행입니다.

⑭겸허히 배우고 한결같은 마음으로 행함이 수행을 위한 밀행입니다.

⑮타인의 물건 탐내지 않고, 자신의 재산에 인색하지 않음이 수행을 위한 밀행입니다.

⑯자비와 희사로 타인에게 선을 행함이 수행을 위한 밀행입니다.

⑰정법을 깊이 믿고 항상 모든 선을 생각함이 수행을 위한 밀행입니다.

⑱교만이 생기지 않고 겸양, 공손, 예의가 바름이 수행을 위한 밀행입니다.

⑲원수와 친한 이를 평등하게 대하고, 증오와 사랑이 생기지 않음이 수행을 위한 밀행입니다.

⑳중생을 공경하고 사랑하길 자신을 사랑하듯 함이 수행을 위한 밀행입니다.

㉑객관적 사리에 밝고 자신의 견해에 집착하지 않음이 수행을 위한 밀행입니다.

㉒항상 자애와 연민을 품고, 맺은 인연 변치 않음이 수행을 위한 밀행입니다.

㉓참선과 관법으로 깨달은 이치를 실천하고, '공유空有'에 집착하지 않음이 수행을 위한 밀행입니다.

㉔자신의 마음이 곧 부처라는 것을 기꺼이 받아들임이 수행을 위한 밀행입니다.

㉕보리심을 발하고 보살도를 행함이 수행을 위한 밀행입니다.

'밀행백사'는 선악과 공과功過의 대조표이자 단정한 언행을 비추는 맑은 거울이며, 업장번뇌를 씻어내는 법수法水이고, 신심의 병고를 치료하는 명약이며, 밝은 앞날로 이끌어주는 스승입니다. 밀행은 삼륜체공(三輪體空: 베푸는 자도, 받는 자도, 베푸는 물건도 바탕이 공함)이라는 무상보시이자, 인간불교 수행자가 마땅히 지켜 나가야 할 생활

율법입니다. 밀행을 실천할 줄 알면 생활이 정화되고 더 승화될 것입니다.

결론적으로 불법을 현실생활에 녹아들게 하여 처세와 일 처리, 자타가 왕래할 때는 항상 자기의 욕심을 누르고 예의범절을 따르며, 자아를 수양하는 마음을 기르고, 모든 일은 부처님의 가르침과 계율에 따르며, 타인을 존중하고 포용하며, 타인에게 피해를 끼치지 않아야 합니다. 이것이 곧 '지지止持' 계율입니다. 좀 더 나아가 타인에게 믿음을 주고, 기쁨을 주고, 도움을 주고, 이익을 줄 수 있다면 이것이 곧 '작지作持'이자, '인간불교 계학'을 진정으로 봉행하는 가장 수승한 본보기입니다.

4. 계의 목표: 인격을 완성하고 원만한 보리를 이룬다

예로부터 세간에서 위대한 인격을 배양하는 데는 종교가 큰 역할을 해왔습니다. 심지어 각종 예술, 연극, 문예창작 역시 종교로 인해 최고 수준에 이르렀습니다. 종교가 인류의 문명사에 눈부신 성과를 가져왔고, 인류의 소질을 한층 더 끌어올렸다고 해도 과언이 아닐 것입니다. 종교가 각 방면의 다양한 인격과 고귀한 정신을 배양할 수 있었던 것은 계율의 제정과 수지守持에 있다 봅니다. 이 세상의 모든 종교는 신도가 지켜야 할 나름의 계율이 있습니다. 불교 계율의 궁극적인 목표는 신심을 단련하고 사람의 도리를 다하게 하는 것입니다. '오직 부처님을 우러러 배우며, 완전한 인격을 완성한다'는 말처럼 불교는 사람으로서의 도리를 다하고 신심을 수양한 뒤에야, 더 나아가 내심의 광명지혜를 개발하고 최고의 진리를 깨달을 수 있다고 여깁니다. 그러므로 계율은 불도를 배우는 사람 됨됨이의 근본인 까닭에 불제자는 삼보에 귀의한 뒤, 머물러 있지 말고 반드시 부처님의 청정한 계법戒法을 받아야 합니다.

계는 우리 인생의 방향을 이끌어 주는 훌륭한 스승과 같네.
계는 우리의 신심을 바로잡아 주는 궤도軌道와 같네.
계는 오욕육진의 도적이 침략하는 걸 막도록 돕는 성벽과 같네.
계는 때와 먼지, 번뇌를 씻어 주는 물주머니와 같네.
계는 우리의 앞날을 환히 비춰 주는 밝은 등불과 같네.
계는 우리의 탐욕과 성냄을 끊어 내는 보검과 같네.
계는 우리의 도덕적 인격을 장엄하게 하는 영락과 같네.
계는 우리를 열반의 피안에 도달하게 하는 선박과 같네.

자애로운 마음으로 타인에게 피해를 주지 않는 것이 계율의 정신입니다. 석가모니 부처님께서 아직 보살 수행을 하시던 전생에서, 살을 베어내 매에게 먹이고 자신의 몸을 희생해 호랑이에게 먹였던 것은 청정한 계법을 지키고 자비로움으로 생명을 지키려는 정신의 발로였습니다. 이 밖에도 사미승은 "차라리 계를 지키다 생명을 버릴지언정 계를 어기고 구차하게 살지 않겠다"고 했으며, 승군僧群 스님은 "목이 말라 죽을지언정 날개 다친 오리를 쫓지 않겠다" 했습니다. 지순智舜 선사는 귀를 잘라내 꿩을 구했으며, 어느 선사는 쥐를 아끼는 마음에 항상 밥을 남겨놓고, 나방을 가엾게 여겨 등불을 켜지 않았다고 합니다. 심지어 현재 불광회원들은 가르침과 계율, 그리고 시간과 믿음을 준수하여 모범이 되고 있으며, 곳곳에서 계덕戒德의 향기를 퍼뜨리고 있습니다.

불교의 계율은 청련화靑蓮花처럼 향기롭습니다. 계행이 청정한 사람은 일체의 행동이 계율에 부합되고, 계향戒香이 세간이 두루 퍼지며, 명성이 시방세계에 가득 찹니다. 그래서 『계향경戒香經』에서는 "세간의 모든 꽃과 과일, 침향과 사향, 이러한 등의 향은 두루 맡을 수 없느니라. 오직 계향만이 어디서나 일체 두루 맡을 수 있다(世間所有諸花果, 乃至沉檀龍麝香. 如是等香非遍聞, 唯聞戒香遍一切)"라고 했습니다.

불교에서 계행을 가장 엄격하고 청정하게 실천하신 선각자는 바로 부처님이십니다. 부처님은 스스로가 엄격하게 지키셨을 뿐만 아니라, 오계와 보살계 등 많은 계법을 제정해 제자들의 신심을 교화하셨습니다. 부처님 십대제자의 한 사람인 우팔리優波離는 '지계제일持戒第一'이라는 이름을 얻었고, 남산율종南山律宗을 창건한 도선道宣대사 역시 지계를 정진하여 "계향의 향기 깨끗하고, 선정의 물 몹시 맑다(戒香芬潔, 定水澄奇)"라는 명예를 얻었습니다.

불교의 계율 중 오계는 유교의 오상五常과 일맥상통하는 면이 있습니다. 오상은 인의예지신仁義禮智信을 말합니다. 오계를 오상에 대입시켜 보면 살생하지 않음은 '인'이요, 도둑질하지 않음은 '의'이며, 음행하지 않음은 '예'이고, 거짓말하지 않음은 '신'이며, 독(마약 등 정신을 혼미하게 하는 음료)을 마시지 않음은 '지'라 할 수 있습니다. 오계십선으로 자신을 규범 짓고 완전한 인격체를 갖추며, 제세이인濟世利人하는 성현의 포부를 갖고 도덕적으로 더욱 승화하며, 보살의 반야공혜般若空慧 진리로 타고난 본래의 천성을 깨닫는 것이 불교에서 꼽는 도덕적 표준입니다. 중생을 이롭게 한다는 자비심과 세간의 예법, 그리고 유정한 중생을 이롭게 하겠다는 보살의 대승정신은 모두 우리의 인격을 완성하고 보리를 원만하게 해주는 선근이자 공덕입니다. 예를 들어 보시로 선연 맺기, 과거 허물 따지지 않기, 부끄럽게 여기는 미덕, 육근 수호, 청하지 않아도 먼저 도와주며, 권교방편權巧方便을 행하고, 유정한 것을 이롭게 하며, 다 함께 공양하고, 사은四恩에 늘 보답하며, 홍법이생弘法利生하고, 존중하고 포용하며, 온화한 마음을 갖고, 좋은 말로 칭찬하며, 정념正念을 수호하고, 초아패종(焦芽敗種: 불타버린 새싹, 썩은 종자처럼 쓸모없는 것)이 되지 않는 등등이 모두 불교의 선하고 아름답고 청정한 계율을 구족하는 도덕적 표준이라고 하겠습니다. 이 외에도 불보살의 커다란 자비, 커다란 지혜, 커다란 서원, 커다란 실천수행을 배우고, 보리심을 발하여 오역십악五逆十惡을 지은 중생 구제를 포기하지 않는 것이 바로 불교의 가장 궁극적이고 원만한 도덕이자, 우리가 마땅히 봉행해야 할 보살계법입니다.

불교의 계율은 마음속에서 우러나와 스스로 요구하는 것이므로 자율에 속합니다. 자발적으로 계율을 지키고 자발적으로 참회를 하기 때문에 마음이 정화될 수 있고, 더 나아가 도덕적으로 인격을 승화시킬 수 있습니다. 그러므로 한 국가의 국민 모두가 능히 계율을 지킬 수 있다면 가정에 규범이 있게 되고, 사회 역시 법제法制가 올바로 서게 됩니다.

"불교는 철학의 어머니이자, 세상을 구할 사랑입니다. 불학을 연구함으로써 과학에 치우치는 것을 보완할 수 있습니다"라고 설파한 손문孫文 선생의 말처럼, 불학은 과학 편중을 보완해줄 뿐만 아니라 법률의 부족함도 채워줄 수 있습니다. 법률은 이미 일어난 것을 제재하지만, 불법은 미연에 방지하고자 하는 것입니다. 상류의 물이 맑고 깨끗하면 하류 역시 오염되지 않는 것은 당연합니다. 불교가 사회교화에 힘쓰는 것이 바로 상류를 정화하는 일을 하려는 것입니다. 현재 사회의 어지러운 난맥상을 보면서 누군가는 근심어린 나머지 "어지러운 세상 더 엄격한 법률을 적용해야 한다"고 주장하기도 합니다. 사실 법률적 제재가 한순간 위협적일 수는 있어도 범죄를 영원히 단절시킬 수는 없습니다. 오로지 불교의 계율을 수지하고, 피해를 주지 않는 자비심, 가르침을 통한 대중 인도, 계율을 통한 자기 절제, 한 치의 어긋남도 없는 인과관계, 청정한 참회 등의 교의敎義를 몸소 실천하는 것만이 사회풍토를 확실히 개선할 수 있습니다. 이것은 또한 인간불교가 짊어져야 할 막중한 사명이기도 합니다.

인간불교가 사회문제에 관심을 갖지 않으면 안 된다는 점을 고려해, 국제불광회는 1992년 설립된 뒤 불광산과 함께 '자비애심인慈悲愛心人', '칠계운동七誡運動', '삼호운동三好運動', '마음을 되찾자(把心找回來)' 등 인심을 정화하는 일련의 '인간불교운동'을 펼쳐왔습니다. 이러한 운동은 불법으로 사회풍토를 개선하고 세상인심을 정화하는 것은 물론, 불광회원들 자신도 '인심을 정화하고(淨化人心), 세간을 불국토화(佛化世間)'하는 활동에 참여하여 대중에게 이로움을 주는 보살도를 실천함으로써 자신의 '인격 완성과 보리를 원만케' 한다는 수행을 하게 합니다.

행사가 있을 때마다 저는 행사의 종지宗旨와 정신을 직접 써주었고, 회원들이 생활 속에서 실천할 불법을 알려주었습니다. 국제불광회 창립 초기 제가 썼던 '불광회원 사구게', '칠멸쟁법七滅諍法', '불광회원 신조', 그리고 몇 해 전 승가와 재가신도 두 대중이 스스로 수행에 힘쓰라는 용도로 만든 '인생백사人生百事' 등은 여러 해 동안 이미 불광인이 다 함께 지켜 나가야 할 '인간불교 현대율의'가 되었습니다. 여기에 써놓으니 참고하시길 바랍니다.

인간불교 사회운동

1. 칠계운동七誡運動

1) 내용

　　① 담배 끊기(誡煙毒)

　　② 색정 끊기(誡色情)

　　③ 폭력 끊기(誡暴力)

　　④ 도둑질 끊기(誡偸盜)

　　⑤ 도박 끊기(誡賭博)

　　⑥ 과음 끊기(誡酗酒)

　　⑦ 욕 끊기(誡惡口)

2) 의의

　불광회는 인간 심성의 정화, 평화로운 사회 건설, 유해물품의

범람 근절, 심후한 윤리 도덕, 전 국민의 평안과 기쁨 넘치는 생활 창조를 위해 특별히 '인심 정화를 위한 칠계운동'을 전개합니다. 이 행사는 유해한 것을 몰아내고 마음을 정화할 때까지 기한 없이 치르는 구국구민救國救民 운동이며, 이 칠계를 위반한다면 올바른 믿음을 가진 불교신자라 할 수 없습니다.

2. 삼호운동三好運動

1) 내용

좋은 일하기(做好事), 좋은 말하기(說好話), 좋은 마음 갖기(存好心)

2) 의의

불교에서는 신身, 구口, 의意로 짓는 삼업三業을 얘기합니다. 삼업에도 선업과 악업이 있으며, 삼업을 정화하면 자연히 몸으로는 선한 일을 행하고, 입으로는 선한 말을 뱉으며, 마음으로는 선한 생각을 품게 됩니다. 이런 인생의 앞날은 고속도로처럼 쭉 펼쳐 있게 되니, 인간세상에서 가장 아름다운 것이 바로 이 삼호입니다. 불광회는 회원들이 신구의 삼업을 정화하도록 특별히 '삼호三好운동'을 제창했습니다.

• 좋은 일하기(做好事): 타인에게 피해를 주고 해를 끼치는 악행을 바꿔 대중에게 이로운 부처님의 행동을 하도록 합니다.

• 좋은 말하기(說好話): 원망과 시기심이 담긴 욕하는 것을 바

꿔 부드럽고 칭찬하는 부처님의 입이 되도록 합니다.

•좋은 마음 갖기(存好心): 어리석고 그릇된 마음을 바꿔 자비롭고 지혜로운 부처님의 마음을 갖게 합니다. 이것은 복과 지혜가 두루 원만한 아름다운 경지의 삶을 구현하기 위해서입니다.

3. '마음을 되찾자' 운동(把心找回來運動)

1) 내용

•생명 존중, 참회와 감사. 자연 보호, 근검절약

•안분지족, 성재聖財 보유. 진심을 되찾고, 무한한 아름다움 누리리.

2) 의의

불경에서는 사람의 몸을 한 마을에 비유하고 있습니다. 그 마을에는 안眼·이耳·비鼻·설舌·신身·심心이 살고 있습니다. 촌장인 마음이 오근의 활동을 통제하며, 마음이 편안해야 몸도 평안할 수 있습니다. 불광회는 사회 대중으로 하여금 '마음을 되찾자'는 의미에서 특별히 생명을 존중하고 사회에 관심을 가져달라고 호소하는 일련의 활동을 개최했습니다. 특히 모든 불광회원은 자성 가운데의 자비심, 보리심, 감사하는 마음, 참회하는 마음을 찾아와야 하며, '자리이타自利利他'의 보살도 실천을 수행으로 삼아야 합니다. 이것이 바로 '작지作持' 계를 봉행하는 것입니다.

4. 자비와 애타심 운동(慈悲愛心人運動)

1) 내용

• 자비와 애타심으로 길거리로 나섰네. 구국의 일념으로 전 국민 참여하네.

• 십악을 없애고 수신제가修身齊家 하네. 하루 한 번 착한 일 하여 정토를 실현하세.

2) 의의

국제불광회는 사람들이 저마다 '마음 정화, 도덕 쇄신, 양심 수복, 사회 안정'을 실천토록 하고자, 특별히 '자비와 애타심 열차(慈悲愛心列車)' 활동을 시작했습니다. 불광회원이라면 누구든 당연히 '자비롭고 사랑이 넘치는 사람'입니다. 모두들 대로는 물론 골목 구석구석을 누비고, 길가에 사람이 모인 장소라면 어디든 찾아다니며, 심지어 내 이웃사람을 대상으로 끊임없이 자비와 사랑의 씨앗을 뿌렸습니다. 누구나 '하루 한 가지 착한 일을 합시다. 좋은 말을 많이 합시다. 좋은 일을 많이 합시다'고 외치며, 우리의 자손에게 인간정토를 물려주고, '화목하고 환희가 넘치는' 사회를 함께 건설하며, '원만하고 자재로운' 인생을 함께 누리기를 희망했습니다.

과거 보살정신인 '오십삼참행사五十三參行事'를 본떠 이 계도활동 내용의 기준을 마련한 것이어서, 다음 '현대 선지식 53참參'은 이미 자비와 사랑을 나누는 보물이 되었습니다.

현대 선지식 53참(국제불광회 – 자비와 사랑의 보물)

1. 모든 악 짓지 말고 모든 선을 행하라.
2. 타인을 형님으로, 자신은 동생으로 여기라.
3. 자신은 엄격하게, 타인에게는 너그럽게 하라.
4. 이웃과 화목하면 어느 곳이나 불국정토이다.
5. 자비로운 원력의 마음으로 사회에 나아가라.
6. 빨간 신호등에 나아가지 말고, 양보운전 하라.
7. 절대 급하지 않으니, 양보함이 으뜸이다.
8. 어려운 현실과 백성을 연민하고, 언행을 삼가라.
9. 자비와 보시가 인간세상을 부유하게 만든다.
10. 물의 근원을 생각하며 마시고, 은혜와 인정을 소중히 하라.
11. 화목함을 귀하게 여기면 모두가 기쁘고 즐겁다.
12. 시기와 미움을 원수처럼 여기고, 막힘없이 선을 행하라.
13. 타인에게 선행을 베풀기를 기꺼운 마음으로 하라.
14. 진실한 마음으로 말을 하고, 인내심을 갖고 들어주라.
15. 처지를 바꿔 생각하면 모두 사이가 더 좋아진다.
16. 시간을 준수하고, 차라리 일찍 올지언정 늦지는 말라.

17. 스승에게는 태만하지 않고, 부모에게는 거역하지 않는다.

18. 예의 바르고 겸손하면 모두가 기쁘고 즐겁다.

19. 재물을 주워도 탐내지 않으니 양심에 부끄러움이 없다.

20. 의심 않고 시기하지 않으면 걱정도 없고 근심도 없다.

21. 운전하면 술 마시지 말고, 술 마셨으면 운전하지 말라.

22. 좋은 친구는 술 권하지 않고, 술 권하면 좋은 친구가 아니다.

23. 번뇌를 잠자리까지 가져가지 않으면 마음은 넓고 복수福壽는 늘어난다.

24. 너그러우면 마음에 걸림이 없고, 복을 쌓으면 화가 멀어진다.

25. 매일 천 원씩 기부하면 선행도 쌓고 좋은 인연 맺기도 한다.

26. 사람을 만나면 더 미소 지으라. 번뇌도 떨쳐버리게 된다.

27. 좋은 말은 공양 올리는 것이고, 칭찬은 아름다운 향을 피우는 것이다.

28. 장기를 기증하면 커다란 사랑을 인간세계에 남기게 된다.

29. 자비는 난폭하지 않은 것이며, 희사는 욕심을 부리지 않는 것이다.

30. 외출할 때는 행선지를 말하여 가족이 걱정하지 않도록 한다.

31. 만 가지 악행 중에 음란함이 으뜸이요, 백 가지 선행 가운데 효도가 우선이다.

32. 예의가 있으면 함부로 음란하지 않고, 믿음이 있으면 속이지 않는다.

33. 주색에 빠지지 말고 도박에 미련두지 말라.

34. 어디서나 좋은 일을 하고, 언제나 좋은 사람노릇 하라.

35. 옳지 않은 말 하지 말고, 옳지 않은 일 듣지 말라.

36. 행동은 진실해야 하고, 모두가 공존 공생해야 한다.

37. 기쁘고 즐거우면 좋은 인연을 맺고 화목하면 원망이 없어진다.

38. 장애인에게 따뜻한 관심을 가지는 것이 대장부이다.

39. 모두 다 함께 환경을 보호하면 오염은 절로 수그러진다.

40. 쓰레기를 아무렇게나 버리는 행동은 참으로 부끄러운 일이다.

41. 몸이 편하면 초가집이라도 안정되고 만족함을 알면 세상이 드넓다.

42. 사람이 저마다 봉사를 하면 집집마다 번성해진다.

43. 용서는 좋은 약이고, 보시를 하면 즐거워진다.

44. 수감자를 돕는 것은 의로운 행동이자 어진 행동이다.

45. 매사 당황하지 말고 더욱 타인을 위해 생각하라.

46. 늘 좋은 책을 사고, 매일 좋은 책을 읽으라.

47. 마음에는 자비가 있어야 하고, 일 처리는 편리해야 한다.

48. 사람마다 사랑의 마음이 있으면 사회는 더욱 따뜻해진다.

49. 빈곤하고 질병 있는 자를 가족처럼 여기고, 어리고 약한 자를 자녀처럼 여기라.

50. 당신과 내가 함께 미소 지으면 모두가 기분 좋아진다.

51. 당신과 내가 함께 공손하면 모두가 화기애애해진다.

52. 당신과 내가 함께 좋은 말을 하면 분위기가 좋아진다.

53. 당신과 내가 함께 양보하면 좁은 길도 대로가 된다.

불광회원 사구게四句偈

1. 내용

① 자비희사변법계慈悲喜捨遍法界: 자비희사의 사무량심 법계에 두루두루

② 석복결연이인천惜福結緣利人天: 복을 아끼고 선연 맺음은 인간과 하늘 이롭게 하네

③ 선정계행평등인禪淨戒行平等忍: 참선, 염불, 계행을 평등심과 인내심으로 닦으며

④ 참괴감은대원심慚愧感恩大願心: 참괴심과 감사하는 마음으로 큰 원심願心 내게 하소서

2. 의의

국제불광회가 성립된 이래로 모든 불광회원은 매일 세 차례 식사와 아침저녁 예불 시 회향할 때 이 '불광회원 사구게'를 외웁니다. 사구게의 내용에는 일체의 불법이 포함되어 있습니다. 먼저 자비희사慈悲喜捨 사무량심四無量心을 발심하고, 다시 석

복결연惜福結緣으로 인간과 하늘을 널리 이롭게 하며, 일상에서 선종, 정토종, 율종(禪淨律) 등 어느 종파의 법문을 수행하든지 평등심과 인내의 지혜를 가지고, 참회와 감사의 마음을 지녀 끊임없이 커다란 원심을 발하여 불도를 완성한다는 뜻이 담겨 있습니다. 이것은 불광인들이 결코 게을리 해서는 안 되는 수행입니다.

칠멸쟁법七滅諍法

1. 내용

① 쌍방이 한 차례 설명하고, 분쟁은 상급기관 또는 대덕大德이 결정한다.

② 누군가 잘못을 고발하면 스스로 죄의 유무를 말하고 삼보와 양심에 책임진다.

③ 언행이 올바르지 못하고 정신이 이상하면 올바른 마음이 돌아올 때를 기다려 부처님 앞에서 참회하게 한다.

④ 계율을 범한 자는 스스로 밝히고 당사자나 스승 앞에서 참회하도록 한다.

⑤ 계율을 범한 자가 불복하고 뉘우치는 기색이 없으며 언행이 모순되면 불광회로부터 평생 표창은 물론 명예와 지위 등 직책을 정지한다.

⑥ 상호 논쟁 시, 시비를 가리기 어려울 경우 덕을 갖춘 고승

5~7인이 다수결로 시비를 가린다. 그래도 불복하면 영원히 회에서 축출된다.

⑦쌍방이 서로 그 잘못을 말하고 서로 인사를 올리면 청정함을 회복한 것으로 본다.

2. 의의

오늘날 전 세계 어디서나 분쟁과 불만이 끊이지 않고 있다. 불광회원은 불법으로 대중을 인도하는 사람이기에 모두 화목하고 화합해야 한다. 그러나 인간세상에서 사람이 사는 곳이라면 시시비비가 없을 수 없다. 그러므로 불광회 설립 초기, 나는 '칠멸쟁법'을 제정하여 회원 간의 분쟁해결 기준으로 삼았다. 이 '칠멸쟁법'을 봉행하지 않는 회원은 올바른 믿음의 불제자가 아닐 것이다.

국제불광회 창회 종지 및 정신

1. 불광회 창회 종지宗旨

①부처님의 교법 계승, 성심으로 삼보 공경: 홍법이생弘法利生, 각세유민覺世牖民

②생활불교 제창, 불광정토 건설: 낙실인간落實人間, 자비제세慈悲濟世

③불법과 의제儀制 준수, 오승五乘과 불법 융합: 수지삼학修持三

學, 원만인격圓滿人格

④글로벌 마인드를 발굴, 문화 교육에 종사: 확대심흉擴大心胸, 중시군아重視群我

2. 불광회원 신조

①우리는 사찰의 삼보를 예경하여, 정법이 영구하고 불광이 비추게 한다.

②우리는 인간불교를 신봉하여, 아름다운 생활과 행복한 가정을 이룬다.

③우리는 생활 속 수행을 실천하여, 언제 어디서나 공경심을 가진다.

④우리는 자비와 희사를 봉행하여, 매일 선행을 하고 단정한 신심을 갖는다.

⑤우리는 불광회원 대중을 존중하여, 올 때는 환영하고 갈 때는 배웅한다.

⑥우리는 바른 앎과 바른 견해를 구족하여, 자신의 반야 본성을 발굴한다.

⑦우리는 법희法喜와 안락함을 체험하여, 번뇌와 무명을 영원히 끊는다.

⑧우리는 중생 제도할 것을 발원하여, 인간정토와 불국토를 실현한다.

3. 불광회 성격

① 국제불광회는 신앙의 본성을 구족한다.

② 국제불광회는 대중적 특성을 구족한다.

③ 국제불광회는 현대적 적성을 구족한다.

④ 국제불광회는 국제적 대중성을 구족한다.

4. 불광회 의의

① 불광회는 자비와 포용을 주장하는 단체이다.

② 불광회는 중생의 평등을 제창하는 단체이다.

③ 불광회는 가정의 생활을 존중하는 단체이다.

④ 불광회는 사회의 복지를 중시하는 단체이다.

5. 불광회원 사명

세계관을 가지고 불법을 전파하고,

인간성을 가지고 생활에 뿌리내리며,

자비심을 가지고 대중을 이롭게 하고,

정각지正覺智를 가지고 사정邪正을 판별한다.

6. 불광회원 목표

인간불교 제창

불광정토 건설

세간인심 정화

세계평화 실현

7. 불광회원 전망

자신을 위해 신앙을 남긴다.

가정을 위해 공헌을 남긴다.

사회를 위해 자비를 남긴다.

생명을 위해 역사를 남긴다.

사찰을 위해 공덕을 남긴다.

중생을 위해 선연을 남긴다.

미래를 위해 원력을 남긴다.

세계를 위해 광명을 남긴다.

8. 불광회원 포부

산중에 머물더라도 마음으로는 사회를 생각한다.

자기 나라에 머물더라도 눈은 세계를 향한다.

몸은 사찰에 머물더라도 대중의 이익을 생각한다.

천당이 아무리 좋더라도 인간세상이 더 중요하다.

법계가 아무리 무변하더라도 가정이 더 우선이다.

오늘의 이 만남은 영원토록 변하지 않을 것이다.

9. 불광회원 임무

불학연구 장려

문교사업 유지

사회봉사 실시

불교교육 발전

국제홍법 추진

인간정토 건설

10. 불광회원 방향

승가 대중에 머물지 않고 신도 대중까지

사찰에 머물지 않고 일반 사회로까지

자신의 배움에 머물지 않고 타인까지 이롭게

정적 상태에 머물지 않고 활동적인 상태까지

불제자에 머물지 않고 가르침을 주기까지

국내에 머물지 않고 전세계로까지

11. 불광회원 정신

사대보살四大菩薩은 우리의 본보기

비지원행悲智願行은 우리의 역량

반야계법般若戒法은 우리의 좋은 스승

자각각인自覺覺人은 우리의 신념

12. 불광회원이 갖춰야 할 마인드

군아群我 면에서는 국제적 마인드를 갖춰라.

불법 면에서는 인간적 마인드를 갖춰라.

신념 면에서는 미래적 마인드를 갖춰라.

제도 면에서는 통일적 마인드를 갖춰라.

13. 어떠한 불광회원이 되어야 하나

공생共生하는 지구인地球人이 되자.

동체同體라는 자비인慈悲人이 되자.

명리明理하는 지혜인智慧人이 되자.

유력有力하는 인내인忍耐人이 되자.

보시布施하는 결연인結緣人이 되자.

청정淸淨한 수도인修道人이 되자.

환희歡喜하는 쾌락인快樂人이 되자.

화합融和하는 불광인佛光人이 되자.

14. 불광회원 사호四好

불광회원은 좋은 마음을 갖는다.

불광회원은 좋은 말을 한다.

불광회원은 좋은 일을 한다.

불광회원은 좋은 사람이 된다.

15. 불광회원 바람

모두 '불광회원'의 소임을 잘 해내길 바란다.

모두 '불광가족'을 이룩하길 바란다.

모두 '불광사회'로 발전시키길 바란다.

모두 '불광정토'를 창조하길 바란다.

16. 불광회원이 주의해야 할 점

'불광일佛光日'의 수승함을 경축한다.

'연화장蓮花掌'의 수인을 확산한다.

'사구게四句偈'의 칭념稱念을 봉행한다.

'단강사檀講師'의 연수에 참가한다.

'불광회복佛光會服'을 입는 습관을 가진다.

'불광신조佛光信條'를 준수하는 정신을 가진다.

'불광회가佛光會歌'를 부르며 담긴 의미를 새긴다.

'불광삼매佛光三昧'를 실천하고 계율을 지킨다.

'회원수첩會員手册'의 내용을 잘 읽는다.

'불광회 휘장'의 표지를 잘 알아둔다.

'조직 규정'의 항목을 명백히 이해한다.

'불광종지佛光宗旨'의 이념을 널리 알린다.

17. 불광회원은 어떻게 공덕을 지어야 하나

십공양十供養으로 공덕을 짓는다.

사홍원四弘願으로 공덕을 짓는다.

사섭법四攝法으로 공덕을 짓는다.

육도행六度行으로 공덕을 짓는다.

팔정도八正道로써 공덕을 짓는다.

칠성재七聖財로써 공덕을 짓는다.

18. 불광회원은 어떻게 선연을 맺어야 하나

정재淨財와 환희로 선연을 맺는다.

언어와 공덕으로 선연을 맺는다.

이행利行과 봉사로 선연을 맺는다.

기예技藝와 교육으로 선연을 맺는다.

19. 불광회원의 여섯 가지 마음(六心)

불광회원은 뛰어난 지혜의 마음을 가져야 한다.

불광회원은 배려하는 자비의 마음을 가져야 한다.

불광회원은 큰 뜻의 서원하는 마음을 가져야 한다.

불광회원은 부끄럽게 여기는 마음을 가져야 한다.

불광회원은 정진하는 꾸준한 마음을 가져야 한다.

불광회원은 충성스런 믿음의 마음을 가져야 한다.

20. 불광회원은 어떻게 자녀를 교육해야 하나

믿고 따르는 교육 양성

예의바른 습관 양성

생명보호의 관념 양성

근면성실의 소양 양성

은혜에 감사하는 미덕 양성

부처의 가르침을 이해하게 양성

무리와 잘 어울리는 성격 양성

신앙적인 정서 양성

21. 불광회 단강사가 갖춰야 할 조건

바른 앎과 바른 견해

계율 지킴과 바른 지혜

인연과 과보

단합정신의 이념

자비롭고 화목하며 청정함

공덕 있고 명망이 높음

권교와 방편

뛰어난 말솜씨

장엄한 태도

진실한 어조

오계 수지

화목한 가정

이상 열거한 국제불광회의 종지, 신조, 정신, 방향, 목표 등은 회원 모두가 '국제불광회'에 대해 좀 더 구체적이며 깊이 있는 인식을 갖추고, 나아가 공통된 인식을 통해 국제불광회를 더 널리 알리는 구심점으로 삼기 위해서 제정했습니다.

국제불광회는 창립 이래 2년마다 한 차례씩 세계회원대회를 개최하고 있으며, 평소에도 수시로 협회와 분회의 회의를 개최하고 있습니다. 각종 회의 개최 시마다 일정한 개회 순서가 있습니다. 회원들이 응당 실천해야 할 불광회의 종지를 일깨우기 위해 반드시 '회원신조'를 먼저 낭독합니다. 이 가운데는 삼보에 대한 신앙, 불법의 포교, 가족관계, 생활규칙, 그리고 평소 활동 참가, 자기 수행, 회원 간의 왕래 등 행동과 일 처리에 대한 준칙이 포함되어 있습니다. 특히 국제불광회원이라면 올바른 지견知見을 지녀야 합니다. 또한 불광회는 '법희안락法喜安樂 실천, 번뇌무명 단절, 중생제도 발원, 인간정토 건설'을 수행목표로 삼는다는 것을 염두에 두어야 합니다. 이들을 회원이 저마다 반드시 봉행, 실천한다면 개인의 수양과 인연, 도업道業 등이 향상될 것은 자명합니다.

인생백사人生百事

1. 생활의 10가지 사항(生活＋事)

① 매일 최소 한 부의 신문을 읽고 시사를 이해한다. 최소 한 권의 책을 읽고 문인 인사가 된다.

②생활 속에서 일과 휴식을 병행하고, 사상과 행동은 바르게 한다. 기상과 취침은 제시간에, 식사는 정해진 양만 한다.

③운동하는 습관을 길러 하루 최소 5,000보를 걷는다.

④주색과 독극물을 멀리하고 규칙적이고 규율 있는 생활을 한다.

⑤근검절약하고 지나친 소비활동을 하지 않는다.

⑥좋은 습관을 기른다. 군것질하지 않고 화내지 않는 것이 건강 유지의 비결이다.

⑦식사 때마다 아미타불을 부르고, 가정에서 식사할 때는 오관상념계를 외운다.

⑧팔천리 길을 구름과 달처럼, 생애에서 탁발행각의 경험을 갖는 것도 자유여행이라 할 수 있다.

⑨일생 동안 한두 번은 가진 것을 모두 나눠주어 공空의 경계를 체험한다.

⑩시간과 공간을 잘 활용하고 인간과 화목하여 삼간(三間:시간, 공간, 사람)이 하나 되면 인생을 헛되이 살지 않은 것이다.

2. 입신의 24가지 사항(立身二十四事)

①인간은 타인에게 이용당할 때 그 가치가 만들어진다. 인간은 배우고 활용해야 역사를 남길 수 있다.

②인연과 과보는 이해해야 하고, 궁통窮通과 화복禍福은 알아야 한다.

③정지정견正知正見을 세워 타인이 말대로 휘둘리거나 끌려가지 않아야 한다.

④자신의 믿음, 자신의 기대, 자신의 목표를 세워야 한다.

⑤살면서 최소 자격증 3개는 가져라. 운전면허증(자동차, 선박, 비행기, 기차), 요리, 수력전기, 회계, 컴퓨터, 타자, 의료, 간호, 교사, 변호사, 대필, 건축 등

⑥사람은 말 잘하고, 잘 쓰고, 잘 듣고, 잘 보고, 잘 생각하고, 잘 웃고, 노래 잘 부르고, 일을 잘하고……, 모두 다 잘하면 좋겠지만, 적어도 절반 이상은 잘해야 한다.

⑦무슨 일을 하든 절대 대충 하지 말고, 유능하며 깔끔하게 처리해야 한다.

⑧남의 물건 탐내지 않고 내 물건 인색하지 않아야 한다. 힘써 노력하면 인연 따라 저절로 따라오고, 게으르고 나태하면 왔던 기회도 놓치게 된다.

⑨관찰력은 날카롭고, 주도면밀하며, 폭넓고, 원만해야 한다. 또한 새로운 사고, 새로운 생각, 새로운 관념, 새로운 행위가 갖춰져야 한다. 특히 생각에는 기승전결의 단계적 내용이 있어야 한다.

⑩항상 환희, 자비, 영예, 성공을 타인과 함께 나눠야 한다.

⑪시시비비를 논하지 말고, 퍼뜨리지 말며, 따지지 마라. 더구나 시시비비를 놓고 이해득실을 따져서는 안 된다.

⑫자율·자각·자오自悟를 이해하고, 항상심·의지력·낙관적·

근면 등을 갖춰야 한다. 또한 인연과 보시를 즐거워하면 앞날에 광명이 있을 것이다.

⑬ 감정을 조절하고 감정의 기복에 휘둘리지 않으며, 특히 행동거지는 이치에 맞고 결정은 지혜로워야 한다. 감정은 일시적이고, 삶은 백년을 이어지기 때문이다.

⑭ 인생에서는 시간을 잘 안배하고 적절히 이용해야지, 허투루 흘려버려서는 안 된다.

⑮ 정진하고 노력하며 분발하여야 한다. 과거에 얽매이지 말고 미래에 희망을 품어야 한다.

⑯ 타인의 도움을 바라기 전에 먼저 스스로 돕도록 하라. 스스로 모범을 보이면 결정하지 못 할 일이 없다.

⑰ 기회가 다가오기만 기다리지 말라. 구습을 타파하고, 앞날을 개척하라.

⑱ 일 속에서 기쁨과 즐거움을 찾고, 그 기쁨과 즐거움을 타인과 나눠라.

⑲ 화내고 성질내면 절대 문제를 해결할 수 없다. 마음이 평안하고 차분해야 처세할 수 있다.

⑳ 차라리 총명하지 않을지언정 사리에 밝기를 바라며, 차라리 돈이 없을지언정 자비가 없어서는 안 된다.

㉑ 움츠러들기보단 주동적으로 나서고, 경솔히 행동하기보단 생각을 하라.

㉒ 일에는 절대적이라는 것이 없다. 노력하면 어려운 것도 쉬

워지고, 게으르면 쉬운 것도 어렵게 된다.

㉓개인 소유라는 관념을 버리고, 자신을 공리公理·공의公義·
공평公平·공유公有에 부합되게 하라.

㉔재물·여자·명리·음식 등 세간의 유혹은 힘과 지혜로 뿌리
쳐야 한다. 특히 공무를 감정적으로 처리하지 말고, 도의와 공
정성을 갖고 인사를 결정한다.

3. 처세 13가지 사항(處世十三事)

①눈앞의 이익을 보고 타인을 먼저 생각하고, 이익 때문에 타
인을 배신하지 마라.

②자신이 선하다고 칭찬하지 말고, 타인의 잘못을 퍼뜨리지
말라. 세상만사 흘러가는 뜬구름과 같다.

③매사 이해관계를 따지지 않고 시비만을 가리라. 시비에는
법칙이 있지만, 이해는 이기적이다.

④편하고자 남에게 피해 주지 말고, 타인이 좀 더 편리하도록
양보하라.

⑤자신이 즐겁고자 타인을 비꼬지 말고, 기쁨과 도움과 양보
와 친밀감을 주어야 한다.

⑥타인의 장점을 시기하여 모략으로 타격을 주지 말고, 본받
아 존중하며 기쁘게 인연을 맺어야 한다.

⑦사업은 계획적으로, 금전은 잘 운용하고, 감정은 승화시키
며, 공명에는 욕심이 없어야 한다.

⑧자신의 처지에 만족하고 인연 따라 생활하며, 마음에 걸림이 없고 기쁜 마음으로 행동한다.

⑨비방과 모욕, 영광과 명예는 자연히 있는 것이니, 일체에 담담하고 즐거워하며 만족해야 한다.

⑩사람은 후덕해야 하며, 언제나 타인에게 변화할 수 있는 여지와 공간적 여지를 남겨둬야 시의 적절하게 잘 부릴 수 있고, 자신을 위해서는 앞날의 불편함을 덜 수 있다.

⑪자신에 대해서는 초심을 잃지 않고, 친구에 대해서는 지난 감정 되새기지 않으며, 좋은 일은 청하지 않아도 도와주고, 사회에는 인연을 따름이 변함없어야 한다.

⑫인내의 힘을 길러야 한다. 외경에 대해 인식하고, 받아들이고, 감당하고, 책임지고, 제거하고, 끊어내고, 더 나아가 '생인生忍', '법인法忍', '무생법인無生法忍'을 수학하여 인내의 시간을 역량과 지혜로 바꿔라.

⑬외경에서 주는 중압감을 감당하면서도 중압감의 존재를 느끼지 못해야 한다. 중압감은 우리가 움직이는 힘이기 때문이다.

4. 군아 20가지 사항(群我二十事)

①남을 돕는 것이 곧 나를 돕는 것이고, 타인에게 친절한 것이 나를 보호하는 것이다.

②타인의 선행을 따르고 공동체 의식을 달성하며 민의를 중시해야 미래가 있다.

③처세에는 겸손·공경·예의가 있어야 하며, 겸허히 배움을 받아들이고, 힘들어도 완벽을 추구하며, 남의 의중을 헤아릴 줄도 알아야 한다.

④대인관계와 일 처리에는 온화하고 겸허하며, 자상한 낯빛과 사랑스런 말로 상대방이 따스함을 느끼도록 해야 한다.

⑤대중과 어울릴 때는 화목하고 평온해야 하며, 일은 부지런하고 근면하며 신속히 처리해야 한다.

⑥정성으로 사람을 대하면 상대와 내가 모두 즐겁고, 손님을 존경으로 대하면 손님도 내 집처럼 편안하게 여긴다.

⑦만나면 인사말 세 마디 이상 꼭 하고, 친한 사이는 한 번씩 꼭 만나며, 매사 도리대로 행동하고 평소 미소를 자주 짓는다.

⑧공경, 칭찬, 포용은 대인관계의 삼박자이다.

⑨기쁠 때 말수를 줄이고, 화날 때 분노를 옮기지 마라.

⑩남의 말을 잘 들어주고, 말하는 요점을 잘 잡아내야 한다.

⑪매사 가벼이 말로써 드러내지 말라. '함축'이라는 말의 아름다움과 고귀함을 알아야 한다.

⑫책망할 때는 위로의 말을 같이 건네고, 비판할 때는 칭찬의 말을 같이 건네며, 훈계할 때는 추앙하는 말을 같이 건네고, 명령할 때는 존중의 말을 같이 건넨다.

⑬대인관계에는 진실하고 열정적이며 예의가 있어야 한다. 대화할 때는 '부탁합니다, 고맙습니다, 미안합니다'라는 말을 많이 해야 한다.

⑭청소년에게는 교육과 격려를, 노인에게는 관심과 보살핌을, 장애인에게는 도움과 인도를, 실의에 빠진 사람에게는 다정함과 충고를 해줘야 한다.

⑮이웃, 친척, 친구에게 관심을 갖고 위험이 닥칠 때 서로 도우며 화목하게 지내야 한다.

⑯부모와 일가, 웃어른 등을 봉양하며 후학을 양성하고 도우라.

⑰항상 보답을 바라지 말고 타인을 도우며, 좋은 일을 더 많이 해 인간 세상에 아름다운 봉사를 하라.

⑱선한 말을 들으면 마음에 새겨 잊지 말고, 특히 '비인非人'적 행동을 하지 말라.

⑲매사 이치에 합당해야 한다. 이치는 공평하고 정직하며 대중적인 것이다.

⑳의외의 일이 생기면 자신의 힘이 미치지 못함을 반성하고, 하늘이나 타인을 원망하지 말라. 모든 일에는 원인과 결과가 있음을 알아야 한다.

5. 돈품 15가지 사항(敦品十五事)

①타인이 하는 좋은 일, 좋은 말, 존경받는 것을 시기하지 말고 본받으라.

②좋은 사람에게는 감사하고, 도움을 받으면 감은感恩하며, 좋은 일은 감동하라.

③항상 타인이 감동할 만한 일을 하면 타인의 좋은 마음과 좋

은 일에 자신도 감동하게 된다.

④억울함과 부당함, 좌절, 모욕을 능히 감내한 뒤라야 영예로움을 맛볼 수 있다.

⑤인생은 고행으로 자신을 단련해야 한다. 10년의 고행도 결코 길지 않다.

⑥마음에 평생의 우상 한 사람 내지 세 사람 세워놓고 그를 본받으라.

⑦일생에 선지식 몇 분을 친구로 삼아라. 특히 훌륭한 스승을 모시면 가까이에서 받들고 충성을 다하되 뜻을 거스르지 말라.

⑧이치에 맞지 않는 집착을 버리고 겸허히 진리를 배우라. 겸허하면 이로움을 얻고, 교만하면 반드시 손해를 본다.

⑨자신의 가장 큰 결점을 찾아 고치겠다는 원력을 세우고 반드시 실천하라.

⑩'잘못을 인정한다'는 것은 가장 훌륭한 미덕이자 가장 큰 용기이다.

⑪잘못한 일을 기록하여 끊임없이 스스로 경계하고 자신을 일깨워야 '불이과(不貳過: 같은 잘못을 되풀이 하지 않음)'라 할 수 있다.

⑫책망할 때는 먼저 자신을 돌아보고 자신의 공과功過를 고찰한 뒤 타인을 야단쳐야 한다.

⑬생명을 귀하게 여기고 보호하고 존중하며 해치지 말라.

⑭감정으로 이성이 흐려지게 하지 말고, 돈에 휘둘리지 말라.

⑮손해도 배우고 손해 볼 줄도 알아야 이익을 얻을 수 있다.

6. 수행 18가지 사항(修行十八事)

①매일 최소 참선 5분 내지 매일 『불광기원문』 한 편을 읽어라.

②매주 최소 반나절 폐관하여 자신을 차분하게 만들고, 최소
월 하루 채식하여 자비심을 배양하라.

③매일 좋은 일 하고, 좋은 말 하고, 좋은 마음을 갖는 삼호三好
운동을 실천하라.

④매일 생활 속에서 담배, 색정色情, 폭력, 도둑질, 도박, 과음,
욕설을 끊는 칠계七戒를 실천하라.

⑤부처님의 가르침을 깊이 믿고 항상 모든 선을 생각하라. 일
체의 악을 짓지 말고 모든 선은 실천하라.

⑥약속한 일은 반드시 실천하라.

⑦알지 못하고, 할 줄 모르고, 깨끗하지 못하고, 선량하지 못함
이 다소 있음을 부끄럽게 생각하라. 부끄러움은 우리의 월계관
(花冠)이다.

⑧선하고 아름답고 좋은 일은 분발하고, 근심되고 슬프고 괴
로운 것은 내려놓아 자신의 내면을 훌륭한 공장으로 만들라.

⑨어디에 머물러 있든 항상 재난을 당한 사람을 생각하고 더
나아가 그들을 위해 기도하라.

⑩'줄 수 있어야' 부유한 것이고, '버릴 수 있어야' 얻을 수 있다.

⑪능력, 분수, 기쁨, 인연에 따라 보시하면 복이 배가 된다.

⑫장기를 기증함은 생명을 더 연장시키고 쓸모없는 것을 다시 이용하는 기회가 된다.

⑬'너는 낮고 나는 못났으며, 너는 있고 나는 없으며, 너는 즐겁고 나는 괴로우며, 너는 옳고 나는 틀렸다'는 수양을 쌓으라.

⑭근거 없이 의심하거나 시기하지 말고 남이 잘 되도록 도우며, 친절하게 대하는 것이 공덕이다.

⑮얻고 잃는 것을 따지지 말고 있고 없음을 비교하지 말라.

⑯근심과 걱정을 타인에게 전하지 말고, 번뇌는 잠자리까지 가져가지 말라.

⑰마음을 고쳐먹고, 성격을 바꾸며, 마음을 돌리고, 몸을 돌이킬 줄 알아야 한다.

⑱'지행합일知行合一'해라. 강연할 때는 깨달은 듯하다가, 외경을 마주하면 미혹이 일어나면 안 된다.

이상의 '인생백사'는, 평소에 세계 각지에 흩어져 있는 전 세계 불광인은 사상과 이념적으로 필히 공통된 인식을 갖고, 특히 바른 견해와 부합된 관념을 지녀야 하기 때문에 행의行儀와 사상 면에서 반드시 주의해야 하는 사항 백 가지를 열거해 수행생활에서 스스로를 돌아보고 스스로를 채찍질 하는 계기로 삼으며, 도업이 날로 늘어나고 보리가 원만하기를 발원하며 제정한 것입니다.

계율은 그릇된 것을 막고 악을 그치며, 악을 버리고 선을 행하게 합니다. 당나라 때 도선道宣 율사는 『사분율산번보궐행사초四分律刪

繁補闕行事鈔』에서 계법戒法, 계체戒體, 계행戒行, 계상戒相 4가지로 구분해 계율의 요의를 설명했습니다. 어떤 사람이 부처님이 만든 살인, 도둑질, 음란, 거짓말 등을 하지 말라는 행위규범인 '계법'을 수지한다면, 일단 신심이 '계체'를 받아들이고 발심하여 '계행'이 되며, 신구의身口意 삼업으로 하여금 청정하게 지키고 가르침에 위배되지 않으면 지계공덕이 쌓여 자연히 위의威儀가 장엄하게 되고, 행동은 여법如法하며 미덕이 절로 드러나는 '계상'이 흘러나오게 됩니다. 그래서 청정한 계행은 우리의 신심을 정화하고, 도덕을 증진하며, 인격을 승화하고, 우리의 불성佛性 에너지원을 발굴하며, 불도佛道를 구하고자 하는 심념心念을 잃지 않게 하고 수행공덕을 구족하게 할 수 있으므로 우리 생활의 지표가 되었습니다. 이를 통해 계율이 인생에 미치는 중요성은 더 이상 말하지 않아도 알 수 있을 것입니다.

특히 불교는 평등을 주장하는 종교입니다. '사람은 누구나 부처가 될 수 있다', '그대들은 모두 부처가 될 것이니 내가 어찌 감히 그대들을 경시하겠는가!'라는 말들 모두 인격 존중의 표현입니다. 이러한 특성은 계율의 수지를 통해 실천되고 승화되며, 마지막에는 '인권' 존중뿐만 아니라 '생권' 역시 존중하게 만듭니다. 이것이 미래 전 인류의 인격소양을 더욱 높이는 중요한 목표입니다. 오계십선, 그리고 보살의 삼취정계를 전 방위적으로 실천하여 '인격의 완성'과 '원만한 보리'를 이루고, 계속해서 '자리이타自利利他', '자도도인自度度人'해야합니다. 이것이 바로 불교 계율의 고귀한 점이자, 우리가 제창하는 '인간불교의 계학'의 궁극적인 목표입니다.

성불하십시오.

선정禪定이란

밖으로는 머무는 바도 없고 물드는 바도 없이

작용함이 선이요,

마음 안에서는 명확하고 분명하게 이해해

편안히 머무름이 정이니,

외선내정外禪內定이란 곧 선정이 일여함이니라.

외경에는 오욕육진과 세간의 생사 등

모든 상相을 대해도 마음이 흔들리지 않는 것이 선이요,

안으로는 마음속에 탐욕과 애착에 물들임이

하나도 없는 것이 정이니라.

제2부 인간불교의 정학

어제 '인간불교의 계학定學' 강연에 이어 오늘은 '계·정·혜' 삼학의 두 번째 수학 단계로 들어가 보겠습니다. 바로 '인간불교의 정학'이 되겠습니다.

'정定' 얘기가 나왔으니 말이지만, 사람은 '선정의 힘(定力)'이 있어야 칭(稱: 칭송), 기(譏: 헐뜯음), 훼(毁: 상처), 예(譽: 명예) 등 세간의 '팔풍八風'에 동요되지 않습니다. 선정의 힘을 가진 사람은 기쁨과 노여움이 얼굴에 나타나지 않고, 괴로움과 즐거움이 가슴에 엉키지 않습니다. 심지어 선정을 닦아 성과를 이루어 내가 본래 가지고 있는 반야자성般若自性을 이끌어 낸다면, 생사를 마주할지라도 근심이나 두려움이 없습니다. 이것이 가장 즐거우며 해탈하여 자재로운 인생입니다. 그러므로 '선정'을 닦아 지니는 것은 인생에 있어 매우 큰 의의를 지닙니다.

'정'은 일반적으로 '선禪'과 함께 붙여서 '선정禪定'이라 부릅니다. 정신을 통일하고, 의지를 한곳으로 모은다는 의미입니다. 또한 마음을 한곳에 모아 어지럽고 산란한 마음을 떨쳐버리며 평온하고 고요한 정신 상태에 도달하는 것입니다. 그러므로 『대지도론』에서는 "선정은 일체의 어지러운 마음을 다스리는 것이다(禪定名攝諸亂心)"고 했습니다. '선정'은 능히 조용히 생각하고 마음을 차분하게 가라앉혀 깨달음을 얻도록 하며, 수학하는 데 마음을 잡는 법문입니다. 일반적으로 삼매三昧, 삼마지三摩地, 등지等持, 정정正定이라 부릅니다.

'선禪'과 '정定'은 지금까지 하나처럼 인식되어 왔습니다. 그래서 '정학定學'을 일반적으로 '선정'이라고 부릅니다. 안으로는 망령된 생각에 미혹되지 않고, 밖으로는 경계에 물들지 않는 것을 '정'이라 말합니다. 선정은 일종의 역량을 만들어 내며 우리가 외경에 쉽게 흔들리지 않도록 해줍니다. 그뿐만이 아닙니다. 진여자성을 드러내고 법신혜명을 자라게 해줍니다. 그래서 다른 말로 '정근定根', '정력定力'이라고도 부릅니다.

왜냐하면 선정은 '정'에 의지해 지혜를 일어나게 하고, 지혜에 의지해 해탈을 얻게 하기 때문에, 자고이래로 줄곧 각 종파에서 공동으로 수지하는 법문이 되었습니다. 멀게는 부처님 시대에서도 선정을 닦고 익히는 것이 당시 인도의 종교계와 생활 속에 널리 퍼져 있었고, 동정일여動靜一如의 선정 경계에 도달하여 중국의 독특한 무실선풍務實禪風으로 발전하였으며, 중국문화 생성에 지대한 영향을 미쳤습니다.

선에 대해 얘기하면 사람들은 자연스럽게 '염화미소拈花微笑'를 떠올립니다. 이것은 선종에서 가장 오래된 공안公案입니다.

『대범천왕문불결의경大梵天王問佛決疑經』에 의하면, 하루는 부처님께서 영산회상에 계실 때 당시 대범천왕이 현세와 후세의 중생을 이롭게 하고자 금색 바라화波羅花를 올렸습니다. 그리고 몸소 자리를 내주며 대중에게 설법을 해달라고 청했습니다. 이에 부처님께서는 자리에 앉아 꽃을 들어 대중에게 보였습니다. 당시 그 자리에 있던 모든 사람이 무슨 뜻인지를 몰라 멍하니 쳐다보기만 하는데, 가섭 존자만이 그 의미를 알고 환하게 미소를 지었습니다. 부처님께서는 "내게는 정법안장正法眼藏과 열반묘심涅槃妙心이 있나니, 실상은 상이 없고 미묘한 법문이라. 불립문자不立文字와 교외별전敎外別傳으로 마하가섭에게 부촉附囑하노라"고 말씀하셨습니다. 그래서 선은 '염화미소'에서 스승과 제자 간에 찰나의 순간 그 뜻이 전해졌으며, 다시 인도에서 중국으로 전해져 중국문화의 중요한 특징이 되었습니다.

선禪은 부처님이 영산회상에서 마하가섭에게 전한 것이 기원이며, 이후 각 시대를 거쳐 전승되다가 28대 조사 보리달마가 동쪽으로 건너와 중국에 머물며 초대 조사가 되었습니다. 그 후 혜가慧可, 승찬僧璨, 도신道信으로 차례로 전해지다가 오조 홍인에 이르러 문하에서 신수神秀와 혜능惠能 두 제자가 나와, 마침내 '남능북수南能北秀'의 구분이 생겼고, 혜능에게서 '한 떨기 꽃에서 다섯 꽃잎이 피어난다(一花開五葉)'가 되었습니다. 이로써 선의 열매는 더욱 무성해졌고, 선의 지혜 또한 지금까지 대대로 인간에 전승되고 있습니다.

신수는 본래 오조 홍인대사의 상좌인데, "몸은 보리수菩提樹요, 마음은 명경대明鏡臺라. 항상 열심히 털어내어, 먼지가 앉지 않도록 하라"는 게송을 지은 적이 있습니다. 그런데 혜능이 벽에 또 다른 게를 지었습니다. "보리는 본디 나무가 아니요, 명경 또한 대가 아니네. 본래 한 물건도 없거늘, 어디에 먼지가 앉으리오"라며 깨달음의 경지를 드러냈습니다. 비록 당시에 인가印可를 받지는 못했지만 훗날 『금강경』을 듣고, "마땅히 어디에도 머무르지 않는 그 마음을 내라(應無所住 而生其心)"는 대목에서 크게 깨달아 홍인의 인가를 얻었으며, 결국 중국 선종은 혜능을 정통으로 삼았고, 선종의 육조가 되었습니다. 혜능이 주장한 돈오선頓悟禪은 남쪽에서 전파되었으며, 북쪽에서 전파된 신수 계파의 점오선漸悟禪을 아울러 세상에서는 '남돈북점南頓北漸'이라 부릅니다.

선종은 육조 혜능 이후 조동종曹洞宗, 임제종臨濟宗, 운문종雲門宗, 위앙종潙仰宗, 법안종法眼宗 등 다섯 계파로 분리되었으며, 이것을 '일화오엽一花五葉'이라고 합니다. 이 오가五家에다 임제종에서 갈라진 양기파楊岐波, 황룡파黃龍派를 합쳐 칠종七宗이라 하며, 세간에서는 '오가칠종五家七宗' 또는 '오파칠종五派七宗'이라고 부릅니다.

선종에 '불립문자不立文字, 교외별전敎外別傳'이란 말이 있긴 하지만, '불립문자'는 문자에 의지하지 말라는 것이 아닙니다. 육조 혜능은 "법을 비방하는 말로, 문자를 쓰지 않는다고 직언한다. 그러나 문자를 쓰지 않는다고 하였으니, 사람은 언어를 쓰지 않아야 할 것이다. 언어가 곧 문자이기 때문이다"고 하셨습니다. '교외별전' 또한 경교(經敎: 불경에 나타난 교리)에 의지하지 말라는 것이 아니라 수행자가 문자와 경교에 얽매여서는 안 된다는 것입니다. 문자와 경교는 '달을 가리키는 손가락(標月指)'입니다. 자신의 본래 마음을 보고, 본성을 깨닫게 이끄는 데 그 목적이 있습니다. 그러므로 부처님으로부터 고대 조사와 선덕禪德들까지도 '노파심절(老婆心切: 남을 지나치게 걱정함)'하지 않았습니다. 매일 세간을 변화시키고 인연을 심으며 강설, 저술, 송고頌古, 평창評唱 등을 하면서 무수한 선문어록과 선종공안을 남겨 세상에 전하고 있습니다. 후대에 선은 이런 것에 근거하여 여래선·조사선·대승선·소승선·공안선·화두선·봉할선棒喝禪·묵조선默照禪·지관선止觀禪·문자선·남종선·북종선·범부선·외도선·노파선老婆禪·야호선野狐禪·앵무선鸚鵡禪 등 서로 다른 종류로 나뉘었습니다. 현대에 와서는 심지어 산수선山水禪·호외선戶外禪·수심선隨心禪·기업선企業禪 등이 더 생겼습니다. 사실 선에는 계통이 있고 맥락이 있습니다. 선의 이름이 아무리 많아도 그 근본정신에서 멀어져서는 안 됩니다. 선은 통일이자 집중입니다. 지엽적인 문제가 생기지 않는 것이 가장 좋겠습니다. 그렇지 않으면 지말(枝末: 가지)만 눈여겨보다 정작 본가本家를 찾지 못하게 될 수도 있습니다.

'선'이란 불법의 핵심이며, 중국 불학의 정수이자 중국문화의 결정체입니다. 태허대사는 중국 불학의 특성은 바로 이 선에 있다고 했습니다. 선은 중국 당송 시대 이래로 민족사상의 근본정신일 뿐만 아니라, 특히 송나라 이후의 공맹사상과 노장사상의 학자들은 선을 배우고 연구하지 않는 사람이 없었습니다. '선으로 유교를 해석하고(禪解儒道)', '선과 유교를 서로 융합(禪儒相融)'한 결과 불교는 수천 년 중국문화에 영향을 끼쳤고 중국문화를 융합시켰으며, 또한 중국의 문화적 특성을 지닌 불학의 정수인 '선학'을 탄생시켰습니다.

근대에 들어와 돈황에서 선 관련 서적이 발견되자, 학술계는 선종

연구에 점점 관심을 갖기 시작했고, 호적胡適, 여징呂澂, 스즈키 다이세츠(鈴木大拙) 등 국제적으로 저명한 학자들이 선학 연구에 뛰어들었습니다. 20세기 말에 이르면 중국 본토에서 일어난 선학 연구 열풍이 구미 지역까지 휩쓸며 선학에 대한 학구열을 만들어냈습니다.

선과 정토는 줄곧 현대인들이 가장 보편적으로 받아들일 수 있는 수행법문이었습니다. 일반적으로 '참선'이라 하면 '좌선'을 떠올립니다. 그러나 사실 진정한 선정은 좌선하는 형식적인 모습에 있지 않고, 마음 속 에너지를 펼치는 데 있습니다. 그래서 참선에는 '지관쌍수止觀雙修'와 '정혜등지定慧等持'를 해야 합니다.

여기서 말하는 '지止'는 바로 일체의 헛된 망상을 멈추고 마음을 한 경계에 모으는 상태입니다. '관觀'은 정지正智를 계발하여 정확하게 제법을 살피고, 모든 번뇌를 끊어내는 것입니다. '지'가 소극적이고 방어적 성격에 편중되었다면 '관'은 적극적이고 건설적인 성격을 띠고 있기에 두 가지를 반드시 병행해 닦아야 정혜일여定慧一如에 도달할 수 있고 미혹을 끊고 진실함을 증득하는 효과를 볼 수 있습니다.

'지'는 '정定'이고 '관'은 '혜慧'입니다. '정'은 '사물의 본체(體)'이고 '혜'는 '쓰임(用)'입니다. 정에서 지혜가 생겨납니다. 정혜 이학二學은 불법에서 종종 별개가 아니라 서로 호응합니다. 북본北本『대반열반경大般涅槃經』에서는 '오직 정혜 등지等持가 있어야만 상相이 없는 열반을 얻을 수 있다' 하였고,『대승이취육바라밀다경大乘理趣六波羅密多經』에서는 "정려에서 능히 지혜가 생기고, 선정은 또다시 지혜에서 생겨난다. 불과佛果의 커다란 보리는 선정과 지혜가 그 근본이다(靜慮能生智, 定復從从智生. 佛果大菩提, 定慧爲根本)"고 하였습니다. 일반적으로 수행방편에서는 늘 '지관'으로 '정혜'를 대신합니다. 따라서 '지관쌍수'와 '정혜등지'의 설법이 있습니다.

　선은 유정한 중생의 청정한 본성입니다. 벽돌을 아무리 갈아도 거울이 되지 못하듯 선은 좌선으로 얻을 수 있는 것도 아니고, 좌선한다고 반드시 성불할 수 있는 것도 아닙니다. 그러나 좌선을 통해 선정을 닦는 것은 일반 초학자가 선정을 수행하는 입문의 방법이기는 합니다.

　'선정'에 대해 육조 혜능대사는 『육조단경』 「좌선품坐禪品」에서 '밖으로 상相을 멀리함이 선禪이요, 안으로 어지럽지 않음이 정定이라. 밖의 선과 안의 정을 일러 선정이라 한다(外離相卽禪, 內不亂卽定. 外禪內定, 是爲禪定)'라고 전석詮釋했습니다. 그러므로 선정이란 밖으로는 머무는 바도 없고 물드는 바도 없이 작용함이 선이고, 마음 안에서는 명확하고 분명하게 이해해 편안히 머무르는 것이 정입니다. 이른바 외선내정外禪內定이란 곧 선정이 일여한 것입니다. 밖으로는 오욕육진과 세간의 생사 등 모든 상相을 대해도 마음이 흔들리지 않는 것이 선이며, 안으로는 마음속에 탐욕과 애착에 물들임이 하나도 없는 것이 정입니다.

　불교에서는 '선정일여'를 설명할 수 있는 수많은 게송과 고어古語가 있습니다.

● 나는 정법안장正法眼藏과 열반묘심涅槃妙心 (內定)

　염화미소가 있으니, 마하가섭에게 부촉하노라. (外禪)

● 마땅히 어디에도 머무르지 않는 (內定)

그 마음을 내라. (外禪)

◉계곡물 소리는 모두 부처님의 설법이요,

산 빛은 청정법신 아닌 것 없다. (內定)

밤사이 들은 팔만사천 가지 게偈를,

후일 다른 이에게 어찌 전해 줄까. (外禪)

◉다만 나무인형이 꽃과 새를 바라보듯 하면 (內定)

만물이 가령 나를 둘러싼다 해도 무슨 상관있으랴. (外禪)

◉하늘 중 하늘에 머리 숙여 절하오니,

백호광명이 천하를 비추네. (內定)

팔풍이 불어도 흔들리지 않고

자금련紫金蓮에 단정히 앉아 계시네. (外禪)

◉종일 봄 찾아 헤맸으나 보지 못하고,

구름 낀 고개를 짚신 신고 헤맸네. (內定)

돌아오다 문득 매화향기 날리니,

가지 끝에서 봄이 벌써 무르익었구나. (外禪)

외선내정外禪內定이 곧 내외일여外內一如이자 선정쌍수입니다. 선정
쌍수를 할 수 있다면 외선은 내정에 영향을 미칠 수 있게 되고, 내정
이 생긴 다음엔 자연히 외선도 생깁니다.

선은 우리 일상생활과도 밀접한 관계가 있습니다. 특히 복잡하고
어지러운 현대 사회생활에서 누구나 정처 없이 이리저리 흔들리는
신심을 우리가 편안케 하려면 선정의 힘이 필요합니다. 지금부터는
다음 네 가지 포인트로 '인간불교의 정학'을 설명하겠습니다.

①**정의 목표**: 성불하기 원하지 않고, 깨달음 얻길 바란다.

②**정의 수지**: 맑고 소박한 생활, 망상분별 멈추고 마음을 들여다본다.

③**정의 묘용**: 경계를 따라 바뀌지 않고 자아를 끌어올린다.

④**정의 이익**: 망상을 없애버리고 신심을 편안케 한다.

1. 정의 목표: 성불하기 원하지 않고 깨달음 얻길 바란다

21세기는 불교의 세기입니다. 또한 선학의 세기라고 말하는 사람도 있습니다. 선은 선종만이 홀로 가진 것도 아니고 불교만의 전유물도 아닙니다. 선은 우리 모든 사람의 마음이며 인류가 다 함께 공유하는 보물입니다. 부처님이 영산회상에서 염화시중을 하실 때 선법禪法을 가섭 존자에게 전했지만, 선심禪心은 중생 모두에게 전한 것입니다. 선은 태양의 열에너지와 같아서 마음만 먹으면 어느 곳이든 열에너지를 줄 수 있습니다.

선은 또 인간세계에는 한 떨기 꽃이고, 인생에는 한 줄기 광명입니다. 선은 신비롭고 기이한 현상이 아닙니다. 선은 '평소와 다름없는 창가의 달이지만, 매화꽃이 피니 다르게 보이네'라는 구절과 같습니다. 이 말을 이해한다면 인간세상 도처에 선기禪機가 충만하고, 대자연 어느 것 하나 선의 묘용妙用 아닌 것이 없다고 말할 수 있습니다.

최근 선은 이미 동양에서 서방세계로 널리 퍼지며 발전하고 있습니다. 또한 승가 대중에서 신도 대중의 참학 수행으로 널리 퍼지고 있습니다. 선은 복잡하고 바쁜 사회에 사는 현대인들이 매일 단 몇 분이라도 고요히 앉아 있거나 약간의 짬을 내 사찰의 참선 수행 활동에 참가한다면 다시 도약할 수 있는 힘을 얻는 데 도움을 줍니다.

참선과 좌선은 선정을 수행하는 일종의 방편법문입니다. 하지만 신통함과 영험함을 얻기 위해 좌선을 하고 결국 옳지 않은 길로 빠지는 사람이 있는가 하면, 성불하기 위해 좌선을 했지만 발심이 부족하고 방법이 틀려 오래도록 해도 결국 결과를 얻지 못하는 사람도 있습니다.

선문禪門의 역대 조사들은 성불하고자 참선하지 않고 오로지 깨달음을 얻기만 바랐습니다. 성불은 '원한다' 하여 얻는 것이 아닙니다. '삼대아승지겁三大阿僧祇劫 동안 복덕과 지혜를 닦고, 다시 또 일백겁 一百劫 동안 32상 80종호를 닦는다'는 말처럼 오랜 시간 수행을 거쳐 일단 복덕과 지혜가 구족되어야 불도는 자연 원만하게 이루어집니다. 좌선에서 가장 중요한 점은 선정의 힘을 생활에 뿌리내려야 한다는 것입니다. '가고 멈추고 앉고 눕는' 일상의 기거동작起居動作과 노동 수행을 통해 불법을 체험하고 터득해야 선이 생기며, 생활을 떠나서는 선이 있을 수 없고, 노동을 떠나서는 선심에 더 깊이 들어갈 방법이 없습니다.

예로부터 선사들이 생활 속 노동과 봉사를 중시한 예는 수없이 많습니다. 황벽黃檗 선사는 직접 밭을 일구고 나물을 캐며 많은 땀방울을 밭에 흘렸어도 결코 힘들다고 생각한 적이 없었습니다. 위산潙山 영우靈祐 선사는 찻잎 따기, 장 담그기, 담 쌓기 등을 직접 한 적이 있습니다. 차밭에서 주방으로, 장절임부터 진흙으로 담 쌓기까지 안 해본 일이 없을 정도였습니다. 임제臨濟 선사는 소나무를 심은 것으로 유명합니다. 땅을 고르고 김을 맨 뒤, 그곳에 묘목을 한 그루씩 심었습니다. 후에 사람들이 그늘에서 쉴 수 있게 하기 위해서입니다. 석상石霜 선사는 쌀을 넣어둔 광에서 체로 쌀을 골랐으며 두 손은 한시도 노동을 멈추지 않았습니다. 운암雲巖 선사는 신발을 지었고 항상 부지런히 사람들의 신발을 기워주었습니다. 앙산仰山 선사는 소를 방목하고 황무지를 개간했으며, 황량한 벌판을 걸어서 다니기도 했습니다. 동산洞山 양개良价 선사는 직접 괭이를 들고 비 오듯 땀을 흘리면서 차밭을 일구었습니다. 운문雲門 선사는 사찰의 쌀가마니를 직접 메고 하나하나 날랐다고 합니다. 현사玄沙 사비師備 선사는 장작을 팼는데, 칼을 잡은 손에 굳은살이 깊이 생겼다고 합니다. 조주趙州 선사는 마당을 쓸었습니다. 낮이고 밤이고 쓸고 또 쓸어, 쓸어놓은 번뇌가 산더미처럼 많았다고 합니다. 운봉雲峰 선사는 장작 패고 밥하고 화전을 일구는 일까지 했습니다. 그래도 힘들다거나 피곤하다는 말 한 번 하지 않고 묵묵히 뙤약볕이 내리쬐는 한여름에 밭을 일궜답니다. 잡초를 제거하고 꽃을 재배한 단하丹霞 스님은 풀 한 포기 꽃 한 그루에서 생명의 의미를 문득 깨달았다고 합니다. 이 밖에도 채소를 심고 가꾼 도원道元 스님, 회계를 관리했던 양기楊岐 방회方會 선사, 농사를 지었던 백장百丈 회해懷海 선사, 근기가 다른 중생에게 그에 상응하는 가르침을 베푼 원통圓通 선사, 사찰의 욕실관리를 맡았던 백령百靈 선사 등이 모두 생활을 중시한 선자들의 예라 하겠습니다.

의식주행의 일상생활에서 참선 수행하는 승려가 일을 안 할 수는 없습니다. 고기가 물을 떠나서 살 수 없고 나무는 흙이 없으면 안 되는 것처럼 생활 속 노동은 선자禪者의 도량道糧이며, 수많은 선사들이 허리 굽혀 장작을 패고 몸을 일으켜 짐을 어깨에 짊어지는 노동 속에서 깨달음을 얻었습니다. 향엄香嚴 지한智閑 선사는 땅을 경작하다 깨달음을 얻었고, 동산洞山 양개良价 선사는 얼핏 강에 비친 자신의 그림자를 보고 깨달았습니다. 또한 몽창夢窓 국사는 담에 기대 잠을 자다 깨달음을 얻었고, 허운虛雲 화상은 차 마시려고 잔을 들었다가 깨달았으며, 영명永明 연수延壽 선사는 장작이 땅에 떨어지며 난 소리를 듣고 깨달음을 얻었다고 합니다.

깨달음이야말로 참선과 입정의 진정한 목적입니다. 선사들은 진리를 깨닫고 난 뒤 산은 여전히 산이요, 물은 여전히 물이며 그저 산하와 대지가 나와 한몸이 됐으니 내 마음대로 가져다 쓰겠다고 했습니다. "푸르른 대나무도 반야 아닌 것이 없고, 소담한 국화 모두 뛰어난 진리이다(靑靑翠竹無非般若, 鬱鬱黃花皆是妙諦)"라는 말이 있습니다. 진리는 내 집안의 풍경처럼 밖에서는 구할 수 없습니다. 그래서 깨달음은 자신을 의지해서 자신이 직접 그 이치를 깨우쳐야 합니다.

한 학승學僧이 조주 선사에게 물었습니다.

"불도는 어떻게 닦습니까? 참선은 어떻게 합니까? 깨닫고자 하면 어떻게 합니까? 성불하려면 어떻게 해야 합니까?"

조주 선사는 고개를 끄덕이더니 일어나 말씀하셨습니다.

"내가 지금 자네와 얘기할 시간이 없네. 소변이 급해서 말이야."

선사는 놀라서 멍하니 앉아 있는 학승을 내버려 두고 걸음을 옮겼습니다. 한 걸음, 두 걸음, 그렇게 몇 발자국 걸어가다 갑자기 멈춰 돌아서서 웃으며 말했습니다.

"보게. 소변보는 작은 일조차도 내가 직접 가야지, 자네가 대신 해줄 수 있는가?"

선은 밖에서 구할 수 없습니다. 어떻게 참선할까요? 어떻게 깨달음을 얻을까요? 어떻게 성불할까요? 다른 사람은 절대 대신해 줄 수 없습니다. 이것은 자신의 집안일처럼 누구나 자신이 직접 해보고, 직접 배우는 수밖에 없습니다.

그렇다면 참선과 구도는 어떻게 하고 어떻게 배워야 깨달음을 얻을 수 있을까요? 물론 크게 깨우치고 깨닫는 것이 쉬운 일은 아닙니다. 그러나 매일 "알았어", "알겠어", "이해했어" 등의 소소한 깨달음이 하루하루, 한 달 두 달 쌓이다 보면 어느 순간 갑자기 깨우치게 될 겁니다.

깨달음에는 기연機緣이 있어야 합니다. 두 칼끝이 맞물리듯 딱 맞아야 깊이 깨달을 수 있습니다. 라디오의 주파수를 똑바로 맞추고, 카메라의 초점을 제대로 맞춰야 소리가 명확하고 사진이 선명하게 나오는 것과 마찬가지입니다.

당나라 때 마조도일馬祖道一 선사는 깨달음을 증득한 뒤 고향으로 돌아갔는데, 고향에 살던 형수가 그를 매우 존경하여 사표師表로 삼고 봉양하며 가르침을 주십사 청했습니다. 마조도일 선사는 형수에게 "달걀을 공중에 매달아 놓고 매일 집중해서 들어보십시오. 달걀에서 나는 소리를 들으면 깨달음을 얻을 수 있을 것입니다"라고 말했습니다. 이 말을 철썩같이 믿은 형수는 그날부터 하루도 거르지 않고 매일 달걀에서 소리가 나나 귀를 기울였습니다. 몇 년이 흘렀지만 달걀에서는 아무 소리도 나지 않고 오히려 달걀을 매달았던 줄이 점점 썩어 결국 끊어져 버렸습니다. 달걀이 허공에서 떨어지면서 '꽉' 소리가 났습니다. 형수도 그 소리를 듣고 원래 세상 만물과 자신은 하나요, 더욱이 마음 밖에는 진실된 세계가 하나도 없음을 깨달았습니다. 그 '꽉' 소리가 안과 밖, 남과 나를 깨뜨렸고, 여여如如한 상태에 도달하게 한 것입니다. 이로써 사상을 통일시키고 정신을 한곳에 집중하기만 하면 무정한 것도 법을 설하고 진리를 깨닫게 할 수 있음을 알 수 있습니다.

옛날부터 수도하여 깨달음을 증득한 수많은 고승대덕이 있습니다. 그들이 깨달음을 얻은 방법은 수천수만 가지가 됩니다. 꽃이 피고 지는 것을 보고 불현듯 깨달은 선사도 있고, 샘물이 흐르고 개구리가 우는 소리를 듣고 깨달은 선사도 있으며, 그릇과 접시 등을 깨고 깨달은 선사도 있습니다.

이 밖에도 자연계의 흥망성쇠 현상을 보고 깨달음을 얻은 선사도 있습니다. 영운靈雲 지근志勤 선사는 꽃이 땅에 떨어지는 것을 보고 도를 깨우쳤으며, 당시의 심경을 표현한 게송을 하나 지었습니다.

삼십 년 세월 동안 심검心劍 찾아 헤맨 나그네,
몇 번 낙엽 지고 새 가지 났던가.
단 한 번 복사꽃 본 후로는,
지금까지도 의심 한 번 없다네.
三十年來尋劍客 幾回落葉又抽枝
自從一見桃花後 直至如今更不疑

옛날 한 비구니 스님은 각지를 돌며 참학한 뒤에 돌아와 정원에 핀 매화를 보고 드디어 깨달음을 얻고, 다음과 같은 게송을 지었다고 합니다.

종일 봄 찾아 헤맸으나 보지 못하고,
구름 낀 고개를 짚신 신고 헤맸네.
돌아오다 문득 매화향기 날리니,
가지 끝에서 봄은 벌써 무르익었구나.
終日尋春不見春 芒鞋踏破嶺頭雲
歸來偶把梅花嗅 春在枝頭已十分

깨달음은 몸소 체험하여 터득하는 것이고 깨달은 자의 경계는 일반인이 함부로 추측할 수 없을 정도입니다. 선오禪悟를 체증體證할 재주도 없이 선자禪者의 언행을 함부로 모방하다가는 도리어 뱁새가 황새 따라가는 식으로 비웃음만 살 것입니다.

한 젊은이가 자리에 정좌하고 앉아 노스님이 다가오는 것을 보고도 일어나 합장조차 하지 않았습니다. 스님이 "자네, 젊은 사람이 어른이 오는 걸 보고도 어째서 일어나 맞이하지 않는 것인가? 정말 버르장머리가 없는 젊은이군!"이라며 꾸짖었습니다.
젊은이는 선을 배우는 사람의 말투를 흉내 내며 말했습니다.
"앉아서 맞이하는 것이 곧 서서 맞이하는 것입니다."
그 말을 들은 스님은 앞으로 다가가 젊은이의 뺨을 때렸습니다. 젊은이가 왜 때리느냐며 화를 내자 스님이 웃으며 대답했습니다.

"내가 뺨을 때린 것은 곧 안 때린 것이네."

선은 세속적인 지혜나 말주변이 아니며, 그럴싸하게 모습을 흉내 내는 것은 더욱 아닙니다. 선오禪悟한 뒤의 지혜는 자연히 드러나게 되는 것이지, 미루어 짐작해 모방한다고 얻을 수 있는 것이 아닙니다.

온주溫州 지방 정거사淨居寺의 현기玄機라는 비구니 스님이 대일산大日山으로 설봉雪峰 선사를 찾아뵈러 갔습니다. 선사께서 물었습니다.

"어디에서 왔소?"

"대일산에서 왔습니다."

"해가 떴는가 안 떴는가?" 이 말 뜻은 깨달음을 얻었는가 하는 것입니다.

"만약 해가 떴다면 눈 덮인 봉오리도 다 녹았겠지요." 이 말은 내가 깨달았다면 굳이 설봉 선사에게 물어보러 올 필요도 없었을 것이라는 의미입니다.

그 말을 듣고 설봉 선사는 비록 아직 깨달음을 얻지는 못했지만, 이치에는 맞는 말이라 생각했습니다. 그래서 다시 물었습니다.

"법명이 어떻게 되는가?"

"현기라고 합니다."

"날마다 얼마나 짜는가?" 이 말은 매일 얼마나 수행에 힘쓰는가라는 의미입니다.

"실 한 줄도 걸지 않습니다." 이 말은 이미 해탈하여 수행할 것이 전혀 없다는 의미입니다.

대화를 나눈 뒤, 현기 스님은 곧 돌아가려 했습니다. 산문에 도착할 때 쯤, 설봉 선사가 뒤에서 소리쳤습니다.

"이보게! 자네 가사가 땅에 끌리네."

가사가 땅에 끌린다는 소리를 듣자마자 현기 스님은 얼른 뒤돌아보았습니다. 설봉 스님이 웃으며 말했습니다.

"한 줄도 걸지 않는다고?" 이 말은 한 줄도 걸지 않는다는 말은 구두선일 뿐이고, 사실 넌 아직 그렇게 고원高遠한 경계에 다다르지 않았다는 의미입니다.

그래서 선오와 지식은 다른 것입니다. 선오를 거쳐 체득한 지혜는 일반적인 지식과 다릅니다. 평소 누군가 우리를 때렸다고 합시다. "아야! 아파!"라고 소리를 지를 겁니다. 또 배가 고프면 "아, 배고파"라고 할 것입니다. 고통과 배고픔을 아는 것은 일반적인 지각작용을 통해 이해한 것입니다. 물론 그것도 깨달은 것이기는 하지만, 어디까지나 일종의 이해입니다. 일상생활에서 우리는 즐거움과 슬픔을 느끼고, 좋은 일과 나쁜 일을 판별하며, 어떤 것이 선이고 어떤 것이 악인지를 인지할 수도 있습니다. 이런 분별력과 지식이 깨달음은 아니지만 그래도 체험을 통해 알게 되는 것입니다.

동서고금을 막론하고 '앎(知)'의 예는 수없이 많습니다. 뉴턴은 사과가 떨어지는 것을 보고 만유인력을 알았고, 벤저민 프랭클린 Benjamin Franklin은 '연을 이용한 실험'으로 번개가 전기를 방전한다는 것을 파악하여 후대 전기학의 발전에 지대한 공을 세웠습니다. 그래서 현대의 과학기술이 이처럼 발전하게 된 것입니다. 이런 발견이 커다란 깨달음은 아니지만, '내가 알았다'와 '내가 알아냈다'라는 것에서 서서히 출발해 세상에 업적을 이루는 학문과 이론으로 발전해 나가는 것입니다.

그러나 지식은 결국 '깨달음'과 다릅니다. 당초 부처님이 보리수 아래 금강좌 위에 앉아 계실 때, 밤하늘에 빛나는 별을 보고 바르고 원만한 깨달음을 이루셨습니다. 그리고는 "기이하도다! 기이하도다! 대지의 중생이 모두 여래의 지혜와 덕상德相을 지녔지만, 망상과 집착 때문에 증득하지 못하는구나……"라고 말씀하셨습니다. 이것이 일종의 수행을 통한 깨달음입니다.

깨닫는 것은 "나는 찾았다"라는 것입니다. 누군가 생명의 기원을 계속 탐구하다가 갑자기 머릿속에서 번쩍하며 뭔가 떠오르면 "내가 알아냈어"라고 할 것입니다. 자신의 본연의 모습을 찾았다는 것은 한순간 오랫동안 떠나왔던 고향으로 돌아가 보고 싶던 부모를 만난 것과 같습니다. 그래서 "문득 어머니가 날 낳으실 때 모습을 알게 되니, 풀과 나무와 숲이 모두 빛을 발하네(忽然識得娘生面, 草木叢林盡放光)"라고 했습니다.

깨달은 뒤에는 크게 마음껏 웃어도 됩니다. 일체의 대지와 산하가 내 가족처럼 보이고 수천수만의 산봉우리와 길이 오랜 친구처럼 가깝게 느껴질 겁니다. 깨달은 뒤에는 또 크게 마음껏 울어도 됩니다. 오랫동안 집 떠나 떠돌다가 자상한 어머니의 품에 안겨 감격스러워 아무 말도 못하고 눈물만 흘리는 것과 같습니다.

깨달음은 안다는 것에서 한 단계 더 나아가 꿰뚫어보는 것입니다.

마치 백척간두에서 허공으로 다시 한 발 더 내미는 것과 같습니다. 한 발만 더 나아간다면 백척간두에 대한 의지를 버리고 허공을 두루 오고 감에 걸림이 없을 것입니다. 깨달음은 이해한 뒤에 더 깊이 더 철저하게 통찰하고, 생명에 대해 다시 한 번 깊이 생각하고 더 깊이 깨닫는 것입니다.

깨달음은 몸소 겪는 체험입니다. 깨달음은 명확한 관념입니다. 깨달음은 꿰뚫어보는 능력입니다. 깨달음은 자성을 깨우는 것입니다. 깨달음은 이해한 것을 터득하는 것입니다. 깨달음은 '생사일체生死一體'라 할 수 있습니다. 깨달은 뒤에는 태어남이 반드시 기쁜 일이라고 할 수 없고, 죽음이 꼭 슬픈 일이라고만 할 수도 없음을 알게 됩니다. 깨달음은 또한 '동정일여動靜一如'라고도 할 수 있습니다. 오락가락 동요하는 세계 안에 열반적정이 있고, 고요하고 조용한 세계 속에는 또 무수한 생명이 활기차게 살고 있습니다. 깨달음은 더욱이 '유무일반有無一般'입니다. 가지고 있다면 더없이 좋은 것이지만 없어도 무척 풍성합니다. 없다는 '무'에서 수천수만 가지의 '유'가 생겨납니다. 깨닫는 순간은 '내거일치來去一致'입니다. 와도 아직 온 것이 아니고, 갔어도 아직 간 것이 아닙니다. 친한 친구와 만나고 좋은 친구와 헤어지는 것, 깨달음의 경계 안에서는 별개가 아닌 하나입니다. 깨달음은 모순됨 속에서 통일됨을 얻게 해주고, 복잡함 속에서 단순함을 발견하게 해주며, 막힌 가운데에서 원활한 소통의 길을 찾아주고, 속박 가운데서 해탈을 얻게 해줍니다.

깨달음은 '유무일체有無一體'입니다. 먼저 '유有'하고 나중에 '무無'하거나 먼저 '무無'하다가 후에 '유有'하는 것이 아니고, 유무가 동시에 존재합니다. 그래서 깨달음은 선후가 없습니다. 깨달음의 경계는 우리로 하여금 세간과 잘 어울린다고 생각해 세간에 순응하게 하기도 하고, 도무지 어울리지 않고 뜻이 맞지 않아 세간과 등을 돌리게도 할 수 있습니다. 깨달음은 일종의 '정통한 가운데 어리석음'이자, '어리석은 가운데 정통'한 것입니다. 깨닫는 그 순간 확실하게 이해하고 나서 이전에 집착했던 허망한 세계를 돌아보면 참 어리석었단 생각이 듭니다. 이것이 '정통한 가운데 어리석음'입니다. 깨달음은 마치 끝없는 어둠 속에서 갑자기 불빛이 번쩍하더니 무명의 미로를 비춰 깨우치게 해주고 눈부신 찬란한 세계를 잠깐 보여줍니다. 이것이 곧 '어리석은 가운데 정통'한 것입니다.

'깨닫는다'는 것은 관념을 바꾸고 지혜를 드러내는 것입니다. 깨닫기 전에는 마음에 부귀공명에 대한 욕심, 허황된 애정에 대한 탐닉, 인아와 시비 등 갖가지에 집착하면서 내려놓지도 못하고 그렇다고 해탈하지도 못합니다. 깨달은 뒤에는 명예와 이익의 속박에서 몸부림쳐 빠져나오고, 애정과 욕망의 망망대해를 뚫고 나와 환하게 세간을 바라보며 당당히 우주에서 살아나갑니다.

깨달음은 관념뿐만 아니라 생활의 품위까지도 바꿔놓습니다. 이치를 깨우친 생활은 일체의 기용(機用: 현묘한 이치와 작용)과 인연을 없앤 구애받는 것이 없는 자재로운 생활이며, 헤아려 판단함이 탁월하고 진실되며 아름답고 자연적인 생활을 합니다.

누군가 조주 선사에게 가르침을 청하며 "달마대사가 서쪽에서 오신 큰 뜻이 무엇입니까?" 물었습니다. 그러자 선사는 "차나 한 잔 마시게" 했습니다. 그 사람은 다시 "부모가 내 본모습을 낳는 것은 아니라니, 무슨 말입니까?" 물었습니다. 선사는 또 "발우나 씻어라" 했습니다.

차 마시고 발우를 씻는 것이 참선하여 깨달음을 얻는 것과 무슨 관계가 있을까요? 우리가 밥 먹고 차 마시는 일상생활 속에서 반야의 묘미를 알아내고, 자신의 본래 모습을 볼 수 있으며, 삼세의 제불과 서로 마음이 통할 수 있을까요? 불법의 커다란 뜻은 저 높고 먼 곳에서 구하는 것이 아니라, 꾸밈없이 솔직하고 자연스러운 '평상심平常心' 가운데서 체증하는 것입니다.

깨우친 뒤의 생활은 감정보다 지혜에 더 충실하며, 사사로운 정과 사랑을 정화시켜 지혜롭고 영명한 생활을 합니다.

어느 날, 단하丹霞 천연天然 선사가 한 사찰에 머물게 되었습니다. 마침 때는 한겨울이었습니다. 단하 선사는 목불상을 가져다가 불을 피우고 태워 언 손을 녹였습니다. 마침 사찰의 향등 스님이 그걸 보고 놀라 소리쳤습니다.

"뭐 하시는 겁니까? 어떻게 불상을 태울 수 있습니까?"

"난 사리를 태우고 있네."

"당치도 않습니다. 불상에 사리가 어디 있습니까?"

"아, 그래? 기왕에 불상에 사리가 없다니 몇 분 더 가져다가 태우게."

보통 사람은 불상을 태우면 큰일 나는 것으로 여기지만, 단하 선사는 커다란 지혜로 부처님의 법신은 우주와 허공에 가득 차 있고, 무량한 사바세계에 꽉 들어차 있으며, 부처님과 중생은 여여평등如如平

等하다는 것을 깨우쳤습니다. 오직 자성여래를 증오證悟해야만 진정 자신의 불성을 깨닫고, 부처님을 공경하는 사람입니다.

깨닫고 나면 시간은 영원하고 공간은 무변하다는 것을 느낄 수 있습니다. 깨닫고 나면 인아人我의 세상에서 부처와 중생은 완전히 평등하며, 시공간 속에서는 법계가 완전히 일여一如합니다.

지통智通 선사는 한밤중에 갑자기 일어나 "깨달았다, 깨달았어"하고 외쳤습니다. 그 소리에 놀라 깬 사람들이 무엇을 깨달았는지 물었습니다. 그러자 선사는 한 치의 망설임도 없이 "사고(師姑: 선종에서 비구니를 칭하는 말)는 원래 여자가 하는 걸 깨달았소"라고 대답했습니다.

이 대답이 대단히 절묘하지 않습니까! '사고'가 여자라는 건 지극히 평범한 사실입니다. 그러나 모든 현상이 보편적이고 평등하다는 걸 깨달아야 진정으로 이해했다고 할 것입니다.

깨달음은 물이 흐르는 곳에 물길이 절로 생기는 것이고, 한 번에 정곡을 찌르는 것입니다. '깨달음'이란 언어로 표현할 수 없고 문자로 형용할 수 없습니다. 사탕을 먹으면 무척 달고 맛있지만 그 단 정도와 단맛은 먹는 사람만이 압니다. 말로 설명한다고 해도 먹어보지 않았으면 그 느낌을 알 수가 없습니다. '깨달음'은 물을 마셔봐야 차가운지 따뜻하지를 알 수 있는 것처럼 자신이 경험해보고 느껴보는 경계입니다. 그래서 선종에서는 '깨달음'은 '언어도단言語道斷, 불립문자不立文字'라고 합니다.

'깨달음'을 언어나 문자를 빌려 전달하기는 쉽지 않지만, '깨달음'

은 확실히 경험할 수 있는 일종의 경계입니다. 깨달음을 통해 '생명의 오묘함'을 체험할 수 있습니다. 생명은 지극히 위대하면서도 지극히 즐거운 존재입니다. 깨닫는 가운데 '시간의 영원함'을 느낄 수 있습니다. 찰나의 지극히 짧은 순간에도 영원과 같은 사막으로 통할 수 있습니다. 깨달음은 '공간의 무변無邊함'을 체험하게 해줍니다. '꽃 한 송이에도 하나의 세상이 있고, 나뭇잎 하나에도 여래가 있다'라는 말이 있습니다. 또 '수미산 안에 겨자씨가 있고, 겨자씨 안에 수미산이 있다'라는 말도 있습니다. 깨달음은 우리에게 원래 '너와 나는 각기 두 사람이 아니며, 너와 나는 한몸이고 하나이다'라는 '인아일여人我一如'를 체험하고 이해하게 합니다. '깨달음'에는 소리가 있습니다. 깨달음의 소리란 어떤 것일까요? '펑' 하는 소리가 나며 무지몽매함을 깨부숩니다. '깨달음'에는 속도가 있습니다. '전광석화'라는 말로도 그것을 만분의 일조차 표현하지 못합니다. '깨달음'의 모습은 허공을 산산이 부수고 미망을 없애 눈앞에 진실된 광명을 바라보는 것입니다.

깨우친다는 것은 매우 빠르고 갑작스러우며 미처 생각지도 못한 상태를 말합니다. 그러나 깨우치는 것은 한걸음에 닿을 수도 없고, 단숨에 오를 수도 없습니다. 참선하여 깨우치는 데는 단계가 있습니다. 송나라 때 문장가인 소동파는 참선에 대한 식견이 무척 뛰어났습니다. 그는 참선으로 도를 깨우치는 세 가지 과정을 설명한 게송을 세 수 지은 적이 있습니다. 첫 번째 단계는 아직 참선에 들지 않은 상태입니다.

기울여 보면 고개요 옆에서 보면 봉우리라,

멀고 가깝고 높고 낮음에 따라 각기 다르네.

여산의 참모습을 알지 못함은,

내 몸이 산중에 머물기 때문이라네.

橫看成嶺側成峰 遠近高低各不同

不識廬山眞面目 只緣身在此山中

두 번째 단계는 참선은 하지만 아직 깨우치지 못한 심정입니다.

여산의 보슬비와 전당강錢塘江 조류는

가보지 않으면 천만 가지 한이 남지만,

보고 다시 돌아오면 특별한 것도 없고

여산의 보슬비와 전당강의 조류일 뿐이네.

廬山煙雨浙江潮 未到千般恨不消

到得還來無別事 廬山煙雨浙江潮

세 번째 단계는 도를 깨우친 뒤의 경계입니다.

계곡물 소리 모두 부처님의 설법이요,

산 빛은 청정법신 아닌 것 없다.

밤사이 들은 팔만 사천 가지 게를,

후일 다른 이에게 어찌 전해 줄까나!

溪聲盡是廣長舌 山色無非淸淨身

夜來八萬四千偈 他日如何舉似人

깨우치기 전에는 일체 만법이 눈에 뭔가 씌인 듯 뿌연 안개 속에서 꽃을 감상하는 것처럼 사물의 참모습을 이해할 수 없었습니다. 그러나 깨우치고 난 뒤에 다시 돌아와 세간의 모든 사물을 보면 눈에 광명을 찾고 안개가 걷힌 듯 푸른 산과 강, 그리고 대지의 본래 모습을 여실하게 볼 수 있습니다.

참선 전후의 서로 다른 느낌을 가지고 깨달은 뒤의 심경을 설명한 사람도 있습니다. 참선하지 않았을 때는 "산을 보니 산이요, 물을 보니 물이로구나(看山是山 看水是水)"고 말했지만, 참선할 때는 "산을 봐도 산이 아니요, 물을 봐도 물이 아니로구나(看山不是山, 看水不是水)"했습니다. 깨달은 뒤에 다시 보니 여전히 "산을 봐도 산이요, 물을 봐도 물이로구나"했습니다.

깨닫고 난 뒤의 천지天地는 그대로 천지이고 일월日月 역시 일월이며, 인아人我 또한 여전히 인아일 뿐입니다. 그저 생활의 내용과 품위가 달라졌을 뿐입니다. 깨우치기 전에는 먹을 때 안 먹고 온갖 생각에 빠져 있고, 잠잘 때 안 자고 갖가지 궁리만 하는 것과 같습니다. 깨달은 뒤에는 배고프면 먹고 졸리면 잡니다. 똑같이 먹고 자는 것이지만, 아무런 구속 없이 거침없고 자유롭습니다. 깨닫기 전에는 언제 무슨 일을 하든 어렵고 힘든 난관이 가로막고 하는 일마다 걸림돌이지만, 깨달은 뒤에는 날마다 좋은 날이고 어디서나 막힘없이 뻥뻥 뚫립니다.

깨달음의 경계는 자신이 직접 경험해봐야 하고, 도를 깨친 생활은 자신이 실제로 체험해야만 합니다. 그것은 마치 수영을 배우고 싶은 사람이 수영교본을 두루 섭렵하고 온갖 수영상식을 다 배웠다고 해도, 정작 물에 들어가 시험해봐야 맥주병인지 아닌지 알 수 있는 것과 같습니다.

도를 깨우치는 것은 직접 체증해야 하는데, 그럼 일단 도를 깨우친 뒤에는 어떻게 해야 할까요? '오후기수悟後起修'라고 하였습니다. 비록 도를 깨우쳤지만 실천하지 않으면 성불할 수 없습니다. 먼저 수행한 뒤에 깨닫는 사람도 있고, 깨달은 뒤에 수행하는 사람도 있지만, 어느 것을 먼저 하든 간에 이치를 깨우친 뒤에는 반드시 이치대로 수행하고 가르침대로 실천하며 인간세계에서 '행불行佛'을 해야 합니다. 생활 속에서 대중에게 봉사하고 복덕과 지혜의 선근을 키우며 인연이 구족되면 자연히 깨달음을 얻고 성불하게 될 것입니다. 이것이 제불諸佛이 인간세상에서 성도할 수 있었던 이유입니다.

역대 선 수행하는 사람들은 성불하는 것보다 깨달음을 얻는 것에 더 치중했었기에 그들은 가장 인간적입니다. 인간세계에서 도리를 깨우친 뒤, 그들의 생활은 모든 것을 벗어던진 듯 편안하고 신심이 자유로우며 명심견성明心見性 하니 이미 충분히 만족스러운데 성불할 수 있느냐라는 고민을 왜 하겠습니까?

그러므로 선은 생활 속에 있지, 좌선한다고만 되는 것이 아닙니다. 좌선은 그저 마음을 한곳에 모으는 훈련이며, 선정의 힘을 키우는 방편법문일 뿐입니다. 그래서 좌선하는 사람은 좌선의 향락에 빠져 인간에서의 불교 책무와 대중과 함께 숨 쉬고 살아가기 위해 선을 배운다는 것을 잊어서는 안 됩니다. 선은 우주와 함께 맥박이 뛰고 있다고 여기는 것이 인간 선자禪者의 포부입니다.

2. 선정의 수지: 맑고 소박한 생활, 망상분별 멈추고 마음을 들여다본다

불교에서 수행이라고 하면, 대부분 참선, 염불, 수밀修密을 가리킵니다. '밀부선빈방편정密富禪貧方便淨'이라는 말이 있습니다. 밀종密宗을 배우려면 경제적으로 부유해야 합니다. 밀종의 만다라 설치는 무척 정교하고 장엄하며, 법구의 제조 재료 또한 금이나 은, 또는 구리 물질로 주조합니다. 이 모든 것을 다 갖추고 수지修持 의식을 치르는데, 매번 상당한 시간을 소비합니다. 스승에게는 풍성한 공양을 해야 하기 때문에 밀종의 가르침을 배우는 데는 경제적으로 부유하지 않으면 안 되고, 시간상으로도 굉장히 한가한 사람만이 수학할 수 있습니다.

정토종淨土宗의 염불법문은 직업이나 신분에 상관없이, 언제 어디서나 염불을 수행할 수 있습니다. 그래서 가장 편리한 수행법문은 정토종이라고 할 수 있습니다. 선종을 수행하고 배우려는 사람은 돈이 없어도 걱정할 것 없습니다. 선정을 닦는 자의 수행생활은 산속이나 강가, 초가집 어디든 두 발을 딛고 있는 곳이면 참선할 수 있습니다.

그런데 참선은 도대체 앉아서 하는 걸까요, 아니면 누워서 하는 걸까요? 그것도 아니면 서서 하는 걸까요? 육조대사는 "선은 앉거나 눕는 것이 아니다"라고 말씀하셨습니다. 앉고 눕고 서는 것은 모두 선이 아니라는 겁니다. 그래서 육조대사는 지성志誠 선사에게 "주심관정住心觀靜은 병일 뿐 선禪이 아니다"라고 말씀한 적이 있습니다.

그럼 어떻게 하는 게 선일까요? 자백紫柏대사는 다음과 같이 읊은

적이 있습니다.

> 마음을 탐구하지 않으면 좌선은 괴로움의 업만 쌓이게 하고
> 생각을 잘 보호하면 부처를 욕해도 참 수행이 불어나는 것과 같네.
> 若不究心 坐禪徒增業苦
> 如能護念 罵佛猶益眞修

참선은 눈 감고 좌선하는 것이 아닙니다. 눈 감고 좌선하는 것은 선정에 들어가기 위한 방법 중 한 가지일 뿐입니다. 남악南岳 회양懷讓 선사는 "소가 마차를 끌고 가는데 마차가 나아가지 않으면 마차를 때려야 하는가, 아니면 소를 때려야 하는가?" 하고 물었습니다.

마차를 때려봤자 소용이 없습니다. 참선에서 중요한 것은 관심觀心, 용심用心입니다. 당신이 명심견성을 하고 싶다면 몸만 정좌하고 있다고 큰 효과를 볼 수 있는 것은 아닙니다. 그래서 참선과 좌선은 마음을 쓰는 것이 으뜸입니다.

당나라 때 서엄瑞嚴 선사는 늘 "주인아, 너 어디 있니? 여기 있구나, 여기 있어"라며 혼자서 중얼거렸습니다. 모르는 사람은 그가 실성했다고 생각할 것이고, 아는 사람은 심오한 선 수행을 하고 있다고 이해할 것입니다. 그렇게 하는 목적은 자신의 각성을 불러일으키고 잠시도 그 순간을 떠나지 않으려는 것입니다.

수행자가 참선을 할 때 마음은 그 순간에 집중하고 망상을 분별하고 자신의 본성을 주시할 줄 알아야 합니다. 지식止息은 바깥 경계(外境)에 따라 움직이지 않는 것이고, 관심觀心은 자신의 마음을 보는 것

입니다. 중국 선종에서 물 긷고 장작을 나르며, 밭을 일궈 경작하면서 선정을 수행하고, 일을 하면서 마음을 단련하는 것은 바로 자신의 본래 면모를 찾아오려는 것입니다. '명심견성明心見性'이야말로 선정의 궁극적인 목표이기 때문입니다.

부정할 수 없는 것은, 선이 비록 앉는 것도 아니고 눕는 것도 아니고 서는 것은 더더욱 아니지만, 만약 우리가 선열禪悅의 묘미를 체험하고, 선정 수행을 통해 자신의 진심과 본성을 탐구하고자 하면 좌선은 참선 수행 초학자가 반드시 거쳐야 하는 과정이라는 겁니다. 참선하려면 먼저 좌선의 기본 상식을 이해하고 기본적인 좌선 요령을 확실히 익혀야 합니다. 천태대사가 지은 『소지관小止觀』에서는 초학자가 좌선할 때 음식, 잠, 신체, 휴식, 마음 이 다섯 가지를 조절해야 한다고 했습니다.

전통적 선 수행 방법과 내용을 간략하게 서술하겠습니다.

1) 비로자나칠지좌법

'비로칠지좌법毘盧遮那七支坐法'은 좌선 시 몸을 조절하는 가장 아름다운 자세이며, 다음 7가지 요점으로 나눕니다.

①**반퇴盤腿**: 단정히 앉아 반가부좌 또는 결가부좌를 한다.

②**결인結印**: 편하게 양손을 무릎 위에 놓아둔다.

③**직척直脊**: 등을 곧게 펴고 벽에 기대지 않는다.

④**수경收頸**: 머리는 바르게 하고 목은 옷깃에 기댄다.

⑤**평흉平胸**: 두 어깨는 가지런히 긴장을 풀고 자연스럽게 한다.

⑥**저악抵顎**: 입술은 모으고 혀는 위턱에 붙인다.

⑦**염목**斂目: 눈은 똑바로 앞을 보고, 자신의 마음을 관조한다.

2) 육묘문

천태 지자대사가 만든 '육묘문六妙門'은 열반에 들어가는 여섯 가지의 선관법문禪觀法門입니다.

①**수식문**數息門

숨을 헤아리면서 1에서 10까지 마음을 가다듬어 선정에 드는 요법입니다. 제1묘문이라 합니다.

②**수식문**隨息門

숨을 따라 들고 나는 것을 헤아리지 말아야 합니다. 이러면서 자연스럽고 쉽게 선정을 불러옵니다. 제2묘문이라 합니다.

③**지문**止門

마음이 멈추면 모든 선이 저절로 발생합니다. 제3묘문이라 합니다.

④**관문**觀門

오온五蘊이 허망한 거짓임을 관찰한 것으로 온갖 잘못된 견해를 깨부수어 무루의 방편지혜를 개발할 수 있습니다. 제4묘문이라 합니다.

⑤**환문**還門

관조하는 마음을 돌이켜 마음은 허망하고 불변하는 실체가 없다는 것을 알면, 아집이 절로 없어지고 무루의 방편지혜가 자연히 뚜렷해집니다. 제5묘문이라 합니다.

⑥**정문**淨門

마음이 머물지 않고 청정함이 사라지면 참되고 밝은 무루지혜가 이로써 나타나니 자연히 미혹을 끊고 진리를 증득합니다. 제6묘문이라 합니다.

이 중에서 가장 관건은 수식隨息으로 동적인 것에서 정적인 것으로의 과정입니다. 또 하나는 관식觀息으로 이것은 정적인 것에서 동적인 것으로, 선정에서 지혜를 일으키는 관건입니다. 관식 안에서 호흡의 들고 나는 것을 관찰하는데, 마치 생명이 윤회하는 것 같고, 생멸이 번갈아 일어나는 것 같습니다. 이처럼 불법의 무상無常, 고苦, 공空과 상응하고 그 가운데서 삼법인三法印, 사성제四聖諦 등의 진리를 체험하면 아집을 부숴 없앨 수 있고, 그런 뒤에야 다시 환정還淨의 더 높은 경계에 도달할 수 있습니다.

3) 오정심관

'오정심관五停心觀'은 참선 수행의 기초이며, 참선(좌선)했으나 아직 '선정'의 경계에 들어서지 못했을 때 오정심관을 보충해 마음을 치유할 수 있습니다.

①**부정관不淨觀으로 탐욕스런 마음 치유**

부정관은 자타 육신의 더러움을 주시함으로써 탐욕과 번뇌를 치유하는 관법입니다.

②**자비관慈悲觀으로 성내는 마음 치유**

자비관은 노여워하는 중생에게 고통을 뽑아버리고 즐거움을 주어 진정한 쾌락을 얻는 생각을 해 성냄을 치유하는 관법입니다.

③**인연관因緣觀으로 미련하고 어리석음 치유**

어리석은 사람은, 세간의 모든 사물은 인연에 의해 생기는 것을 이해하지 못해 집착이 생겨납니다. 인연법을 이해한다면 모든 인연이 합해지는 오묘함을 알게 되고, 어리석음이 지혜로 바뀔 수 있습니다.

④수식관數息觀으로 산란한 마음 치유

망상으로 치닫는 우리의 마음은 수식관, 즉 우리의 들고 나는 호흡을 헤아리고 마음을 한 들숨과 한 날숨에 매어두면 호흡이 서서히 고르게 될 뿐만 아니라 망심妄心이 더 이상 퍼지지 않고 지극히 가볍고 편안해질 것입니다.

⑤염불관念佛觀으로 업장 치유

염불관은 염불하여 상호相好가 빛이 나고 공덕이 수승해지며 마음이 텅 비어 아무 것도 함이 없는 공적무위空寂無爲의 상태가 되어 업장을 치유하는 관법입니다.

4) 사념주

사념주四念住는 선정과 지혜를 수행하는 방법이며, 심신정지(心神靜止: 마음과 정신이 고요히 멈춰 있는 상태)에 도달하려면 반드시 한 단계 더 나아가 사염주의 관법을 닦아야 합니다.

①신념주身念住

몸은 죽어서 썩을 부정不淨한 것임을 관찰하고, 동시에 몸은 상주常住함이 없고, 괴로우며, 공허하고, 존재하는 실체가 없다는 것을 깨닫는 것으로 깨끗함과 반대되는 개념으로 치유합니다.

②수념처受念住

즐거움을 좇고 즐기는 가운데 반대로 고뇌의 원인이 발생함을 관조합니다. 또한 괴롭고 공허함 등을 관찰해 즐거움과 반대되는 개념으로 치유합니다.

③심념주心念住

능구能求하는 마음의 생멸무상生滅無常을 관찰하고 그 보편적 성질을 깨달아 변하지 않는다는 것과 반대되는 개념으로 치유합니다.

④법념주法念住

일체의 법은 인연에 의해 생기고, 그 자체의 성품이 없다는 것을 관찰하고, 그 보편적 성질을 깨달아 실체가 있다는 것과 반대되는 개념으로 치유합니다.

이상의 사념주는 부정不淨, 고苦, 무상無常, 무아無我의 네 가지를 관찰하여 상常, 락樂, 아我, 정淨의 사전도四顚倒를 치유하는 것입니다.

5) 구주심九住心

어느 정도 수행을 했을 때는 '구주심'을 통해 자신의 수행 진도를 감험勘驗합니다.

①내주內住

선정을 닦을 때 처음에 바깥 경계에 번잡한 그 마음을 거두어 밖으로 흐트러지지 않게 안에 묶어 둡니다.

②속주續住

처음부터 번뇌와 속박에 묶인 마음은 그 성질이 사납고 거칠어 그로 하여금 모든 경계에 두루 평등하게 머물게 할 수 없기에, 심념이 외부의 대상에게 반응할 때 인식 대상인 소연所緣의 경계에 마음의 집중이 이어지게 하는 방편(相續方便)과 맑게 하는 방편(澄淨方便)으로 그 거친 마음을 미세하게 하며 두루 머물게 합니다.

③**안주**安住

이 마음이 비록 '내주', '속주'를 통해 다 거둬들였지만, 간혹 집중력을 잃게 하는 마음작용으로 마음이 밖으로 흐트러지게 되면 바로 알아차려 그 마음을 거두어 다시 인식 대상에 머물게 해야 합니다.

④**근주**近住

이때 마음은 이미 허망한 생각을 일으키지 않고 심념이 밖으로 흐트러지지 않습니다. 망념이 일어나려고 하면 먼저 알아채고 그것을 제압함으로써 그 마음을 바깥으로 멀리 나가지 않게 하므로 '근주'라 합니다.

⑤**조순**調順

선정을 닦음으로써 생기는 공덕이 수승함을 깊이 알고, 온갖 색깔·소리·냄새·맛·느낌의 경계와 탐욕·성냄·어리석음의 마음과 남녀와 같은 십상十相이 모두 마음을 흐트러지게 하는 근심이라고 생각하고 그것을 제압함으로써 그 마음을 흐트러지지 않게 합니다.

⑥**적정**寂靜

마음을 편안하게 하는 공덕으로 마음을 움직이는 모든 나쁜 심사와 모든 수번뇌隨煩惱를 멈추고 마음을 조절하여 더 이상 흐트러지지 않게 합니다.

⑦**최극적정**最極寂靜

집중력을 잃게 하는 마음작용으로 앞에서 말한 온갖 나쁜 심사와 수번뇌가 잠깐 나타날 때 따라서 생겨나는데, 받아들이지 않고 바로 끊어 없앱니다.

⑧전주일취專住一趣

열심히 수행하는 힘이 있고 틈이 없어 선정의 힘이 이어집니다.

⑨등지等持

평등지심平等持心입니다. 자주 닦아 익힌 공부의 인연으로 수행은 완숙한 경지가 되고, 열심히 수행한다는 생각도 없이 마음이 편안히 머물게 되며, 흘러가듯 이어지며 흐트러짐이 없습니다. 선정 수행이 여기에 이르면 이미 입정入定의 단계는 다다른 것입니다.

6) 사료간

임제 선사의 '사료간四料簡'은 적재적시에 응용하고, 주고 뺏기를 마음대로 하며, 죽이고 살리는 걸 자유롭게 제자들을 지도하던 네 가지 규칙입니다.

①탈심불탈경奪心不奪境

자신을 잊어버리지만 외경은 잊지 않음을 말합니다.

②탈경불탈인奪境不奪人

외경은 사라지지만 자아는 잊지 않음을 말합니다.

③인경량구탈人境兩俱奪

자아와 외경 모두 잊어버림을 말합니다.

④인경구불탈人境俱不奪

자아와 외경 모두 사라지지 않고 도는 세간을 떠나지 않음을 말합니다.

'구주심'이건 '사료간'이건 수행자는 모두 이에 의존해 자신을 테스트해 보아 자신이 도대체 어느 단계에 도달해 있는지를 시험해볼 수 있습니다.

7) 파삼관: 삼관을 타파하다

참선 수행자가 수행하는 과정에서 서로 다른 온갖 경계가 나타날 수 있기에, 과거 선종에서는 '파삼관破三關'이라는 것이 있었습니다.

①초관初關

범인凡人을 초월하여 성인聖人에 들어갈 수 있습니다.

②중관重關

성인에 들어갔다가 범인으로 돌아감을 말합니다. 바로 정토종에서 말하는 원을 따라 다시 와(乘願再來) 중생을 널리 제도한다는 것입니다.

③뇌관牢關

범인과 성인이 모두 소멸됩니다. 유有에 집착하지 않고, 공空에 집착하지 않으며, 공과 유가 하나이며 일체 만물이 평등한 가운데 존재합니다.

8) 사선팔정

'사선四禪'은 색계의 네 가지 선정禪定 경계이고, '팔정八定'은 색계의 네 가지 선정 경계와 무색계의 사무색정四無色定 경계를 합해서 부릅니다. 그러므로 '팔정'은 '사선'을 포함합니다.

4와 8을 병행해서 사용하는 이유는 '색계'와 '무색계'가 상대적이고, 색계를 '선禪'이라 하고 무색계를 '정定'이라 하기 때문입니다. 만약 색계와 무색계를 욕계의 '산散'에 비교하면 색계와 무색계 둘 모두 '정'이라고 부릅니다. 그래서 색계의 '사선정'과 무색계의 '사무색정'을 합해 '팔정'이라고 칭합니다.

사선을 나눠보면 다음과 같습니다.

①**초선初禪**

청정한 마음으로 모든 번뇌가 움직이지 않음을 말합니다. 온갖 번뇌와 욕망을 제거하고 근심도 욕심도 없는 경계에 도달함을 초선이라 합니다.

②**이선二禪**

초선을 떠나, 진탁塵濁을 살피는 법이며 그 안의 믿는 자태가 밝고 깨끗하며 자세히 살피지 않고 관찰하지 않아도 자연스럽게 일종의 '환희'를 얻게 되니 이선이라고 합니다.

③**삼선三禪**

이선의 환희를 여의고 오로지 마음이 평온하고 온화한 가운데 고요하고 묘한 안락安樂을 얻는 즐거움이 있으므로 또한 이희묘락지離喜妙樂地라고도 합니다.

④**사선四禪**

고요하고 묘한 안락安樂을 얻는 즐거움조차도 없고, 오로지 사수捨受와 상응하는 의식意識 활동만 있으면 사선에 도달합니다.

무색계의 선정禪定에는 4단계가 있습니다.

①**공무변처정空無邊處定**

색계의 제4선천을 초월하여 안식眼識과 상응되는 모든 색상色想과

이耳·비鼻·설舌·신身 등 네 가지 의식(識)과 상응되는 대상 및 모든 선하지 않은 생각을 소멸합니다. 선정에 장애가 되는 일체의 생각을 없애고 공하고 무변한 선정의 모양(定相)을 사유합니다.

②식무변처정識無邊處定

식심識心은 허공에 두루 퍼져 있고 허공은 무변합니다. 이 무변한 연유로 선정의 마음이 다시 흐트러집니다. 그래서 즉시 허공을 버리고 아뢰야식에서 마음을 돌려 의식과 상응하면 마음이 안정되고 움직이지 않으며, 선정 중에 일어나는 모든 과거 현재 미래의 의식(識)이 선정과 상응하여 마음이 분산되지 않습니다. 이처럼 선정이 안정되고 청정하며 고요하기에 식처천정識處天定이라 합니다.

③무소유처정無所有處定

식처를 버리고 마음을 무소유처에 묶어 두어 부지런히 힘쓰면 마음은 고요하고 깨끗해지며 평화로워 아무런 생각도 일어나지 않아 무소유처천정無所有處天定라고 합니다.

④비상비비상처정非想非非想處定

앞의 식처는 유상有想이고 무소유처는 무상無想입니다. 앞의 유상을 버리면 비상非想이라 하고, 앞의 무상을 버리면 비비상非非想이라 합니다. 표상表象이 있는 것도 아니고, 표상이 없는 것도 아니며, 고요하고 청정무위하며 삼계(욕계·색계·무색계)의 모습이 확정되어 그 이상은 없기에 비상비비상처천정非想非非想處天定이라고 합니다.

사선팔정은 세간정(世間定: 선정으로 세간에서 생활하면서 수행하는 관법)이자 선정의 기초입니다. 부처님이 깨달음을 이루고 열반에 드실 때 모두 이러한 선정의 힘을 조연助緣으로 삼았으므로 그 중요성을 간과해서는 안 됩니다.

9) 지관쌍수止觀雙修

'지止'는 정지, 또는 망상을 멈춘다는 의미입니다. 그러니까 일체의 마음(생각)을 멈추고 무념 가운데 머무른다는 것입니다. 일체의 망상을 없애고 삼매의 지혜가 생겨나게 하는 것입니다. '관觀'은 관찰, 꿰뚫어본다는 의미이며 흐트러진 망상을 멈춘 뒤 더 나아가 모든 존재를 관찰하고 참된 지혜를 일으켜 모든 존재의 실상의 본질을 철저히 깨닫는 것입니다.

일체의 망상을 그치게 하고 정태靜態적·소극적으로 다시 짓지 않는 것이 선정문禪定門입니다. 인연의 경계를 관상觀想하고 광명을 관상하며 동태動態적·적극적으로 다시 힘쓰는 것은 지혜문입니다. 이 두 가지는 마차의 두 바퀴, 또는 새의 양 날개처럼 구도자가 선정을 수행하고 지혜를 개발하는 데 중요한 관문입니다.

10) 인연관

'인연관因緣觀'은 어리석음을 치유하고 지혜를 계발하는 관법觀法입니다. 참선(좌선)은 고요함을 즐기고자 하는 것이 아닙니다. 고요한 마음으로 사물을 관찰해야 지혜가 생겨납니다. 십이인연을 관찰해 보면 한 생각 안에도 십이인연이 모두 들어 있습니다. 비교하면 지금의 한 생각은 또한 앞의 한 생각에서 온 것이고, 앞의 한 생각과 뒤의 한 생각은 서로 이어지고 있습니다. 살면서 일어나는 어떠한 일 하나도 앞에 있었던 원인으로 뒤에 그 결과가 나타나지 않는 것이 없습니다. 한 사람은 여러 대중과 연관되어 있고, 한 가지 일은 또 다른 일과 연결되어 있습니다. 모두 그 나름의 인연이 있으며 앞의 원인은 뒤의 결과를 만들어 내고 뒤의 결과는 다시 또 다른 것의 원인이 됩니다. 이처럼 끊임없이 계속 이어집니다. 이러한 인연을 잘 살펴보면 세간의 실상을 이해할 수 있으므로 인연관을 관찰하면 지혜가 생긴다는 것입니다.

선을 수련하려면 반드시 노스님처럼 입정하여 눈은 반쯤 감고 시선을 자신의 코쯤에 맞춘 뒤 마음을 움직이지 않아야 이걸 '참선'이라고 여기는 사람이 대부분입니다. 그러나 육조대사께서는 "이치는 마음에서 깨닫는 것이거늘 어찌 앉아 있는다고 되겠는가?"라고 했으며, 또 "살아서는 앉아서 눕지 못하고, 죽어서는 누워서 앉지 못한다"라고 했습니다. 참선은 앉거나 눕는 모습으로 따질 수 없습니다. 당신이 참선을 할 줄 안다면 걷고 서고 앉고 눕고, 장작지고 물 긷고, 눈썹을 치켜뜨고 눈을 깜박이는 일상적인 동작 하나 하나에서도 깨달음을 얻고 견성할 수 있어야 합니다. 영가永嘉 선사는 "걷는 것도 선이요, 앉는 것도 선이요, 어語·묵黙·동動·정靜 일체가 선이 아닌 것 없다"라고 했습니다. 진정한 참선 수행자에게는 일상생활 가운데에서 눈에 닿는 것이 곧 선이니, 선이 없는 곳이 없다는 것입니다. 그러므로 인간불교는 '생활선生活禪'을 중시하며, 우리는 다음과 같이 주장합니다.

①참선 수행의 사상

평상平常·평실平實·평형平衡의 경지를 함양함에 달려 있습니다. 다만 범부의 생각이 다 사라졌을 뿐, 달리 성스러운 견해는 없습니다.

②**참선 수행의 내용**

신심信心·도심道心·비심悲心을 기르고 증진함에 달려 있습니다. 변하지 않는 것과 인연 따르는 것, 자비롭고 기쁘게 보시합니다.

③**참선 수행의 생활**

규칙적·소박함·소중함을 힘써 실천함에 달려 있습니다. 계율적 생활을 하고 만족을 알아 청빈한 생활을 합니다.

④**참선 수행의 정신**

승담承擔·무외無畏·정진精進을 착실하게 반복 수행함에 달려 있습니다. 자신의 마음이 곧 부처라는 것을 그대로 받아들여야 합니다.

⑤**참선 수행의 운용**

생활生活·생취生趣·생기生機를 시의 적절하게 잘 사용함에 달려 있습니다. 내가 닿는 것이 모두 도이니 깨달음 또한 무한합니다.

선의 정신은 좌선하고 있는 선방에 국한되지 않습니다. 24시간 동안 손을 들어 올리고 발을 뻗으며 눈썹을 치켜뜨고 눈을 깜박이는 것 모두에 선의 아름다운 진리가 가득합니다. 선의 소식消息은 눈을 거두어들여 마음을 관찰하는 선정뿐만이 아니라, 일상에서 옷 입고 밥 먹고 길을 걷고 잠자고 하는 것 모두가 선의 뛰어난 근기를 드러내는 것입니다.

선은 평소 일상생활의 걷고 멈추고 앉고 눕고 하는 사이에 모두 있습니다. 혜능대사는 8개월 동안 방아를 찧는 일을 했습니다. 사실 그가 몸소 일을 했던 것이 깨달음의 길로 들어가는 불이법문不二法門이 되었습니다.

유원有源 율사가 대주大珠 혜해慧海 선사에게 가르침을 청했습니다.

"스님께서는 비밀리에 힘써 닦는 수행법이 있습니까?"

"배고프면 밥을 먹고, 졸리면 잠을 자는 것이지."

유원 율사가 이해하지 못하고 다시 물었습니다.

"보통 사람도 다 그렇게 수행하지 않습니까?"

"다르지. 보통 사람은 밥을 먹을 때 살을 뺀다 어쩐다 하면서 배부르게 먹지 않고, 잠을 잘 때도 이런저런 잡생각으로 머리가 복잡하거든."

법화산法華山에 있는 전거全擧 선사에게 누군가 물었습니다.

"당초 부처님께서 제자들에게 사홍서원을 발원하도록 장려하였다는데, 스님의 커다란 원심願心은 무엇입니까?"

전거 선사는 이렇게 답했습니다.

"내 사홍서원을 물었으니 대답해 주지. '굶주리면 밥 먹고, 추우면 옷 입고, 졸리면 발 뻗고 자고, 더우면 바람을 불러오는 것'이라네. 즉 난 배가 고프면 밥을 먹고, 날씨가 추우면 옷을 더 껴입고, 피곤하면 다리 쭉 펴고 잠을 자고, 날씨가 더워 부채질하고 싶으면 부채질할 거네. 어떤가, 내 사홍서원이?"

선은 생활을 떠나서는 안 됩니다. 심산유곡에서 꼭꼭 숨어 자아를 단절시키는 것도 아닙니다. 언행과 동정動靜 가운데 수도하는 것이며, 생활에서 자연스럽게 평상심이 드러나고 분별과 망상이 일어나지 않는 것이 선입니다. 소소한 사물에서부터 온 신심을 다해 우주의 무한한 오묘함을 꿰뚫어볼 수 있다면 언제 어디에서 생활하든 모두 선입니다.

설봉雪峰, 엄두嚴頭, 흠산欽山 선사 등 세 사람이 함께 도처로 참학과 홍법을 할 때의 일입니다. 하루는 행각하던 중에 강가를 지나게 되었는데 어딜 가서 탁발을 해올까 상의하고 있었습니다. 그때 마침 강 상류에서 신선한 채소 하나가 떠내려 오는 것을 보게 되었습니다. 흠산 스님이 "보게나. 강에 채소가 떠내려 오고 있네. 아마 상류에 인가가 있는 모양이니 상류 쪽으로 다시 올라가서 찾아보세"라고 말했습니다.

그러자 엄두 스님이 "멀쩡한 채소를 떠내려가게 두다니 너무 아깝군"라고 했습니다.

설봉 스님은 "이렇게 아낄 줄 모르는 촌민이라면 교화할 의미가 없네. 우리 다른 마을로 가서 탁발하세나"라고 말했습니다.

세 사람이 한마디씩 주고받으며 논의하고 있을 때 누군가 상류에서부터 허겁지겁 달려오는 것이 보였습니다. 그가 물었습니다. "스님! 혹시 강에 채소가 떠내려가는 걸 보지 못하셨습니까? 채소를 씻다 그만 부주의해서 그 중 하나가 떠내려갔지 뭐예요. 떠내려간 채소를 찾으려고 뛰어왔는데, 잃어버리면 너무 아깝잖아요."

설봉 등 세 사람은 크게 웃으며 이구동성으로 말했습니다.

"우리 저이 집에 가서 법을 전하고 묵기로 하세."

선은 모든 곳에 두루 퍼져 있고, 참선하는 방법도 무척 많습니다. 일상생활에서 여러분이 참선 수학하는 데 참고하시라고 일단 40가지만 여기에 예를 들겠습니다.

①**음식선**飮食禪

과거 선사들은 제자가 도를 물으면 항상 "밥이나 먹고 가"라고 하고, 밥을 먹고 나면 "발우나 닦고 가"라고 말을 했습니다. 선은 다른 데 있는 것이 아니라 걷고 머물고 앉고 눕고, 차를 마시고 밥을 먹는 가운데에 있습니다. 생활을 떠난 선정은 허구일 따름입니다.

②**수타선**隨他禪

한 젊은 여성이 사찰에 참선을 하러 왔는데, 갑자기 집에서 기쁜 소식을 전해 왔습니다. 그녀가 유학 갈 외국학교에서 입학통지서를 보내왔다는 겁니다. 하지만 그녀는 쳐다보지도 않고 "상관없어. 신경 안 써"라고 말했습니다. 며칠 뒤 또 집에서 급하게 연락을 해왔습니다. 집에 불이 났다는 겁니다. 이번에도 그녀는 "상관없어. 신경 안 써"라고 말했습니다. 모든 것에 다 신경 쓰지 않고(隨他去), 불이 내 눈썹까지 타들어간대도 상관없습니다(不管他). '상관없다', '신경 쓰지 않는다', 선은 바로 여기에 있습니다.

③**방하선**放下禪

오통五通이라는 외도外道가 양손에 꽃병 두 개를 들고 부처님께 가르침을 청하러 갔습니다. 부처님은 그를 보자마자 대뜸 "내려놔"라고 말했습니다. 그는 오른손에 든 꽃병을 내려놓았습니다. 그러자 부처님은 다시 또 "내려놔"라고 말씀하셨습니다. 그는 재빨리 왼손의 꽃병도 내려놓았습니다. 부처님이 또 말씀하셨습니다. "내려놓으라고." 그러자 외도가 물었습니다. "손에 들었던 꽃병을 둘 다 내려놓았는데 뭘 더 내려놓으라는 말씀입니까?" 부처님이 말씀하셨습니다. "내가 내려놓으라는 것은 마음속의 성견成見을 내려놓으라는 것이오." 내려놓는 것이 곧 선입니다.

④ **관불선觀佛禪**

좌선할 때는 불상의 아름다운 모습을 떠올려 관찰합니다. 부처님의 자비, 미소, 설법하는 모습 등을 눈앞에 생생하게 그려내며 불상을 관찰합니다. 심지어 불상의 눈은 뜨고 있는 건지, 어떤 표정을 짓는지, 말할 줄 아는 활불인지를 감상하는 것입니다. 이것은 '불佛'을 보는 것이지, '상相'을 보는 것이 아닙니다.

⑤ **광명선光明禪**

불상의 몸 전체에서 뿜어져 나오는 광명을 떠올려 관찰합니다. 『십육관경十六觀經』에 나오는 것과 같이, 자신의 눈앞으로 밝은 빛이 가득 펼쳐져 있고 그 빛은 두루 영향을 미치는데, 길을 걷거나 일을 할 때는 물론 잠을 잘 때도 밝은 빛 가운데 있음을 관찰합니다.

⑥ **다예선茶藝禪**

선에는 선의 맛이 있고 차에도 차의 이치가 있습니다. 차를 우려낼 때마다 찻물이 차가운지 따뜻한지, 양이 많지는 않은지, 쓴지 떫은지, 진한지 연한지 모두 알맞은 상태를 정확히 알아야 합니다. '다선일미茶禪一味'라는 말이 있습니다. 최고의 경지에 이르듯 차를 은은하면서도 맛있게 우려낼 수 있는 곳에 선이 있습니다.

⑦ **사후선獅吼禪**

'높고 높은 산 정상에 우뚝 서고, 깊고 깊은 바다 속을 걷는 것처럼 한다(高高山頂立, 深深海底行)'라는 말이 있습니다. 때로는 우뚝 솟은 산봉우리에 서서 마음껏 소리를 질러보거나 생각나는 대로 염불을 하거나 '야호'를 크게 외치면 가슴이 확 밝아지면서 그 순간 산하와 대지, 우주세계와 신심이 하나가 됩니다.

⑧ 인연선因緣禪

인연을 관찰하고 세간의 일체는 홀로 존재하지 않고 반드시 지地·수水·화火·풍風 등의 인연이 구비되어야 생겨난다는 것을 이해합니다. 왜냐하면 만물은 인연에 의해 생겨나는 것이기에 인연이 모이고 소멸됨에 따라 올 것은 오고 갈 것은 갑니다. 그러니 마음의 근심을 지우고 편안하며 자유로우면 됩니다. 이것이 선의 묘용妙用입니다.

⑨ 생사선生死禪

목숨을 아끼고 죽음을 두려워하는 것은 인간이라면 누구나 다 똑같습니다. 그러나 선자禪者는 생사를 두 가지로 보지 않습니다. 태어남이 없이 어떻게 죽음이 있으며, 또 죽지 않는데 어떻게 다시 태어나겠습니까? 그래서 생사는 하나임을 깨닫고 생사에 휘둘리지 않는 것이 바로 선입니다.

⑩ 무아선無我禪

'나'에 집착하면 선은 물론 없습니다. '나'라는 것을 버리고 일체의 인아人我를 초월해서 타인을 대하면 그때 약간의 소식이 나타날 것입니다.

⑪ 공안선公案禪

불교에서는 비록 '사인아혜(捨人牙慧: 남의 것을 모방하거나 흉내냄)' 하지 말라고 주장합니다. 옛사람의 방법을 반드시 따라야 하는 것은 아닙니다. 그러나 일부 초학자들은 이러한 혜해慧解를 근거해서만이 비집고 들어갈 곳을 찾을 수 있습니다.

⑫ **화두선**話頭禪

'염불하는 자는 누구인가(念佛是誰)?', 혹은 '부모가 낳지 않은 나의 본래 모습은 어떤 것인가(父母未生我的本來面目是什麼)'라는 문구를 꽉 잡고 힘써 참구합니다. 천지가 갑자기 산산이 부서질 때까지 참구하다 보면 자신의 본래면목本來面目을 볼 수 있을 것입니다.

⑬ **행각선**行脚禪

고대의 고승대덕이 불원천리 마다않고 스승과 가르침을 찾아 운유한 것은 진리를 파악하는 큰일을 아직 이루지 못했기 때문입니다. 조주 선사가 "팔십에 행각을 떠남은 오로지 마음이 아직 고요하지 않기 때문이다. 비록 돌아와 아무 할 일 없고 나서야, 짚신 값 헛되이 썼음을 처음 알겠노라(八十猶行脚 心頭未悄然, 及至歸來無一事, 始知空費草鞋錢)"라고 했지만, 그만한 가치는 충분히 있었습니다.

⑭ **작무선**作務禪

"장작 옮기고 물 긷는 것 선 아닌 것이 없다", "하루라도 일을 하지 않으면 밥을 먹지 말라"라고 한 백장 선사의 말은 일하지 않고 가만 있는 것이 선이 아니라는 의미입니다. 일본의 선사들은 정원에서 잡초를 뽑는 울력을 하곤 합니다. 만약 이때 잔디 깎기를 사용한다면, 그것은 참선하는 것이 아닙니다. 선은 하나씩 하나씩 일상적인 일에서부터 단련하여 신심의 일치를 이루고, 안과 밖이 하나가 되게 하는 것입니다. 그러므로 육조 혜능 선사가 쌀가마니를 지고, 임제 선사가 소나무를 키우고, 앙산 선사가 방목하고, 현묘 선사가 장작을 팬 것처럼 역대 선종의 조사들이 밭 갈고 일을 한 것이 바로 선입니다.

⑮ 임하선林下禪

아난존자가 자주 숲에서 습정習定을 하고, 수보리 존자가 나무 아래에 앉았다가 깊은 공의空義를 깨달았으며, 심지어 부처님조차도 당시 보리수나무 아래에서 밤하늘의 별을 보고 깨달음을 얻어 성불하신 것처럼, 숲에서 참선을 하는 것입니다. 무성한 숲의 나무 아래에서 참선하며 수천수만의 중생과 함께 움직이지 않는 나무처럼 고요함을 느낄 수 있다면 마음에는 분명 세속을 벗어난 또 다른 느낌이 자리할 것입니다.

⑯ 산수선山水禪

중국 선종의 조사는 자연 속 산림이나 강가를 선방禪房으로 삼았습니다. 이른바 '참선이 어찌 구태여 산과 강과 땅에서만 되겠는가, 마음 속 화마를 없애면 절로 시원해지리니(參禪何須山水地, 滅卻心頭火自涼)'라는 것입니다. 마음이 맑고 깨끗하면 산림이든 강가든, 절벽이든 동굴이든 어디선들 참선할 수 있지 않겠습니까?

⑰ 동중선洞中禪

"봄에는 백화가 만발, 가을에는 달이 휘영청. 여름에는 시원한 바람, 겨울에는 하얀 눈! 덧없는 일 맘에 담지 않는다면 인간 세상도 좋은 시절!"이라고 했습니다. 산속 동굴에서 참선하려고 가부좌를 틀면 마치 외부세계와 단절된 것처럼 보이지만, 사실은 삼천대천세계가 모두 넓은 마음에 들어 있는 것이고 동굴 속에 또 다른 세상이 있는 것입니다.

⑱ 전주선專注禪

『불유교경』에서 "마음을 제어해 한곳으로 모으면 분별해내지 못할 일이 없다"라고 말한 것처럼, 신심을 한 목표에 스며들게 하여 마음을 집중하고 한곳으로 모으도록 힘씁니다.

⑲ 염불선念佛禪

"한마음으로 염불한다"는 『아미타경』의 말처럼 염불 역시 선입니다. 마음이 흐트러지지 않고 한마음이 될 때까지 염불을 하게 되면 그것도 선 아니겠습니까?

⑳ 명심선明心禪

참선의 목적은 밝은 마음으로 자신의 본성을 보는 것입니다. 우리가 오랜 세월 생사윤회를 해왔던 것은 자신의 마음을 알지 못했기 때문입니다. 선을 조금만 꿰뚫어볼 수 있다면 "천년 된 어두운 방안도 등불 하나면 족히 밝힐 수 있다"는 말과 같을 것입니다.

㉑ 오도선悟道禪

선 수행자는 반드시 매일 부처가 되거나 조사가 되려는 생각을 해야 하는 것은 아닙니다. 선 수행자의 가장 큰 목적은 깨달음을 얻는 것이어야 합니다. 남송 시대 장구성張九成은 조주 선사의 '뜰 앞의 잣나무' 공안을 참구하다가 우연히 개구리 울음소리를 듣고 크게 깨달음을 얻어 "봄날 달밤에 한 줄기 개구리 울음소리, 온 천지를 부수어 한 집을 만들었도다. 바로 이런 순간을 뉘라서 얻을 손가, 고갯마루 올라 다리가 아픔도 현묘한 도리(玄沙) 있다네"라는 게송을 읊었습니다. 이치를 깨우치면 우리의 끝없는 마음법계를 넓힐 수 있을 것입니다.

㉒ 사리선事理禪

'도道'는 생활 속에서 구해야 하고 진리 가운데 차별差別이 있는 현상을 버리지 말아야 깨달음(理)과 차별 현상(事)이 원만하게 융합됩니다. 세간에서는 '인정은 통해도 이치가 통하지 않는' 사람이 있고, '이치를 강조하지만 현상을 소홀히 하는' 사람도 있습니다. 마치 『화엄경』에 나오는 '차별현상과 진리가 서로 걸림이 없는' 법계를 간파할 수 있다면 그게 바로 선자禪者일 것입니다.

㉓ 쾌락선快樂禪

일본의 하라단잔(原坦山) 선사는 매일 참선을 하면서 "즐겁구나, 즐거워!" 외쳤습니다. 어느 날 누군가 그를 물속에 빠트리자 그 순간 "괴롭구나, 괴로워!" 외쳤습니다. 나중에 누군가 그를 구한 뒤에 물었습니다. "즐겁지 않으십니까?" 그러자 하라단잔 선사는 "즐거움이 없는데 어떻게 괴로움을 알겠습니까?"라고 대답했습니다. 같은 이치로 괴로움이 없다면 어찌 즐거움을 알 수 있겠습니까?

㉔ 감은선感恩禪

참선은 마음을 고치고 관념을 바꾸는 것입니다. 좌선할 때 매일 부처님과 주변의 모든 사람에게 감사하는 마음을 간직하는 등 감사의 마음이 가득하다면 마음의 경계가 절로 승화되고 높아지니, 항상 부처님과 함께 있음을 느낄 것입니다.

㉕ 불심선佛心禪

내 마음이 곧 부처이며, 부처의 마음이 곧 나입니다. 그러니 나의 마음과 부처는 하나입니다. 만약 선 수행자가 '부처는 마음을 떠나지 않는다'라는 것을 깨닫고 '내가 곧 부처이다'라고 담담히 받아들이면 세간에서 감당하지 못할 일이 없을 것입니다.

㉖ 자재선自在禪

참선의 목적은 깨달음·해탈·자재에 있습니다. 관자재보살은 "오온五蘊이 모두 공空한 것을 비추어 보았기에, 일체의 괴로움과 재앙을 건넜습니다." 선 수행자는 어떡해야 자재할 수 있을까요? 다만 타인을 관자재觀自在하고, 현상을 관자재하며, 경계를 관자재하고, 마음을 관자재하면 언제 어디서나 자유롭고 걸림이 없을 것입니다.

㉗ 안한선安閒禪

생활 속에서 편안하고 여유로우며 자유로움을 안다는 것이 곧 선입니다. 편안하고 여유롭다는 것은 생활 속에서 아무 일도 안 한다는 것이 아니라, 혼란스런 세상에서 마음이 여여如如하게 움직이지 않는 것입니다. 바쁜 일상생활에서도 사람은 바쁘지만 마음은 바쁘지 않고, 바빠도 마음이 어지럽지 않은 것이 선입니다.

㉘ 정중선靜中禪

선자禪者의 기질은 한 송이 꽃과 한 줄기 풀과 같아서 고요한 가운데 꽃을 피우고, 묵묵히 성장합니다. 이렇게 고요함, 자상함, 인내심 등의 기질이 드러나는 것이 바로 선정의 경계입니다.

㉙ 동중선動中禪

"생각을 때려 없애고, 너의 법신을 살아나게 하라" 했습니다. 흐트러진 망상을 제거해야 맑고 뚜렷한 지혜가 떠오릅니다. 평소 바쁘게 뛰어다니는 일상생활 속에서도 편안하고 자재롭다면 선정의 힘이 표출된 것입니다. 그러므로 선은 "고요한 가운데 기르고, 움직이는 가운데 연마해야 합니다."

㉚ 서중선書中禪

'책 가운데 절로 황금 집이 있고, 책 가운데 절로 옥 같은 얼굴(미인)이 있다'고 했습니다. 시와 글, 그리고 그림에 점차 빠져들며 기질을 부단히 변화하고 신심을 정화할 수 있다면 역시 선의 세계에 들어갈 수 있을 것입니다.

㉛ 시문선詩文禪

선이 비록 문자와 언어를 세우지 않는다 하지만 소동파, 왕유 등과 같은 고대의 문인야사들은 자신의 시문을 통해 선의禪意를 표현하였습니다. 선사들의 선시에서처럼 손닿는 대로 집어 오는 것이 모두 선입니다.

㉜ 범패선梵唄禪

현대의 음악과 유사한 범패는 사람과 사람의 사이를 더욱 가깝게 해줍니다. 특히 인도풍의 그윽하면서도 부드러운 범음梵音은 사람들의 가슴을 활짝 열어주고 마음을 맑게 해주며 신심을 천지자연과 화합시켜 주므로 옛날부터 많은 사람들이 불교의 범패에서 깨달음을 얻었습니다. 패패 선사가 그 중 하나의 예입니다.

㉝ 기예선棋藝禪

중국의 바둑, 장기, 그리고 서양의 카드 등 승부에 대한 집착을 벗어던지고 그 집중된 생각을 끌어다가 분별하는 것 가운데 분별하지 않는 경지에 깊이 들어가는 것 역시 선의 경계에 가까워졌다는 것입니다.

㉞ 문도선問道禪

참선은 끊임없이 '묻고', 또 끊임없이 '참구'하는 것입니다. 그래서 소참(小參: 수시로 격식이 없이 하는 설법), 보참普參을 하고, 심지어 산 넘고 물 건너 여기저기 도를 물으러 참방을 다녔습니다. 가르침을 청하고 도를 물어보는 과정에서, 도를 깨우친 사람인지는 입을 열자마자 알게 됩니다.

㉟ 인간선人間禪

어느 선 수행자가 선방에서 2년 동안 참선을 하고, 하루는 거리로 나갔다가 갑자기 도를 깨우쳤습니다. 그는 "선 수행자라면 머리에 푸른 하늘을 이지 않고 대지를 발로 밟지 않으며, 차량의 왕래가 끊이지 않는 것을 보면서, 마음에 중생을 품지 않으면 선사가 될 자격이 부족하다"라는 것을 깊이 느꼈습니다.

㊱ 의공선義工禪

자원봉사는 선을 실천하는 일에 종사할 수도 있고, 참선하는 수행자가 될 수도 있습니다. 만약 자원봉사를 하는 중에 마음을 집중하고 생각을 하나로 모아 인아를 모두 잊고 이해득실을 따지지 않는다면, 이른바 "불가의 용상龍象같은 스님 되고자 하면 먼저 중생의 소나 말이 되어라"라고 한 것처럼, 타인을 위해 봉사하고 발심하여 공헌하며 복덕과 인연이 구족되면 선심禪心도 자연히 생길 것입니다.

㊲ 공수선共修禪

집안의 작은 방에서도 참선과 좌선을 할 수 있습니다. 단체기관의 참선방에서도 대중과 서로 절차탁마할 수 있습니다. 시간과 인연이 도래하고 내외內外가 서로 응하기만 하면 생활 공양을 낭비하지 않게 됩니다.

㉚ 포향선跑香禪

앉는 것도 선이요, 걷는 것도 선이라고 했습니다. 선방에서 포향 (跑香: 걸으면서 하는 선)하다 보면 사람이 많아도 서로 방해되지 않고 대중이 차분하고 질서를 지켜 나아가며, 발걸음을 옮기는 동작은 가볍고 소리가 나지 않습니다. 특히 포향을 할 때 사람마다 마음을 써 발아래를 살피니 정말로 매 발걸음이 선의 세계를 향해 나아가는 것 같습니다.

㉛ 예불선禮佛禪

예불할 때는 한마음으로 정례頂禮하고 마음에는 잡념을 없애며 신구의身口意를 하나로 모아 일치시키고 나와 부처가 둘이 아니요, 서로 다른 존재가 아니라는 생각이 들도록 절을 합니다. 그 또한 입도하는 초학자가 거쳐야 할 과정입니다.

㊵ 무성선無聲禪

선자禪者는 무성無聲의 세계에 머물고 있지만, 유성有聲의 세계는 항상 혼란스럽고 어지럽습니다. 만약 선자가 자신을 단련하여 눈에는 향락의 세계가 없고, 귀에는 시끄러운 잡음이 없으며, 마음에는 굽이치는 망상이 없다면 선의 소식消息에 이미 가까이 다가섰다는 것입니다.

다만 선이 본래 무척 인간적이라는 것에 기초하여 옛 선사들은 생활 속 작업에서 참선과 깨달음을 얻지 않은 자가 없었습니다. 그러나 후에 차츰 모습이 변하면서 '고목선枯木禪', '소승선小乘禪'이 되었습니다. 현재 '인간불교의 정학'이 다시 한 번 더 생활 속 참선 수행 법

문을 제의하는 것은 다만 인간에게 한 알의 선의 씨앗을 퍼트려 인간
불교의 생활선이 하나의 열쇠처럼 미망에 빠진 세상 사람들의 마음
과 영혼을 열어주길 바래서입니다. 그러나 불교에는 소위 팔만사천
법문이 있다고 하는데, 어찌 이것뿐이겠습니까? 다만 법문이 아무리
많다 해도 여러분이 어떻게 깨닫고 이해할지에 달려 있다고 하겠습
니다.

　어느 고덕께서 "장작 나르고 물 긷는 것도 참선 아닌 것이 없다"
했습니다. 모든 사람의 생활 안에는 옷 입고 밥 먹는 것도 참선이요,
길을 걷고 잠을 자는 것도 참선이라 할 수 있습니다. 심지어 화장실
가는 것도 참선이라 할 수 있습니다. 『금강경』에서는 부처님이 옷을
입고, 발우를 들고, 탁발하는 반야생활 모습을 묘사하고 있습니다. 똑
같이 옷 입고 밥을 먹지만 선오禪悟가 있다면 깨달은 자의 생활은 그
의의와 경계가 범부의 그것과는 완전히 다릅니다.
　그래서 불법은 세간법을 벗어날 수 없고, 참선 수행 또한 단체나
대중을 떠나 홀로 깊은 산속 고찰에 들어가 힘겹게 수련할 필요는 없
습니다. 선과 세간은 단절된 것이 아닙니다. 앞에서 "참선이 어찌 산
과 강, 땅에서만 되겠는가, 마음속의 화마를 없애면 절로 시원해지리
니"라고 말한 것처럼, 마음 안에 자리한 성내고 원망하는 화마를 끊
어 없애면 어딘들 맑고 시원한 산과 강 아니겠습니까? 시끌벅적한
곳 어디엔들 도량을 세우지 못하겠습니까?
　불가에 전해지는 선시 가운데 "달마가 서천에서 한 글자도 가져 오
지 않았으니, 오로지 심지에 의지해 공부에 힘쓰라. 만약 종이 위에

서 인아人我를 논하려면 동정호의 호수 물을 붓에 찍어 말려라(達摩西來一字無, 全憑心地用功夫. 若要紙上談人我, 筆影蘸乾洞庭湖)"라는 내용이 있습니다. 선은 나서서 실천하는 것이지 입으로 떠들어대는 것이 아닙니다. 옛 선사들의 '방망이(棒)'와 '할喝'은 선을 가르치는(敎禪) 것이고, 눈썹을 치켜뜨고 눈을 깜박이는 선자禪者의 일상적 동작은 선을 논하는(論禪) 것입니다. '하루 일을 하지 않으면 하루를 먹지 말라'는 것은 참선하는 것이고, 조주 선사가 팔십에 행각을 한 것은 선을 수행한 것입니다. 이러한 본보기는 후세 사람에게 커다란 가르침이 됩니다.

제 자신도 과거, 총림에서 참선을 한 적이 있었습니다. 많은 것을 터득하지는 못했지만, 선종에서 다년간의 교육을 받다보니 가끔 약간의 선의禪意를 접할 수 있었기 때문에, 평소 생활에서도 선심을 가지고 인정과 의리로 타인을 대하고 있습니다.

① 불광산 개산 초기는 경제적으로 궁핍한 시기였습니다. 제자 여럿이 치아를 해 넣으려고 견적서를 보내온 것을 보고, 일부 집사執事들이 돈을 아껴야 된다며 절약하자고 주장했습니다. 그러나 저는 "좋은 말 한 번은 안 해도 되지만, 좋은 치아는 꼭 필요합니다"라고 말했습니다.

② 오래 전 영민榮民종합병원에서 심장 수술을 받기 전 의사가 제게 물었습니다.

"죽음이 두렵지 않으십니까?"

저는 "죽음은 두렵지 않은데, 고통이 무섭습니다"라고 대답했습니다.

수술 뒤 정석암鄭石岩 교수는 제게 "스님, 수술할 때 누가 떠올랐습니까?"라고 물었고, 저는 "대중이 보였습니다"라고 답했습니다.

③ 1989년 저는 '국제불교촉진회國際佛敎促進會 대륙홍법탐친단大陸弘法探親團'을 이끌고 중국 본토에 홍법 및 가족방문을 간 적이 있습니다. 중국 『짝사랑(苦戀)』의 저자 바이화(白樺) 선생의 "현재 중국의 가장 큰 발전은 뭐라고 보십니까?"라는 질문에 대해 저는 "개혁이지요"라는 답을 하였습니다.

④ 한동안 타이완 사회가 혼란과 분열양상을 보이고 있을 때, TV '뉴스광장'이라는 프로그램에 출연해 인터뷰에 응해달라는 요청을 해왔습니다. 진행자 이도李濤 선생의 "어떻게 하면 사회의 혼란을 개선할 수 있을까?"라는 질문에 저는 "사람마다 마음에 부처를 가지면 됩니다"라고 답했습니다.

⑤ 2000년에 호주 남천강당 낙성식이 있어, 저는 개안불사를 위해 참석했습니다. 낙성식 날 참석했던 호주의 국회의원 로스 카메론 (Ross Cameron)이 제게 "세상의 수많은 종교지도자들 중에 어느 분이 최고입니까?"라고 질문하였으며, 저는 이때 "당신이 좋아하는 분이 바로 최고입니다"라는 답을 했습니다.

⑥ 2002년 새해, 저는 타이완 불교계와 함께 중국에서 부처님의 사리를 타이완으로 모셔와 중국과 타이완의 종교적 확대 및 교류에 일조를 했습니다. 당시 홍콩 봉황위성방송의 왕상지王尚志 기자가 제게 "앞으로 분명히 중요한 역할을 담당하실 텐데, 스님은 앞으로 사람들이 자신을 어떻게 바라봐줬으면 하십니까?"라는 질문을 하였으며, 저는 "지극히 평범한 스님으로 봐주시는 것이 좋지요. 저는 그저 출가자의 한 사람일 뿐입니다"라는 답을 하였습니다.

⑦ 평소 불광산을 참배하러 오는 관광객들 중에는 대불성大佛城을 본 뒤에 항상 경시하는 투로 "불광산은 시멘트 문화구만. 불상도 모두 시멘트로 만들었고 말이야"라고 말합니다. 그러나 저는 "제 눈에는 부처님만 보이지, 시멘트는 보이지 않습니다"라고 말합니다.

⑧ 1950년대 타이완 계엄 시기에는 시민들이 자유로운 집회를 열 수가 없었습니다. 제가 시골로 홍법포교를 위해 나갈 때에도 경찰들이 항상 단속을 나오곤 하였습니다. 한번은 제가 법문을 하고 있는데 경찰이 제게 "당장 해산시키시오!"라고 소란을 피우며 호령하였지만, 저는 "제 법문이 끝나면 저들이 알아서 해산할 겁니다"라고 답했습니다.

⑨ 호주 추효응鄒曉鷹 선생이 제게 "스님의 불법은 자본주의인가요, 공산주의인가요?"라고 물은 적이 있습니다. 저는 그때, "바로 불교주의입니다"라고 답했습니다.

⑩ 2002년 뉴스보도국에서 '매체환보일媒體環保日'이라는 행사를 개최했습니다. '연합신문'의 양옥방梁玉芳 기자가 인터뷰하며 제게 "현대의 매체를 어떻게 생각하십니까?" 물었고 저는 그녀에게 "때로는 보지 않고 듣지 않지만, 굉장히 유쾌합니다"라고 답했습니다.

이 밖에도 사람들은 제게 이런 것들을 곧잘 묻습니다.
"외계인이 있습니까?"
"아미타불 등이 모두 외계인이지요."

"스님은 어째서 늙지를 않습니까?"
"늙을 시간이 없습니다."

"세상의 사랑, 자유, 생명, 재산 중에 어느 것이 제일 중요합니까?"
"불법과 인연이 제일 중요합니다."

"사대보살은 어디에 계십니까?"
"관세음보살은 자비 안에 계시고, 지장보살은 원력 안에 계시며, 문수보살은 지혜 안에 계시고, 보현보살은 실천 안에 계십니다."

사실 선은 우리의 생활을 개선하는 것이지, 우리들이 다 같이 모여 담론하고 연구하는 것이 아닙니다. 선이 있으면 삼천대천세계가 부유하고, 선이 있으면 생활을 헤쳐 나갈 수 있습니다. 선은 밥을 먹는다고 여길 수 있고, 또 옷을 입는다고 여길 수도 있습니다. 예를 들어

대매 법상 선사는 "한 연못 연잎으로 옷을 지어도 다함이 없고, 몇 그루 송화만 먹어도 남음이 있네(一池荷葉衣無盡, 數樹松花食有餘)"라고 말했습니다. 선자禪者는 신심이 대천세계에 머물고, 다 헤진 옷과 나물반찬을 먹어도 배부르며 따뜻할 수 있습니다. 선사들은 대자연과 하나가 되어 호탕하고 거리낌이 없이 자유로우니 선은 곧 하나의 '자연'입니다.

참선의 주목적은 선을 생활에서 활용하는 것입니다. 생활에서 선을 활용할 수 있다면 그것은 곧 우리의 영민함이자 우리의 지혜입니다. 우리의 생활 속에서 선과 지혜가 있다면 인생의 맛은 또 달라질 것입니다.

선문에서 수증(修證: 닦아 증득함)은 각 개인의 일입니다. 닦아서 하나를 얻으면 그 하나는 진정한 체험이 됩니다. 만약 이론상 말만 장황하게 늘어놓고 실천하지 않는다거나 또는 무턱대고 다른 사람이 하는 대로 따라하는 것은 효과가 없을 겁니다. 오로지 실천을 통해서만이 불교의 진실된 의미를 잃지 않을 것이고, 선의 경치를 움켜쥘 수 있을 것입니다. 예를 들어 목마른 말을 끌고 우물로 가서 물을 마시게 했지만, 말이 죽어도 입을 벌리지 않는다면 결국 갈증으로 죽는 수밖에는 없습니다. 마찬가지로 삼장십이부의 경전은 우리를 진리에게로 인도해 주는 나침반일 뿐이고, 우리는 '여시지如是知'한 뒤에 '여시행如是行'해야 감로의 법수를 마실 수 있습니다. 그래서 "물의 차고 따뜻함은 마셔본 사람만이 알 수 있다"고 했습니다. 무엇이 불법이고, 무엇이 선인지 이해하려면 오로지 자신이 직접 참구하고 체득해야 하며 실제로 수행을 해봐야 합니다. 다른 사람은 절대 사실적으로 설명해줄 수 없습니다.

3. 정의 묘용妙用: 경계를 따라 바뀌지 않고 자아를 끌어올린다

세간에서 생활하는 인간은 가족과 사회집단을 떠나지 못하고, 금전과 재물 등 물질생활도 멀리할 수 없습니다. 이른바 재물·색정·명예·음식·수면·빛·소리·냄새·맛·감촉·법法 등의 '오욕육진五欲六塵'입니다. 세간에서 생활하는 범부에게 가장 중압감을 주고 처리하기 힘든 것은 바로 '진로망상塵勞妄想'입니다. 마음 밖에서 '오욕육진'이 유혹하고 물들이려 하며, 마음 안에서 탐·진·치 삼독이 어지럽힙니다. 불교신자가 수행과 참선을 해야 하는 이유는 바로 마음에 '심리건설'과 '정신무장'을 하고, 심리적 역량을 증장시키기 위해서입니다. 마음에 힘이 있다는 것은 전쟁을 할 때 '성벽'과 '갑옷'이 갖춰지면 전투를 승리로 이끌 수 있는 것과 같은 이치입니다.

오욕육진과 탐·진·치 등의 '진로망상'을 우리는 어떻게 치유해야 할까요? 『금강경』에서는 '색성향미촉법色聲香味觸法에 마음을 내지 말라'고 합니다. 마음을 '육진'에 안주하지 말고, '형상'에 집착하지 말라 합니다. 왜냐하면 '아상', '인상' '중생상', '수자상壽者相' 모두 실존하지 않는 헛것일 따름이고, 색성향미촉법 등 '육진'은 모두 오염된 것일 뿐입니다. 사람이 '외경'에 '탐욕'이 생기고, '집착'이 생기고, '근심'이 생긴다면, 또 '심념心念'에 '인아'와 '탐욕 집착'이 있으면 '사견邪見'이 생겨나게 되고, 일체의 '진로망상'이 이로 인해 절로 생겨나게 됩니다. 그러므로 『금강경』에서는 또 '어디에도 집착함이 없이 마음을 내라(無住生心)' 했습니다. 마음이 능히 '무주無住'해야 '오욕육진'을 막아낼 수 있고, 마음이 자유로울 수 있습니다.

'무주'의 마음이 곧 선심禪心이자, 선의 지혜입니다. 선이 곧 자각이자 생활이며, 자연이자 공무空無입니다. 도수道樹 선사가 제자들과 같이 사찰을 하나 중건했는데 마침 그 옆에 도사들의 묘관廟觀과 이웃하게 되었습니다. 자신들의 묘관 옆에 사찰이 들어선다는 것을 용납할 수 없었던 묘관의 도사들은 때로는 비바람을 불게도 하고, 또 가끔은 콩으로 병정을 만들어 보내는 등 매일 신통한 법술을 부려 사찰에서 수행하는 사람의 마음을 산란하고 무섭게 만들었습니다. 사찰에서 수행하던 젊은 초학자 사미들이 모두 놀라 도망갔지만, 도수 선사만은 10여 년을 떠나지 않고 절을 지켰습니다. 결국 도사들은 법술을 소진하고 화가 나서 묘관을 다른 곳으로 옮겼습니다.

누군가 선사에게 물었습니다.

"선사님! 도사들의 신통력이 대단하고 법력이 무변한데 어떻게 그들을 이기셨습니까?"

"내가 그들을 이길만한 게 뭐가 있겠습니까? 굳이 말한다면 '무無'라는 한 글자 덕분에 그들을 이길 수 있었다고 해야겠지요."

"'무'라는 글자로 어떻게 그들을 이길 수 있습니까?"

"도사들은 법술이 있고, 신통력이 있습니다. 그러나 '있다'라는 '유有'는 유한有限, 유량有量, 유진有盡, 유변有邊합니다. 그러나 저는 법술은 없어도 '무심無心' 하나는 있습니다. '없다'라는 '무無'는 무한無限, 무량無量, 무변無邊, 무진無盡합니다. '변하지 않는 것이 능히 만 가지 변화를 감당한다(不變應萬變)'는 말처럼 무와 유는 그런 관계입니다. 그러니 저의 '무변'이 당연히 '유변'을 이긴 겁니다."

180

"색이 사람을 미혹시키는 것이 아니라, 사람이 스스로 미혹되는 것이다" 했습니다. '진로망상'에 대처하는 가장 좋은 방법은 '무심', '부동심不動心'입니다. '무'심이 곧 '선'심이며, '선'과 '정'이 있으면 해결되지 못할 일이 없습니다. 그러므로 '무심'하고, 또 '선'을 수지하기만 하면 부귀영화는 선행과 보시로 보살도를 닦는 기회가 될 수 있고, 간난신고는 우리의 신심을 잘 연마하고 의지를 다질 수 있는 기회가 됩니다. 왜냐하면 세간의 많은 '괴로움'과 많은 '어려움'은 우리들에게 '세상인심'을 담담하게 보고, '번뇌·거짓'을 담담하게 바라보게 하기 때문입니다. 세간의 일체에 대해 탐욕스럽게 얻고자 하거나 집착하지 않고, '칭찬(稱)·욕함(譏)·손해(毁)·명예(譽)·이익(利)·쇠잔(衰)·괴로움(苦)·즐거움(樂)' 등 8가지 경계인 '팔풍八風'을 대해도 마음이 흔들리지 않는 것은 '선'이 있어 '역량'이 생기기 때문입니다.

사람은 몸에 역량이 있어야 생활 속 무거운 짐을 짊어질 수 있고, 마음에 역량이 있어야 세간의 각종 번뇌와 고난, 우환, 횡역橫逆 등을 방어할 수 있습니다. 그렇다면 신심의 힘은 어떻게 생기는 것일까요? 불경에서는 네 가지 '역량力量'이 반드시 갖춰져야 한다고 말합니다. 먼저 '승해勝解'의 역량이 있어야 합니다. 승해란 문제를 '이해'하는 것이며, 문제에 대해 '철저하게', 또 '수승'하게 이해한다는 것입니다. "알기는 어려워도 행하기는 쉽다"고 했습니다. 문제를 진정으로 '이해'한 뒤에 '실행'하는 것은 어렵지 않습니다. 그러므로 '승해'는 곧 역량입니다.

그 다음은 '환희歡喜'의 역량이 있어야 합니다. 환희는 일종의 '낙관적' 성격입니다. 공부를 해도 '매우 즐겁게' 공부해야 하고, 일을 해도 '아주 즐겁게' 일해야 하며, 봉사를 해도 '무척 즐겁게' 봉사해야 하고, 보시도 '굉장히 즐겁게' 보시해야 합니다. 왜냐하면 '즐거워야' 역량이 있기 때문입니다. 매사에 원하지 않고 내켜 하지 않으면 '역량'이 있을 수 없습니다.

또 다음은 '휴식'의 역량입니다. "휴식은 더 멀리 가기 위해서이다"라는 옛말이 있습니다. 짐을 너무 오래 지고 있으면 잠깐 '휴식'을 취해야 체력을 회복할 수 있습니다. 시합에서도 후반전을 치르기 위해서는 잠시 '휴식' 시간을 가져야 '힘'이 생겨 막판 스퍼트(spurt)를 낼 수 있습니다.

마지막으로 '정관靜觀'의 역량입니다. 정관은 바로 선정의 힘입니다. 선정이 있으면 우리의 마음이 '경계'에 쉽게 흔들리지 않습니다. 우리의 마음이 '경계에 따라 바뀌지 않는다'면 '경계를 바꿀 수 있습니다.' 마음이 경계를 바꿀 수 있는 것이 곧 역량입니다.

선은 신묘한 것입니다. 일단 그 효용이 발휘되면 생동감 있고 자연스러우며, 생활 속에서는 사물을 명확히 이해하고 더 이상 물질에 연연하지 않습니다. 인간세상 곳곳에 충만한 생명력은 현대인의 무질서한 생활을 바로잡을 수 있습니다. 그래서 선은 미망을 깨달음으로 바꿔주고, 삿됨을 올바름으로 바꿔주며, 작은 것을 큰 것으로 바꿔주고, 괴로움을 즐거움으로 바꿔줍니다.

현대인은 생활에서 일반적으로 자극적인 것을 즐기고 있습니다. 사실 선은 눈을 감고 선심을 관찰하여 들여다보는 것이며, 이것이야

말로 즐거움의 원천입니다. 부처님의 사촌동생 바드리카(跋提) 왕자
는 출가 후 두 도반과 함께 숲에서 참선을 하고 있었습니다. 하루는
자신도 모르게 세 사람이 동시에 "즐겁다, 즐거워" 하고 외쳤습니다.

부처님이 그 소리를 듣고 "잠시 전에 즐겁다고 외쳤는데, 무엇이
그대들을 그렇게 즐겁게 했는가?"라고 물으셨습니다.

바드리카 스님이 "부처님이시여. 제가 고대광실의 왕궁에서 살면
서 매일 산해진미를 먹고 비단옷을 걸치고 수많은 호위병에 둘러싸
여 지냈지만, 누군가 저를 죽이지 않을까 늘 불안한 생활이었습니다.
출가한 지금 참선을 하면서 비록 보잘 것 없는 음식을 먹어도 감미롭
고 배부르며, 머무는 곳이 숲 속이라도 편안하고 안전하며 자유롭게
느껴지니, 너무 기뻐 소리를 지르지 않을 수 없었습니다"라고 대답했
습니다.

바드리카 스님이 체험한 것은 선정 가운데의 즐거움이었습니다.
선정 가운데 누릴 수 있는 것은 오욕육진이 가져다주는 감각적인 즐
거움이 아닙니다. 입정한 뒤 얻은 선열법희禪悅法喜는 시공의 흐름에
따라 변화하지 않습니다. 그래서 선정의 즐거움은 현실의 삶과 같지
않습니다. 누군가는 사랑을 최고의 즐거움이라 여기지만, 애정은 꽃
송이처럼 아름답고 향기를 멀리 풍기기는 해도 오래 지속되지는 않
습니다. 애정은 감이나 파인애플처럼 달콤하기는 합니다만, 그 달콤
함 안에도 신맛도 있고 쓴맛도 있고 떫은맛도 있습니다. 애정은 남북
의 끝과 끝처럼 때로는 정욕이 불처럼 활활 타올라 머리가 어지러울
지경이지만, 또 어느 순간에는 사랑과 증오가 교차하며 얼음처럼 차
가워 인생이 별 의미가 없다고 느껴지게 할 수도 있습니다.

하지만 세간에는 꼭 사랑이 있어야 하는 것은 아닙니다. 돈도 사람을 즐겁게 할 수 있다고 말하는 사람도 있습니다. 그러나 돈이 만능은 아닙니다. 돈으로 모든 산해진미를 살 수는 있지만, 건강이라는 음식을 살 수는 없습니다. 돈으로 고급화장품과 유행하는 예쁜 옷을 살 수는 있어도, 우아한 품위를 살 수는 없습니다. 돈으로 고급스런 침대를 살 수는 있지만, 편안한 마음의 수면을 살 수는 없습니다. 돈으로 수많은 서적을 구입할 수는 있지만, 지혜를 살 수는 없습니다. 돈으로 권세를 쌓을 수는 있지만, 모든 사람의 존경을 얻을 수는 없습니다. 특히 세간의 재물과 부는 '오가五家'가 공유하는 것입니다. '부귀는 9월에 내린 서리와 같고, 영화는 한밤의 꿈에 지나지 않다' 했습니다. 그래서 애정, 돈, 심지어 명성과 지위, 권세 모두 오래갈 수 없으며 즐거움의 원천은 더더욱 아닙니다. 진정한 즐거움은 생활 속에서 선 고유의 멋을 갖는 것입니다.

선은 일종의 예술적 생활이며, 더욱이 원만한 하나의 생명입니다. 선은 모든 사람이 자연스럽게 갖고 태어나는 본래의 모습입니다. 선은 평등하고, 보편적이며, 예로부터 지금까지 변하지 않는 집안의 보물입니다. 선은 우리들에게 깨달음을 얻게 해주는 것이지, 사람마다 성불할 수 있게 해주는 것은 아닙니다.

깨달음을 얻는 것은 '명심견성明心見性'하는 것이며, '자신을 안다'는 것입니다. 보통 사람은 일상생활에서 인아人我로 인해 시비가 일어나고, 좋고 나쁨, 즐겁고 괴로움, 영광과 모욕 등에 의해 마음이 움직입니다. 심지어 다른 사람의 말 한 마디, 눈빛, 동작 하나에도 생각을 일으키고 마음이 움직입니다. 이것은 모두 자신을 알 수 없게 만듭니다. 자신을 알 수 없기 때문에 자유롭지 못하고, 자재롭지 못하며, 자주적인 생활을 할 수가 없습니다.

불도를 배우고 수행하는 사람은 평소 법문을 들었으니 불법의 도리에 대해 약간의 인식이 있고 소소한 깨달음을 얻었다고 생각할 것입니다. 그러나 일단 경계가 오면 바로 미혹에 빠져버립니다. 이른바 "말할 때는 깨달은 것 같지만, 경계를 대하면 미혹이 생겨난다"는 것입니다. 그래서 불교는 '해행병중解行並重'을 주장합니다. 비록 말할 때 깨달은 듯하는 것도 중요하지만, 특히 경계가 왔을 때 더욱 마음이 움직이지 않을 수 있어야 합니다.

참선하여 이치를 깨달으려면 마음을 움직이지 않는 것을 배워야 합니다. 이건 매우 중요한 것입니다. 저명한 철학자 방동미方東美 박사는 평생 수영을 즐겼습니다. 한번은 수영을 하다가 갑자기 몸이 아래로 가라앉자, 본능적으로 살아야겠다는 생각에 죽을힘을 다해 버둥거렸습니다. 하지만 바둥거릴수록 더 깊이 가라앉았고 곧 익사할 위기에 처했습니다. 이때 그는 '철학자인 내가 생사에 담담해야지, 죽음이 두려워 살겠다고 바둥거리는 이 못난 모습을 보여서야 되겠는가. 철학자로서 죽음도 대범하게 맞아야지' 하며 냉철하게 생각하기 시작했습니다. 그랬더니 마음이 많이 가벼워지고, 팔다리도 자연스럽게 힘이 빠지면서 결국 수면 위로 둥둥 떠올라 살 수 있었습니다.

부동심不動心은 일종의 힘이며, 더없이 훌륭한 수행의 경계입니다. 백운白雲 수단守端 스님이 양기 방회 선사에게서 참선을 배울 때의 일입니다. 오랫동안 깨달음을 얻지 못한 수단 스님이 늘 마음에 걸린 방회 선사가 물었습니다.

"전에 어느 분을 스승으로 모셨는가?"

"다릉(茶陵: 현재 호남성 형산)의 인욱仁郁 화상이십니다."

"내가 듣기로 그분은 실족하면서 크게 깨달아 게송을 한 수 지었는데 그대는 알고 있는가?"

수단 스님은 "네, 압니다. 게송은 '내게 명주 한 알이 있는데, 오랫동안 번뇌에 갇혀 있다. 오늘 아침 번뇌가 걷혀 빛을 뿜으니, 산과 강을 가득 비추네.' 이렇습니다"라고 즉석에서 대답했습니다.

그 말을 듣자마자 양기 선사는 괴이한 소리를 내고, 크게 웃으며 나가버렸습니다. 양기 선사가 웃는 이유를 모르는 수단 스님은 밥도 먹는 둥 마는 둥 하며 밤새 잠을 이루지 못했습니다. 다음날 날이 밝자마자 방회 선사를 찾아간 그는 다릉 인욱 화상의 게송을 듣자마자 웃은 연유를 물으며 가르침을 달라고 했습니다.

양기 선사는 대답 대신 도리어 질문을 했습니다.

"어제 오후에 사찰 앞에 곡마단이 왔던데, 그곳에서 원숭이 재주부리는 어릿광대를 보았는가?"

"예, 보았습니다."

"자네는 어떤 면에서 그 어릿광대보다도 못하군."

수단 스님이 깜짝 놀라 그 이유를 물었습니다.

양지 선사는 빙그레 웃으며 말했습니다.

"어릿광대의 모든 동작은 사람들이 한 번 웃어주기를 바래서인데, 자네는 누가 웃는 것을 도리어 두려워하질 않는가."

사람이 자신에 대한 인식이 부족하고 마음이 자주적이지 못하면 늘 외경에 영향을 받을 수 있습니다. 타인이 칭찬 한마디 하면 자신은 득의양양해지고, 타인이 비방 한마디 하면 자신은 성내고 원망하게 됩니다. 그래서 자신의 기쁨, 즐거움, 근심, 괴로움을 전부 타인이 좌우한다면 자신을 완전히 잃어버린 것이라 말할 수 있습니다.

그러므로 이 세간에는 나도 있고 너도 있으며, 상대가 있기에 불공不空합니다. 범부가 있고 부처도 있으니, 결국 차별이 존재하고 평등할 수 없습니다. 대립 가운데서 평등을, 차별 가운데서 통일을 이루는 것이 선의 반야입니다.

반야는 선심禪心이며, 대천세계를 비춰주는, 즉 선의 묘용妙用입니다. 생활 속에 선이 있는 사람은 커다란 묘용을 불러일으킬 수 있고, 어지러운 시대에 살면서 근심과 우환으로 가득한 인생을 마주한다 해도 번뇌를 줄이고 흔들림 없이 편안하게 해줍니다. 선정의 지혜가 있기 때문에 옳고 그름, 좋고 나쁨, 이해와 득실, 있고 없음, 많고 적음, 삶과 죽음, 영예와 욕됨 등과 또 간난, 곤혹, 횡역, 좌절 등의 경계를 마주해도 마음을 일으키지 않을 수 있습니다. 우리의 마음이 경계에 의해 변하지 않을 수 있다면 『능엄경楞嚴經』에서 설한 "만약 물질을 지배할 수 있다면 여래와 같다(若能轉物, 則同如來)"는 말씀과 같게 됩니다. 그래서 선정의 힘이 있다면 경계에 따라 쉽게 변하지 않고 모든 것이 물 흘러가듯 순리대로 저절로 나아갈 테니 세상도 달라질 것입니다.

제 삶에서 한 갑자 이상의 출가생활을 돌아보면, 12세에 막 출가했을 때만 해도 제가 받은 교육은 '듣지도 묻지도 말라'는 닫힌 교육이었고, '무리無理로 유리有理를 대하고, 무정無情으로 유정有情을 대한다'는 때리고 욕하는 교육이었습니다. 그러나 이 모든 것을 저는 '당연하다고 생각해'라는 마음으로 기쁘게 받아들였으며, 의심이나 원망도 없었고 불평하지도 않았습니다. 20세에 정식으로 홍법의 길로 들어선 뒤로는 수 년 동안 끊임없이 배척, 압력, 오해, 비방, 상해 등을 겪었습니다. 물론 화도 나고 불만도 느꼈고, 영화와 모욕, 명예와 비방에 대해 약간의 방해도 있었지만, 60여 년간의 불법으로 단련하고 길러오면서 제 자신이 지금은 이해득실의 유무에 치중하지 않고 있습니다. 마음에는 이미 원망과 불평, 감사와 증오, 탐욕과 성냄 등은 물론 없고, 영화와 모욕, 명예와 비방 등도 신경 쓰지 않으며, 더욱이 생사를 걱정하지는 않습니다. 다만 세간의 옳고 그름, 좋고 나쁨, 생각 등에 대해 마치 어린 시절로 돌아간 듯 모든 것이 여전히 '당연하다고 생각해'라고 느낍니다.

저는 늘 '세상은 무상하다'고 생각합니다. 세상더러 변하지 말라고 하는 것은 불가능합니다. 다만 자신의 마음이 외경에 따라 변하지 않으면 족할 뿐입니다. 세간에는 인아와 옳고 그름, 좋고 나쁨 등등 소란이 끊이지 않는데, 당신이 세상을 바꾸는 것도 무척 어려운 일입니다. 자신을 바꾸는 것이 가장 좋은 방법입니다. 그래서 저는 평소 신도들에게 '강아지가 멍멍 짖는다'는 이야기를 즐겨하곤 합니다.

결혼한 지 얼마 안 된 새신랑이 만나는 사람마다 "결혼하니 정말 좋아요!"라고 말하고 다녔습니다. 매일 퇴근해서 집에 오면 문을 열고 들어서자마자 아내가 슬리퍼를 챙겨주고 강아지가 다정하게 꼬리를 흔들면서 "멍멍!" 짖어대니 말입니다.

3년 뒤 상황이 바뀌었습니다. 매일 집에 들어가면 아내가 실내화를 갖다 주는 것이 아니라 강아지가 실내화를 물어다주고, 강아지가 빙빙 돌면서 "멍멍!" 짖는 것이 아니라 아내가 그에게 잔소리를 쉴 새 없이 하는 것이었습니다. 그는 너무 답답하고 어떻게 할 수 없어서 스님께 가르침을 받고자 사찰을 찾아왔던 것입니다.

스님은 그의 하소연을 다 듣고 난 뒤, "잘 됐네요. 당신은 계속 행복해하는 것이 맞아요. 당신에게는 여전히 실내화 챙겨주고, 소리 내말하는 사람도 있지 않습니까. 당신 생활은 변한 게 없군요. 더구나환경이 어떻게 변하든 당신의 마음만 변하지 않으면 된 겁니다"라고위로했습니다.

마음이 경계에 의해 바뀌지 않은 것이 선정의 능력입니다. 평소 우리가 참선을 하면서 입정에 들지는 않고 깨달음을 얻지는 못해도 두다리를 가부좌하고 두 눈을 감으면 좌선의 즐거움이 마음에서 분출되어 나옵니다. 마치 "앉으니 곧 천당이요, 편안히 머무니 곧 도량이라"는 말처럼 말입니다. 조금 더 발전해서 참선을 통한 약간의 체험으로 가슴이 환하게 뚫렸다면 때로는 좀 손해를 보고, 억울함을 당해도 괜찮다 여길 것입니다.

부루나 존자가 포악하고 야만적인 수로나국의 사람들을 교화하러가겠다고 할 때 부처님은 비록 홍법에 대한 그의 열정을 칭찬하였지만, 한편으로 완곡한 당부의 말씀을 건넸습니다.

"부루나여! 그곳은 아직 문화가 미개하고 풍속은 포악하며, 백성들은 야만스럽고 거칠다. 홍법포교가 결코 쉽지 않은 곳이니 가지 않는 것이 좋겠구나."

부루나는 자신감에 차 대답했습니다.

"부루나국의 인성이 흉악하고 백성의 지식이 얇기 때문에 제자가 더욱 불법을 그들에게 전하러 가야 합니다."

"말은 그렇지만, 그곳 주민들이 너의 불법을 받아들이지 않을뿐더러 차마 듣기 괴로운 욕도 할 것이다."

"부처님! 저는 그들이 욕해도 고통스럽지 않겠지만 그들이 때리지만 않았으면 좋겠습니다."

"만약 그들이 몽둥이나 돌로 때리면 어떡하겠느냐?"

"그래도 괜찮습니다. 저를 때려죽이지만 않는다면 숨이 조금이라도 붙어 있는 한 부처님의 성스러운 가르침을 계속 선양할 수 있습니다."

"만약 흉악무도한 그들이 너를 때려죽이면 어떡하겠느냐?"

의지가 굳건한 부루나는 부처님께 공손하게 대답했습니다.

"부처님! 그들이 나를 때려죽인다고 해도 여한은 없습니다. 부처님 제자의 몸으로 생명을 부처님께 공양하고, 진리를 위해 희생할 수 있는 기회가 저에게 주어져 가르침을 전하겠다는 원력을 이룰 수 있어 저는 진심으로 수로나 사람들에게 감사하고 있습니다."

이것이 곧 나한의 수행이자, 일종의 정경定境인 것입니다. 이것은 또한 깨달음을 이룬 선자의 생활은 반드시 대자대비하고, 중생의 고통을 책임지는 구세救世의 생활을 해야 한다는 것을 설명한 겁니다. 그러므로 참선수도는 자신만 선열 법락을 누리기 위한 것이 아니라,

중생을 마음에 품고 부단히 자아를 발전시키는 것입니다.

조주 선사가 남전南泉 선사에게 물었습니다.
"당신은 장차 어디로 갈 겁니까?"
그러자 남전 선사는 "원외랑 집의 황소로 태어날 겁니다"라고 대답했습니다.

소위 "불가의 용상龍象 같은 스님 되고자 하면, 먼저 중생의 소나 말이 되어라"고 했습니다. 선자는 자신만을 위해서 수행하면 안 되고, 반드시 보살처럼 대자대비와 커다란 열정으로 중생을 대해야 하며, 이기적인 자료한(自了漢: 다른 사람을 인도하려는 원願이 없는 사람)이 되어서는 안 됩니다. 수행을 지님에도 자아를 관조하여 자신에게서 잘못을 찾고, 자아를 새롭게 해 끊임없이 정화하며, 자아를 실천하여 외부에서 구하려 들지 말고, 자아의 상을 멀리하여 안과 밖을 가르지 말아야 합니다.

선 수행은 '정신을 한곳에 집중하고 마음을 모으는 것'에 달려 있지 않습니다. 더욱이 '한겨울 따뜻한 기운도 없는데, 마른나무 찬 바위에 기대어 있네(三冬無煖氣, 枯木依寒庵)'라 할 수도 없습니다. 선은 우리에게 생사에 머물지 말고 열반에도 머물지 말라 합니다. 생사에 머물지 않음은 반야의 지혜로 윤회를 초월하는 것이고, 열반에 머물지 않음은 자비의 마음으로 대중에게 봉사하라는 것입니다. 선을 닦는다며 청정한 계율을 수지하고 자비심 닦는 것을 등한시해서는 안 됩니다. 청정한 계율을 수지하고 신심이 청정할 수 있다면 습정習定

은 비교적 쉽게 성취될 것입니다. 자비심을 구족하고 항상 마음에 연민을 품으면 고목枯木의 선경에 떨어지지 않을 것입니다.

선을 수지하는 데 있어 '연민'에 치우치면 자비를 남용하여 도리어 인연에 장애가 되고, '지혜'에 치우치면 공空에 빠지거나 적寂에 걸려 냉혹하고 무정함에 빠지게 됩니다. 반드시 '지혜와 자비를 함께 운용(悲智雙運)'해야 '중도中道'적으로 닦아 나간다 하겠습니다.

일반인이 생각하듯 출가자가 세속을 여의고 적막한 생활을 한다는 것은 소극적으로 현실을 도피하는 비관적인 행위입니다. 출가자는 시끄러운 속세의 거짓되고 허망함을 깨고 부침하는 세상의 이익다툼을 내려놓아 적극적으로 진실된 생명을 추구하고 초월하는 것입니다. '깨부수고 내려놓다'는 것은 뒷걸음질 쳐 도피하는 것이 아니라 용감하게 앞으로 나아가고 적극적으로 진리의 여정에 뛰어드는 쾌거입니다. 깨부수고 꿰뚫어보아야 진정으로 젊어질 수 있고 진실되게 해낼 수 있습니다. 먼저 출세간의 깨달음이 마음에 있어야 입세간의 자비사업을 할 수 있습니다.

선자는 선정의 즐거움에 몰입해서는 안 되고, 중생을 구하겠다는 마음을 일으켜야 하며, 그들에게도 똑같이 법락의 보리심을 향유하도록 해야 합니다. 『금강경』에서 말한 '알에서 태어난 것, 어미 뱃속에서 태어난 것, 습한 데서 생긴 것, 스스로 생긴 것, 형상이 있는 것, 형상이 없는 것, 생각이 있는 것, 생각이 없는 것, 생각이 있는 것도 아니고 생각이 없는 것도 아닌 것 모두 나는 무여열반에 들게 하여 그들을 제도하겠다……'는 이것이 인간불교의 선자禪者입니다.

인간불교의 선자는 참선이나 수도에서 '사섭법'을 떠난 중생제도를 하지 않습니다. 즉 보시를 통해 중생의 신심에 근심이 없게 하고, 애어愛語를 통해 중생이 커다란 믿음을 내도록 하며, 동사同事를 통해 중생이 불법의 법의法義를 믿고 받아들이고, 이행利行을 통해 중생이 부처의 지혜로 들어가게 하는 것입니다.

인간불교의 선자에게 있어 선은 절대적 초월의 경지이자, 절대적인 자존自尊인 것입니다. '부처 불佛이란 한 글자를 듣기 좋아하지 않는다(佛之一字, 永不喜聞)', '마귀가 오면 마귀를 베고 부처가 오면 부처를 베라'라는 말처럼 한 점 인정조차 남기지 않습니다. 진정한 선자는 스스로를 긍정하고 건곤乾坤을 주저앉히며, 크게 한번 죽고(大死一番), 권교방편權巧方便의 기백과 수행을 지녀야 합니다.

인간불교에서는, 선이란 끊임없이 자신을 정화하는 마음이자 그 자리에서 자신을 긍정하고 자신을 완성하는 것이라 생각합니다. 진정한 선자는 권세, 명예와 지위, 감정, 생사에 휘둘리지 않아야 합니다. '사람이 경계를 바꿀 수 있어야지, 경계에 따라 바뀌어서는 안 된다(人能轉境, 不隨境轉)'고 했습니다. 그러므로 참선을 할 때는 생활 속 경험, 체험, 지혜를 많이 쌓아야 합니다. '백화만발한 숲을 걸어도 꽃잎 하나 몸에 묻지 않는다(百花叢裡過, 片葉不沾身)'면 '곳곳에 발자취는 없어도 소리와 빛은 위의 밖에 있다(處處無蹤跡, 聲色外威儀)'가 됩니다. 무릇 모든 일은 '짊어질 수 있고, 내려놓을 수 있어야' 하며, 세상인심에 대해서는 '올 것은 오게 하고, 갈 것은 가게 해야' 합니다. 모든 것을 '상관하지 말고, 흘러가게 내버려 두어야 합니다.' 마치 '대나무 그림자 섬돌을 쓸어도 티끌 하나 일지 않고, 기러기 물 위를 날아도 흔적이 없네(竹影掃階塵不動, 雁過寒潭水無痕)'처럼 말입니다.

이처럼 '경계에 따라 바뀌지 않는 것' 외에도 계속해서 인내의 힘을 끌어올려야 합니다. 마치 '노졸가老拙歌'에서 말하듯 '누군가 노생(늙고 못생긴 이)에게 욕을 하니 그는 좋다고만 말한다. 누군가 노생을 때리니 그는 반대로 몸을 돌리며 눈물이 흘러 바닥에 떨어진다. 눈물이 알아서 마르면 나도 기력을 아낄 것이고 그도 번뇌가 사라질 것이다'라는 생활이 곧 '반야적인 인생'입니다.

반야지혜가 있으면 자연히 선의 묘용을 체험할 수 있습니다.

선은 우리에게 깨달음을 얻고 이치를 밝혀 줍니다. 무명번뇌를 제거하고 인생이 어쩌면 이렇게 아름다울 수 있을까라고 느끼게 해줍니다. 그래서 선문에서의 깨달음은 호수의 맑은 물처럼 번뇌라는 물보라가 일지 않고 투명하게 안을 들여다볼 수 있습니다.

선은 지혜입니다. 영민함입니다. 활용입니다. 유머입니다. 자비입니다. 선은 우리들의 망상번뇌를 형체가 없이 사라지게 합니다. 듣기 거북한 말, 거북스러운 상황, 불쾌했던 과거 일 등은 선정의 초탈, 유머, 간파, 거리낌 등 가운데서 모두 연기처럼 흩어질 것입니다. 원영圓瑛대사의 "때리지 마시오, 내 알아서 갈 것이오"라는 말은 얼마나 시원스럽고 자유롭습니까! 일휴一休 선사의 "여인을 업고 강을 건너다"라는 이야기는 또 얼마나 마음에 거리낌이 없고 자비롭습니까!

선은 한 폭의 그림 같고, 한 줌의 소금 같으며, 약간의 조미료 같기도 합니다. 선이 있기에 우리 인생은 더욱 아름답고 훌륭합니다.

선은 우리의 마음입니다. 어두운 방 안에 밝은 등불이 생기는 것처럼 마음에 선이 있다면 절로 지혜가 나타날 것입니다. 마음에 선이 있으면 다음을 할 수 있습니다.

①타인을 자재하게 보고, 마음을 자재하게 보며, 사물을 자재하게 보고, 경계를 자재하게 봅니다.

②몸으로 삿된 행동을, 입으로 악한 말을, 마음으로 어지러운 생각을 안 하고 밝은 지혜를 명확히 압니다.

③욕심 없이 분수에 만족하고, 고요함을 즐기며, 화려함을 좋아하지 않고, 소박하며 복을 아낄 줄 합니다.

④일체의 구하는 바가 없고, 뜻을 세워 정진하며, 선정과 지혜를 닦는 데 마음을 모으고, 지조를 굽혀 아첨하지 않습니다.

⑤들기, 내려놓기, 큰소리로 웃어넘기기, 막힘없이 간파하기, 자재로운 해탈 등을 이룹니다.

'선'이란 오랜 세월 변함없는 하늘에 단 하루 스쳐 지나가는 달이나 바람과 같습니다. 선정 안에서의 시간은 '동굴에서 7일을 지냈건만, 세상은 수천 년이 지났네'라는 게송과 같습니다. 태허太虛 스님이 보타산普陀山에서 폐관 수행을 하고 있었는데, 하루는 밤에 좌선을 할 때, 귓가에 나지막하면서도 웅장한 종소리가 들려왔습니다. 사찰에서 모든 중생을 깨우는 종소리였습니다. 그래서 스님은 마음을 한곳에 모으고 모든 인연을 내려놓으며 선정에 들었는데, 다음날 아침 새벽불공을 드릴 종소리가 울릴 때에서야 선정을 마쳤습니다. 그렇지만 스님은 은은하면서도 맑고 깨끗한 종소리를 들으면서 밤에 잠자리에 들라는 종소리라고 생각했습니다.

120세에 원적하신 허운虛雲 노화상은 70여 세 되던 해에 섬서陝西

취미산翠微山에 머물던 어느 날 새벽에 쌀을 씻어 솥에 넣고 밥이 끓을 동안 가부좌를 하고 기다렸습니다. 그런데 한 번 선정에 들고 180일이 지나서야 선정에서 깨어났습니다. 막 선정에서 깨어났을 때는 아직 때를 잘 알지 못해 눈이 수북이 쌓인 솥뚜껑을 열어보았고, 반년 전에 벌써 익은 밥에는 이미 곰팡이가 가득 피어 있었습니다.

참선 안에는 시간의 길고 짧음도, 공간의 멀고 가까움도, 인아의 시비도 없습니다. 찰나의 순간에 영원함이 있고, 한 생각 안에 삼천세계가 있습니다. 그러므로 선자는 선정 수행하고 깨달음을 얻은 후에는 당신이 그가 늙은 것을 걱정하면 그는 늙을 시간이 없다고 말할 것이고, 당신이 여러 곳을 여행하라고 하면 법계가 모두 그의 마음에 들어 있다고 말할 것입니다. 선자는 깨닫자마자 시·공간, 안팎, 자타의 차별대우가 사라지기 때문입니다.

사실은 안과 밖, 그리고 대우가 실제로 모두 일여一如합니다. 선자는 세간의 번뇌를 흐르는 물처럼 생각하고, 인간세상의 어그러진 이치는 열반이라고 봅니다. 선이 있어 그 짧은 순간이라도 한평생 무한히 받아 누리기에 족한 것입니다.

선자는 마음에 우주 삼천세계를 품고 있고, 선자의 생활은 대자연과 아주 밀접하게 결부되어 있습니다. 자연계, 즉 대지와 산하, 화초와 수목, 해와 달과 별, 때마침 불어주는 바람과 단비 모두 우리들의 공동 재산입니다. 그러니 대자연을 가져야 영원한 재산과 부를 가지는 것입니다.

선자의 생활은 소박하며, 외부와의 인연을 만들려 하지 않습니다.

그의 마음에는 이미 꽉 차 있기 때문에 자유롭고 거리낌이 없습니다.

'소용되는 의복은 두 근 반을 넘지 않고, 세숫물은 두 번 씻을 정도로 하며, 식사 때는 합장하여 사구게四句偈를 외우고, 음식을 보며 오관五觀을 생각한다' 하였습니다. 선을 닦는 사람은 흘러가는 구름과 물처럼 도처로 행각, 참방, 교화를 다녀야 하며, 평소 인연을 따르고 소박한 생활을 해야 합니다. "입으로 먹는 것은 선열미禪悅味요, 몸에 걸친 것은 낡고 헤진 승복이라네"라는 말처럼 소박한 밥상에 거친 무명천 옷 한 벌의 생활 속에서 "부귀는 내게 뜬구름과 같다"는 즐겁고 만족스런 모습을 가져야 합니다.

"나물 먹고 풀 옷 입어도 마음은 달처럼 밝아, 한평생 무념으로 다함없이 산다네. 때로 사람들이 어디에 사느냐 물으면 녹수와 청산이 내 집이라 말하리"라는 게송이 있습니다. 선자는 마음이 대천세계에 머물러 있어 나물반찬으로 배를 채우고, 풀잎으로 옷을 해 입어도 마음은 밝은 달처럼 청정하여 티끌이 없습니다. 한평생 잡념을 일으키지 않고, 남을 해치려는 마음도 가진 적 없으며, 항상 푸른 산과 물을 집으로 여깁니다.

'선열이 수타의 미묘한 공양이고, 대천세계가 하나의 선상이다(禪悅酥酡微妙供, 大千世界一禪床)'라고 했습니다. 진정한 선자라면 선을 음식과 거처로 삼을 수 있어야 합니다. 참선을 하다 환희에 도달하면 머무는 바도 없고 또한 머물지 않는 바도 없으며, 항상 선열을 의지하니 대천세계가 모두 선자의 한 법상法床인 것입니다.

선자는 깨달은 뒤에는 물질보다는 정신에 치중하고, 물욕物慾의 속박에서 벗어나긴 했어도 진로오욕에 머물지만 물들지 않는 더할 나위 없는 이상세계를 추구합니다. 나융懶融대사는 돌을 끓여 허기를 면하였지만, 콧물을 닦을 시간조차 없었습니다. 홍일弘一대사의 "짜면 짠맛이 있고, 담백하면 담백한 맛이 있다"라는 말은 세상에 물욕이 없이 만족함을 나타냅니다.

깨달음의 경계에 든 선자는 이미 생명을 속세 밖에 두고, 물질적 풍요나 부족에 속박당하지 않으며, 빈궁함이 꼭 괴로운 것도 아니요, 부유함이 또한 반드시 즐거운 것은 아니라 여기고, 이러해도 좋고 저러해도 좋다고 생각합니다. 또한 "마음이 편하다고 느끼기만 하면 동서남북 어디라도 좋다"라는 자항慈航 스님의 말처럼 물질의 좋고 나쁨, 순경계·역경계에 상관없이 정신은 여전히 즐겁고 가벼우며 편안합니다.

선사들은 인연을 따라 언행에 거리낌이 없고 자유롭습니다. 물질번뇌의 속박에서 벗어나 자신의 처지대로 편안히 지내고 외연外緣 따라 가르침을 베푸는 풍요한 마음세계에 안주하는 풍모를 지녔으니, 인간을 위해 성현의 모범을 세웠습니다. 어마어마한 권세와 부귀영화를 가졌던 청나라 순치황제조차 "천하 총림叢林의 공양은 산만큼 쌓여, 곳곳마다 발우를 들어도 다 내어주네. 황금백옥이 도리어 귀하지 않고, 다만 가사를 어깨에 걸치기가 어렵네"라고 부러워하며 감탄해 마지않았습니다.

선은 인간 모두의 것이지 소수의 선자들에게만 부여된 소유물이 아닙니다. 선은 마치 둥근 달이 뿜어내는 밝은 빛과 같습니다. 천상의 둥근 달은 밝게 비추되 눈을 찌를 정도는 아니고, 온화하되 뽐내지 않습니다. 산하를 두루 비추지만 편중됨이 없고, 둥글고 가득함을 보여주지만 감추는 것이 없습니다.

　선은 우리의 자성입니다. 부처님께서는 "일체의 중생은 모두 불성을 지니고 있다"고 말씀하셨습니다. 우리는 모두 자신만의 보물을 갖고 있습니다. 그것은 곧 우리들의 진여불성입니다. 다만 일반인들이 종종 자신만의 보물을 알아보지 못하고, 매일 '보고 듣고 깨닫고 앎(見聞覺知)'을 따라 뜬구름 같은 공명과 이익을 끊임없이 쫓아다닙니다. 실재하지 않는 허망한 오욕육진에 집착하며 우리의 참된 마음을 제멋대로 오취五趣에서 떠돌게 하고, 육도 안에서 윤회하게 하니 너무나 안타깝습니다. 다행스러운 것은 우리의 참된 마음과 본성이 불생불멸不生不滅하고 부증불멸不增不滅한다는 것입니다. 생사를 윤회한다 할지라도 본래 나의 참된 마음은 죽지도 사라지지도 않습니다. 어느 날 우리에게 선정의 각관지혜(覺觀智慧: 관찰하여 얻는 지혜)가 생기면 우리의 '견문각지'가 '경계'에 따라 변하지 않을 것이고, 자연히 범부에서 성현으로 바뀌고 아래와 같은 경계에까지 도달할 수 있습니다.

　첫째, 범부의 '차별' 세계에서 성현의 '평등' 세계로! 범부가 인식하는 세간은 천차만별이지만, 반대로 성현이 보는 세간은 일체가 모두 평등합니다. "중생과 부처가 평등하고, 나와 타인이 평등하며, 있고 없고가 평등하고, 성현과 범부가 평등하다"라고 했습니다. 선의 '평등심'으로 세간을 볼 수 있다면 진실로 "분별과 집착의 마음 내려놓고 진정한 평등을 실천할 수 있다"가 됩니다. '평등'한 세계는 가장 아름답고 진실된 세계입니다.

　둘째, 범부의 '어지러운' 세계에서 성현의 '고요한' 세계로! 범부의 세계는 물욕번뇌가 있어 소란스럽고 편안하지 않으며 계속 '불안'합니다. 반대로 성현이 추구하는 세계는 선열과 법희가 있고, '고요'하고 떠들썩하지 않은 생활입니다. 만약 우리가 자신의 신심을 '고요함' 안에 안주시킬 수 있다면 진실로 세간을 인식할 수 있을 것입니다.

셋째, 범부의 '생멸' 세계에서 성현의 '열반' 세계로! 범부의 세간은 생겨났다 사라지며 변하지 않는 것이 없습니다. 유정한 세간은 '생로병사生老病死'가 있지만 기세간(器世間: 무정세간)에도 '생주이멸生住異滅'과 '성주괴공成住壞空'이 있습니다. 만약 우리가 성현의 '열반' 세계를 '올바르게 분별'하고, '시공'에 대한 차별, '인아'에 대한 차별, '생사'에 대한 차별을 완전히 끊는다면, 소위 '불생불멸'의 진여세계와 제법의 실상을 인식할 수 있을 것입니다.

넷째, 범부의 '불결한' 세계에서 성현의 '청정'한 세계로! 사바세계는 '오탁악세五濁惡世'로 살인, 도둑질, 음란, 거짓말이 가득 차 있습니다. 우리가 만약 선관禪觀의 지혜가 있으면 몸으로는 '살인, 도둑질, 음행'을 짓지 않고, 입으로는 '거짓말, 험한 말, 이간질, 꾸미는 말'을 하지 않으며, 생각으로는 '탐욕, 성냄, 어리석음'을 하지 않아, 범부의 불결한 세계에서 성현의 청정한 세계에 도달할 수 있습니다. 이것이 진실된 세계입니다.

다섯째, 범부의 '결핍'의 세계에서 성현의 '원만'한 세계로! 범부의 세간은 낮이 반이고 밤이 반입니다. 남자가 반이고 여자가 반입니다. 좋은 사람이 반이고 나쁜 사람이 반입니다. 부처가 반이고 마귀가 반입니다. 범부세계는 부족한 것이 많습니다. 만약 우리가 참선 수행을 통해 자신의 행동을 원만하게, 복과 지혜가 원만하게, 수행을 원만하게 하면 성현의 '상락아정常樂我淨'의 원만세계로 들어갈 수 있습니다.

여섯째, 범부의 '고뇌' 세계에서 성현의 '안락' 세계로! 범부세간은 생로병사, 사랑하면서 헤어짐, 미우면서도 만남, 구하는 바를 얻지 못함, 오온五蘊이 왕성함 등 각종 근심과 고뇌가 가득합니다. 만약 우리가 진여불성을 깨달을 수 있다면 성현과 마찬가지로 '선열법희'의 '안락安樂'한 세계에 오를 수 있습니다.

『화엄경』에서는 "부드러움과 인욕을 항상 즐겨 행하면서 자비희사 가운데 편히 머문다(常樂柔和忍辱法 安住慈悲喜捨中)"고 말합니다. 만약 우리가 선정지혜의 힘이 있고, 자신을 무상심묘無上深妙한 진리에 안주한다면 능히 '재물'을 따라 움직이지 않고, '감정'을 따라 움직이지 않으며, '명예'를 따라 움직이지 않고, '비방'을 따라 움직이지 않으며, '괴로움'을 따라 움직이지 않고, '어려움'을 따라 움직이지 않으며, '이익'을 따라 움직이지 않고, '기운'을 따라 움직이지 않으니……, 즉 세상에 아무리 좋고 나쁜 것이 많다고 해도 내 마음만 움직이지 않는다면 몸이 더러운 진흙 속에 있다 하더라도 능히 맑고 깨끗한 연꽃을 피울 수 있습니다. 그래서 삶에서 가장 중요한 것은 자신의 신심을 '고요'한 '선정' 속에 머물게 하고 '선자'의 생활을 해 나가는 겁니다. 이것이야말로 가장 안락한 생활이자 선의 가장 큰 묘용妙用입니다.

4. 정의 이익: 망상을 없애버리고 신심을 편안케 한다

불도를 익히고 수행하는 보통 사람들은 늘 무언가 감응이 오기를 기대합니다. 감응의 원리는 '강 한가운데 비친 달'과 같습니다. '천 개의 강에 천 개의 달 비추고, 만 리에 구름 없으니 만 리가 하늘이네(千江有水千江月 萬里無雲萬里天)', '보살의 청량한 달은 어디서나 늘 비추니, 중생의 마음 티끌 없이 맑으면 보리의 달 나타난다네(菩薩淸凉月, 常遊畢竟空. 衆生心垢淨, 菩提月現前)'라고 했습니다. 보살은 환하게 비추는 달처럼 항상 필경공(畢竟空: 모든 분별이 끊어진 상태) 안에서 노닐며 대지의 중생들에게 분별심을 내지 않고, 오로지 중생의 마음이 청정하고 티끌에 물들지 않게만 합니다. 마치 강물이 맑고 물보라조차 일지 않으니 달이 절로 강 가운데 모습을 비추는 것과 같습니다.

참선은 맑고 고요한 마음과 생각을 만드는 힘입니다. 좌선이 비록 '조신(調身: 신체 안정), 조식(調息: 호흡 조절), 조심(調心: 마음 안정)'의 세 가지 진도 단계가 있지만, 조심을 우선으로 합니다. 맑고 투명하며 일렁임도 없는 강물처럼 마음을 부드럽고 청정하게 하면 보리는 절로 내 앞에 나타날 것입니다. 그러므로 참선하여 이익을 얻고자 하면 반드시 우리의 마음을 조절해야 합니다. 우선 망상을 없애고, 신심을 참고 견디어 움직이지 않으며, 마음을 한 경계에 정하여 마음과 사물이 상응하면 그 '하나' 가운데서 '무한'함을 느끼니 절로 신심이 자재롭고 명심견성 할 것입니다. 이것이 바로 참선의 가장 큰 이익입니다.

참선의 이익이란 말이 나왔으니 생각나는 이야기가 있습니다. 사찰에 두부를 배달하러 온 두부장사가 참선을 하는 스님들의 장엄한

202

모습을 보고 존경스런 마음과 부러운 마음이 자신도 모르게 솟아났습니다. 참선을 하고 싶어진 두부장수는 결국 얼마든지 참가해도 좋다는 규찰 스님의 허락을 받아낸 뒤, 선방에 들어가 일체의 잡념을 내려놓고 마음과 생각을 하나로 모아 좌선을 했습니다. 향 한 개가 다 탈 정도의 시간이 흘렀을 때 마치 보물이라도 발견한 듯 그는 기뻐서 소리를 질렀습니다. "5년 전에 이 씨가 두부 3천 원어치 사가고 돈을 아직 안 갚은 게 드디어 생각이 났어요."

두부장사는 잠깐 정좌한 시간에 이렇게 좋은 결과를 얻을 수 있었습니다. 이것은 참선이 어느 단계에 도달하면 마음이 절로 환하게 밝아져 과거와 미래, 또는 현재의 사물에 대해 명확히 알 수 있음을 설명한 것입니다. 그래서 청정하면서 한곳에 집중된 마음은 지혜를 개발하는 중요한 원인입니다. 참선을 할 때는 오로지 마음이라는 호수의 물결을 힘써 멈추고 고요하게 하면 환히 빛나는 밝은 달이 절로 솟아날 것이며, 산란한 생각을 고르게 잠재우면 청명한 본성이 자연스럽게 나타날 것입니다.

참선(좌선)의 시작 단계에서는 몸을 가볍고 편안하며 유쾌하게 하고, 마음은 부드럽고 정성되게 합니다. 일단 참선의 공력이 깊어지면 신심과 세상을 망각하는 데에 도달할 것이며, 그때 깨달음의 길은 자연히 열리게 됩니다. 그러므로 선이 생긴 후에는 생활 속 번뇌는 줄어들게 되고, 사물을 바라보는 생각도 왜곡되지 않으며, 수많은 모순과 차별적 현상도 하나로 일치시킬 수 있습니다. 선이 생긴 이후에는 일신이 흘러가는 구름처럼 가고 옴이 자유롭습니다. 가난해도 좋고 부유해도 좋고, 있어도 좋고 없어도 좋습니다. 환상이자 허공에 핀

꽃 같은 속세를 간파하여 커다란 해탈과 자재를 얻습니다. 그러기에 이 선은 모든 것을 능가하여 가장 위에 서 있습니다.

그러므로 선이 비록 옛 유물이기는 하지만 현대인들의 아름답고 원만한 생활을 위한 원천이기도 합니다. 선은 넓은 도량, 굳건한 의지, 건강 증진, 지혜 계발, 조화로운 정신, 질병 예방, 악습 정화, 인내심 강화, 습관 개선, 마음 단련, 이해력 분발, 기억력을 맑게 해주는 능력이 있기 때문입니다.

선이 생긴 이후에는 이제 이 세상에서 두려울 것이 없습니다. 생사조차도 두려움의 대상이 아닙니다. 선이 있으면 마음에 정定이 생기고 역량이 생깁니다. 선정으로 하나로 모아지고 뇌파가 감응을 받을 때, 자연 마음먹은 대로 쉽게 일이 성사되고 처리하지 못할 일이 없습니다.

이 밖에도 참선 수행을 통해 얻을 수 있는 다음과 같은 무량한 선열법희가 있습니다.

①생활 스트레스 제거

생활 속 스트레스는 산란한 마음과 생활현상에 대한 잘못된 인식에서 옵니다. 참선은 망념망상을 버리고 흐트러진 마음을 고요하게 하여 자성을 찾도록 도와주며, 옳고 그름을 분별하고 잘못을 깨끗이 정리하도록 도와주니 스트레스는 자연히 사라지게 됩니다.

②신체건강을 증진

경전에 '마음이 일어나면 갖가지 법이 일어난다'라는 글귀가 있습니다. 현대의학을 통해 인류의 신체질병은 대부분 마음속의 초조, 탐욕, 성냄 등의 감정에서 온다는 것이 증명되었습니다. 선좌禪坐는 우리의 성격을 평안하고 고요하게 해주며, 평안한 기운과 맑고 시원한 느낌을 줍니다. 또한 기혈과 맥을 잘 돌게 하고, 신진대사를 촉진시키며, 우리 몸의 각 기관이 쉽게 퇴화되지 않도록 해줍니다. 그 결과 더욱 건강하게 함은 물론 병을 물리치고 수명을 연장시켜 줄 수도 있습니다.

③내재된 소양을 높임

과학기술의 발달과 물자가 풍족한 오늘날의 사회에서 일반인은 평상시 음악音樂과 여색女色, 명예와 권세를 좇는 데 급급하며, 물욕을 위해 자신의 마음을 가리고 자아를 잃어버리기에 이르렀습니다. 만약 '선좌'와 친구가 될 수 있다면 내부를 지배하고 외물外物에 부림을 당하지 않으며 내재된 소양과 외형까지도 자연히 더 나아지니, 기질을 변화시킬 수 있습니다.

④선열의 즐거움을 누림

부처님께서는 "좌선은 능히 현법락주(現法樂住: 현실생활 중에 신심이 안정된 법락의 상태)를 얻을 수 있다"고 말씀하신 적이 있습니다. 현법락은 곧 선정의 즐거움입니다. 이것은 고요한 마음에서 생겨나는 아름답고 신묘한 즐거움의 일종이며, 절대 세간오욕의 즐거움과는 비교할 수 없습니다. 선정에 힘쓰는 사람만이 이 선열의 즐거움을 얻을 수 있습니다.

⑤본래 구족한 지혜를 개발함

『능엄경』에서는 "마음을 거두는 것이 계율이요, 계율로 인하여 선정이 생기고, 선정으로 말미암아 지혜가 일어난다"고 하였습니다. 선좌는 육체와 정신을 안정시키고, 마음을 밝고 맑게 합니다. 본래 가지고 있는 지혜를 개발할 수 있을 뿐만 아니라 대중의 사랑과 존경을 얻고, 일을 쉽게 이룰 수 있습니다. 그래서 복과 지혜의 길이 늘어납니다.

⑥결국 견성하여 성불함

선좌는 번뇌 망상을 없애고, 우리의 안팎을 텅 비어 고요하게 만들며, 마음은 적멸의 경지에 오르게 하여 모든 분별과 망상이 일어나지 않는 가운데 깨닫게 해줍니다. 그러므로 선당禪堂은 또 선불장選佛場이라고도 부릅니다. 더 힘껏 노력하기만 하면 마지막에는 견성하고 성불할 수 있습니다.

선좌의 최종 목적은 몸과 마음이 해방되고 우리의 허망한 분별심을 완전히 벗어던지는 것입니다. 심지어 부처와 깨달은 세계조차도 남김없이 모조리 없애 깨끗하게 하는 것입니다. 선사들이 적막한 고찰의 모락모락 피는 연기 속에서 향을 하나하나 태우면서 좌선을 하고 그들의 생명을 선좌에 몰입했던 것은 일렁이는 신심과 허망한 세계를 끊어 없애고, 영원 무한의 정좌靜坐에서 청정한 본심을 무한한 시공간에 유입시켜 미혹과 깨달음이 없는 완전한 해탈자재의 경계에 도달하기 희망해서입니다.

성여誠如 여정如淨 선사는 그의 어록에서 "참선은 신심을 해방시키기 위함이요, 향, 예불, 염불, 수참修懺, 경전이 필요치 않으며, 좌선하는 것만이 옳다"고 했습니다. 좌선은 깊이 명상을 하는 것이 아니며, 바보처럼 입 다물고 아무것도 하지 않는 것은 더더욱 아닙니다. 좌선은 독경이나 예불과는 다릅니다. 좌선하는 사람은 속세의 온갖 티끌을 버리고, 마음은 다른 곳으로 달려가지 않게 하며, 한마음으로 선좌를 지고무상한 안락법문으로 삼고, 자신의 집에 돌아온 듯 편안하게 자신의 법성의 자리 위에 잘 앉아 시방의 제불과 함께 숨 쉬며, 법계성해法界性海에서 노닐어야 합니다.

결국 선은 우리의 마음을 캐내고 우리의 지혜를 개발하며, 우리를 해탈된 자유세계로 더 깊이 인도할 수 있습니다. 그러나 참선은 방법이 맞지 않는다면 선병禪病이 될 수 있습니다.

현재 일반 선자들의 나쁜 습관을 예를 들어보면 모두 과거 선사들이 남긴 공안을 이리저리 옮겨가면서 공안선公案禪을 굳게 지킨다는 것입니다. 과거 중국 강소江蘇 양주揚州 고민사高旻寺의 선당에는 '어떠한 공안도 말하지 말라'는 한 가지 규칙이 있었습니다. 선자들이 공안에 좌우되고 공안 때문에 미혹되어 선의 진정한 의미를 찾지 못할까봐 걱정한 것입니다.

그렇다면 공안이 어째서 선병이 되는 걸까요?

과거에 A와 B라는 두 곳의 사찰이 있었습니다. 그 사찰의 스님은 매일 사미 스님을 시장에 보내 채소를 사오도록 했습니다. A 사찰의 사미는 꽤 영특했고, B 사찰의 사미는 약간 아둔한 편이었습니다. 하루는 두 사미가 길에서 마주쳤는데 B 사찰의 사미가 A 사찰의 사미에게 물었습니다.

"여보게! 오늘은 어디로 가는가?"

그러자 A 사찰의 사미가 "내 발이 가는 곳으로 간다네" 하고 대답했습니다.

B 사찰의 사미는 그 말을 듣고 또 뭐라고 질문해야 할지를 몰라, 돌아가 스승에게 모든 사실을 말했습니다. 그러자 스승이 그 말을 듣고 "아둔하기는! 그 녀석이 '내 발이 가는 곳으로 간다'고 할 때, 너는 '너의 발이 가지 않는다면 또 어디로 갈 것인가?' 물었어야지"라고 일갈했습니다.

B 사찰의 사미는 '아, 그렇구나' 하고 뒤늦게 생각했습니다.

다음 날 A 사찰의 사미를 만나자 B 사찰의 사미는 자신 있게 또 물었습니다.

"오늘은 또 어디로 가는가?"

A 사찰의 사미는 말을 바꿔 "바람이 부는 대로 간다네"라고 대답했습니다.

대답이 달라지자, B 사찰의 사미는 어떻게 대답할지를 몰라, 다시 스승에게 돌아가 물었습니다. 사건을 듣고 난 스승은 또 그를 책망하며 "이런 어리석은 놈! 그가 '바람이 부는 대로 간다네'라고 대답하면, 너는 '바람이 불지 않으면 또 어디로 갈 것인가 물어봤어야지!" 했습니다.

B 사찰의 사미는 다시 또 '아, 그렇게 해야겠구나' 생각했습니다.

삼 일째 되는 날, 길에서 또다시 A 사찰의 사미를 만났고, 다시 또 "이보게, 자네 오늘은 어디로 가는가?" 물었습니다.

그러자 A 사찰의 사미는 "난 시장에 채소 사러 간다네"라고 대답했습니다.

B 사찰의 사미는 그 말에 어떻게 대답해야 할지를 몰랐습니다.

말을 에둘러 말한다면 당신은 이해하지도 깨닫지도 못할 것이고, 대놓고 말해도 당신은 그 자리에서 바로 받아들이지도 못할 것입니다. 그래서 단지 입으로만 선을 논하고 마음에서부터 깨닫지 못하는 이런 공안선은 도리를 깨우칠 수 없습니다.

공안선은 일종의 선병禪病이고, 구두선口頭禪 또한 선병입니다. 구두선은 선학禪學이고 선의 학문이지, 좌선坐禪을 닦는 종지宗旨가 아니고 선의 실천이 아닙니다. 구두선은 그저 선문의 술어와 선문의 장고掌故를 조금 배운 뒤 이리저리 꿰맞춘 것이므로 쓸모가 없습니다.

또 하나의 선병은 바로 앵무선鸚鵡禪입니다. 옛날의 스님이 한 걸 보고 나도 그래야겠다고 그대로 모방하는 것은, 그 뜻은 모르고 말을 따라 배우는 앵무새와 같으니 이것도 일종의 선병이라 하겠습니다.

임제 선사께서 곧 원적하실 때 "내가 죽은 후에 나의 정법안장을 멸각해 버리면 안 된다"고 말씀하셨습니다. 그때 제자 삼성이 말했습니다. "어찌 감히 스승의 정법안장을 멸각시킬 수 있겠습니까?" 그러자 임제 선사는 "후에 누군가 그대에게 불법의 대의를 물으면 무어라 말해줄 것인가?"라고 되물었습니다. 삼성이 곧바로 "할喝!"을 외쳤습니다. 임제 선사는 "나의 정법안장이 저 눈먼 당나귀한테 멸각될 줄 누가 알았겠는가?"라며 말을 마치고 단정하게 앉아 입적하셨습니다.

선은 또한 분별심을 가지고 참구해서는 안 됩니다. 당나라 때 규봉圭峯 종밀宗密 선사는 선을 외도선外道禪, 범부선凡夫禪, 소승선小乘禪, 대승선大乘禪, 최상승선最上乘禪 등 다섯 가지 맛의 오미선五味禪으로 분류하였습니다. 사실 선은 본래 분별하거나 순서를 매기지 말아야 합니다. 선을 배우기에 가장 좋은 것은 일미선一味禪입니다. 이른바 "많은 하천이 큰 바다로 흘러들어가도 똑같이 짠맛 하나뿐이다"라는 것은 강물, 시냇물, 계곡물이 흘러 바다로 유입되어도 결국은 짠맛 하나가 될 뿐이라는 것입니다. 세간에 수많은 것들이 있다고 해도 선 안에서는 말을 할 수 없고, 분별할 수 없습니다.

　어떤 사람이 한문閑閒 화상에게 "선에 선병禪病이 있다는데 도대체 선병이 무엇입니까?" 하고 물었습니다. 훌륭한 견해를 갖고 있던 한문 화상은 "납자衲子는 선으로 인해 일어나는 병이 무척 많습니다"라고 대답했습니다. 선학의 전문가에게 지도를 받지 않은 선사가 참선을 하면 쉽게 문제가 야기된다는 의미입니다. 그럼 어디에 병이 있다는 것일까요? 누군가는 귀와 눈에 병이 있습니다. 그는 귀로 듣고 눈으로 보는 것이 선이라 생각합니다. 이른바 "눈썹을 치켜뜨고 눈을 깜박이는 일상적인 동작 하나도 선이다"라는 것입니다. 때로는 눈썹을 치켜뜨고 눈을 깜박이는 것도 병이 될 수도 있습니다. 왜냐하면 선은 수수께끼를 푸는 것이 아니므로 그럴 듯하지만 실제로는 당치 않은 추측을 하면 안 됩니다. 누군가는 입과 혀에 병이 있습니다. 얼토당토않은 말이나 함부로 지껄이고 큰소리로 외치는 것이 선이라고 생각합니다. 이 역시 잘못입니다. 선은 함부로 말하는 것이 아닙니다. 누군가는 손과 발에 병이 있습니다. 나아가고 물러나며 주제를 벗어난 엉뚱한 얘기를 하는 것이 선이라고 생각합니다. 사실은 그렇지 않습니다. 그래서 어떤 제자가 운문 선사에게 "만약 누군가 눈은 안 보이고, 귀도 안 들리는데, 말까지 못한다면 참선을 할 수 있겠습니까?"라고 여쭌 적이 있습니다.

운문 선사는 그 즉시 "기왕에 가르침을 청하러 왔으면서 왜 보고도 절을 하지 않느냐?" 하며 호통을 쳤습니다.

서둘러 머리를 조아려 절을 한 제자가 막 일어나려고 할 때, 운문 선사가 이번에는 지팡이로 내려쳤습니다. 제자가 놀라 뒷걸음질 치자 운문 선사가 크게 웃으며 "넌 장님도 아니니, 걱정하지 말고 자, 앞으로 오거라"고 말했습니다.

제자는 놀란 가슴을 겨우 진정시키며 말씀대로 앞으로 두어 발짝 나아갔습니다. 선사는 또 웃으며 "넌 들을 수 있으니 귀머거리는 아니로구나" 하고 말했습니다. 그리고는 불진(拂塵: 수행자가 마음의 티끌과 번뇌를 털어내는 상징적 의미의 불교용품)을 들어올리며 "너는 할 줄 아는가?"라고 물었습니다. 제자는 바로 "할 줄 압니다"라고 대답했습니다.

운문 선사는 또 크게 웃으며 "오! 넌 벙어리도 아니로구나"라고 말했습니다. 사실 우리 모두 귀머거리, 장님, 벙어리라 하여도 마음만 있으면 됩니다. 선은 마음에 있는 것이지, 눈, 입, 귀로 배우는 것이 아닙니다.

그러나 참선하는 사람은 마음에 병이 있습니다. 마음에 분별하고 따지는 것이 병입니다. 이른바 "끝까지 탐구하고 현묘함을 캐내어 일체의 경계를 벗어난다"는 것이야말로 진실된 선입니다. 그래서 선은 앉거나 눕는 것이 아니요, 말로 하는 것도 아니며, 문자도 아니라고 했습니다. 선은 온 마음을 다하고, 마음이 밝아졌을 때 대지와 산천,

삼라만상이 모두 내 마음에 있게 됩니다. 내가 곧 우주요, 우주가 곧 나이니 그때가 되면 더 이상 가로 막고 병이 될 건 없을 것입니다.

벙어리가 꿀을 먹고 그 달콤함이 차츰차츰 마음에 쌓이듯 선은 당신이 체험해봐야 하며 말로 전달할 수 없습니다. 그래서 감산憨山 덕청德淸 선사는 "한 몸이 홀로 앉아 고목처럼 참선을 하니, 식어버린 재에서 어찌 불꽃이 일겠는가. 문득 들리는 누각 위의 북과 종소리, 서리 내리는 밤하늘에 맑은 소리 가득하구나(一身獨坐似枯禪, 撲盡寒灰何不燃? 忽聽樓頂鐘鼓響, 一聲淸韻滿霜天)"라고 말했습니다. 선은 고목선枯木禪으로 변하지 않아야 합니다. 고목이 춘풍을 만나, 다시 싹을 틔울 수 있게 해주고 선을 가로막아 죽은 나무나 불씨 없는 재가 되지 않도록 해야 합니다.

선은 더욱이 야호선野狐禪이 되어서는 안 됩니다. 누군가 선은 아무런 형식도 없고 아무런 규칙도 없으니, 입에서 나오는 대로 마음대로 지껄여도 되고 손에 닿는 대로 들춰내도 된다고 생각하겠지만, 이것 또한 잘못된 견해입니다. 선종에는 유명한 '야호선'이라는 공안이 있습니다. 과거 누군가 한 선사에게 "크게 수행한 사람도 인과에 떨어집니까, 떨어지지 않습니까?" 물었습니다.

그러자 선사는 자신 있게 "불락인과(不落因果: 인과에 떨어지지 않는다)!"라고 대답했습니다. '불락인과'는 인과 안에 떨어지지 않는다는 것이며, 인과의 제재를 받지 않는 것과 같습니다. 이것은 불법에 부합되지 않습니다. 그래서 그는 이 한 글자 차이 때문에 오백세 동안 여우의 몸으로 떨어졌고, 후에 백장 선사를 만난 그는 여우의 몸을 벗어날 수 있는 한마디만 해달라고 부탁했습니다. 그러자 백장 선사는 '불매인과不昧因果'라는 말로 가르침을 줬습니다. 아무리 좋고 나쁜 것도 결코 인과를 벗어날 수 없다는 것입니다. 이 말로 드디어 그가 여우의 몸에서 벗어날 수 있도록 도왔다는 것입니다. 그래서 선은 함부로 떠들어서는 안 됩니다.

현대인들은 때로는 건강을 위해서, 때로는 건강을 유지하기 위해서 참선을 합니다. 선을 건강하기 위한 방편으로 삼는 것을 크게 비난할 바는 못 됩니다만, 신체는 반드시 늙고 병들고 죽습니다. 신체는 끝없는 시간 안에서 결국 세월이 가고 수명을 다합니다. 그러나 선은 영원한 것이며, 건강 측면에만 사용해서는 안 될 것입니다. 물론 우리들이 평소 매일 바쁜 생활 속에서도 10분, 20분 정도 시간을 내 좌선을 하는 것은 신체의 피로를 없앨 뿐만 아니라 마음을 편안하고 고요하게 해주어 다시 정신 차려 힘차게 일할 수 있게 하기도 합니다. 그러나 선의 중요한 의미는 여전히 명심견성에 있지, 입으로 떠들거나 공안을 얘기하거나 몸만 죽은 나무처럼 가만히 앉아 있는 것이 아닙니다. 이 수많은 화두선, 고목선, 건강선, 앵무선 모두 일종의 선병이라 하겠습니다.

선정을 하면 자연히 신통력이 생깁니다. 예를 들어 굉장히 오래전 일이 순간 눈앞에 다가오고, 저 먼 곳에서 들리는 소리가 마치 귓가에서 들리는 듯하는 것 등등입니다. 그러나 결코 이 모든 경계에 집착해서는 안 됩니다. 집착하게 되면 마경魔境이 됩니다. 그래서 참선하는 사람은 '마귀가 오면 마귀를 베라' 하였고, 또 '부처가 오면 부처를 베라' 하여 집착하지 말라 한 것입니다. 이렇게 좌선하고 습정習定해야 깨달음에 이를 수 있습니다.

그렇다면 선은 무엇일까요? 선은 함부로 마음대로 지껄이는 것이 아니라 했다 하여서 선사들이 횡설수설 말한 것이라 생각해서는 안 됩니다. 그 뒤죽박죽된 말 속에 그 사람 나름의 순서와 질서가 있습니다. 또한 선사들의 말이 서로 모순된다고 생각해서도 안 됩니다. 그 모순 안에 그 사람 나름의 통일성이 있기 때문입니다.

선은 우리의 본래 모습입니다. 참선은 집에서도 할 수 있으며, 반드시 출가해야 하는 것은 아닙니다. 역사상 재상 배휴裴休, 방온龐蘊 거사, 왕양명王陽明, 소동파 등은 모두 재가자 중 으뜸가는 선장禪匠이었습니다. 참선은 또한 반드시 사찰이나 선방, 또는 법당에서만 해야 하는 것은 아닙니다. 당나라 때 마조도일 선사께서 총림을 창건하시고, 백장 선사께서 청규를 세워, 선종을 위해 후손 만대에 이르는 규범을 제정하였지만, 진정한 선자는 반드시 총림에 있어야 하는 것도, 어떤 법규에 제한을 받는 것도 아닙니다. 그저 숲속 나무 아래에서도 참선할 수 있고, 강가나 호숫가에서도 참선할 수 있다는 것입니다. 재가신도는 자신의 집 거실, 바닥, 침대, 소파 등 앉을 수 있는 곳이라면 어디서든 참선해도 됩니다. 평소 외출해 비행기, 배, 자동차를 이용할 때도 참선할 수 있습니다. 선이란 앉은 외형적인 모습을 보는 것이 아니고 주로 마음으로부터 정화하고, 승화하고, 탐구하고, 이치를 깨우치는 것입니다.

인생에는 병도 있고 괴로움도 있습니다. 그러나 선이 있어 그것이 찾아오기도 하고 또 멀어지기도 합니다. 이러니 선은 건강해지는 방법이기도 합니다. 선은 특히 우리 스스로를 인식하게 만들 수 있습니다. 즉 명심견성과 오도귀원悟道歸源이 그것입니다. 그러나 참선의

214

이익이 아무리 많다고 해도 참선의 핵심을 알지 못하는 사람은 종종 '주화입마走火入魔'되기 쉽습니다. 주화입마의 원인에는 다음 몇 가지가 있습니다.

①신통력 얻기를 바람

참선(좌선)을 하면서 신통력을 얻고자 해서는 안 됩니다. 선정은 신통력을 일으키긴 하지만, 신통력은 반드시 자비심과 계법을 지키겠다는 마음 위에서만 수립되는 것입니다. 만약 자비심이 없고 계법을 지켜나갈 수 없다면 마귀가 드러나게 됩니다.

②자아를 가둠

선은 대범하고 유머러스하며 재미있습니다. 선은 무척 활발하고 명랑합니다. 그래서 참선하는 사람은 자신을 가두고 자아를 속박해서는 안 됩니다. 생각이 화통하지 못하고 막혀 있으면 쉽게 주화입마가 됩니다.

③삿된 지식과 견해

참선의 종지는 진여불성을 개발하는 데 있고, 본래 모습을 철저히 깨닫는 데 있습니다. 밝은 마음으로 본성을 보고, 생사의 굴레를 벗어나며, 부처가 되고, 조사가 되기 위함입니다. 그러나 자신의 몸에서 눈부신 빛이 나고 타인을 공격할 수 있는 신통력을 얻으려고 참선을 하는 사람도 있습니다. 이런 지견知見상의 착각은 주화입마가 되기 쉽습니다.

④어지러이 날뜀

참선은 날뛰는 마음을 고르게 하고, 자신의 진심을 찾아오기 위해 하는 것입니다. 그러나 누군가는 마음이 차분하지 못하고 항상 어지

럽게 뛰어다닙니다. 참선을 하면 할수록 망상에 사로잡히고, 좌선을
할수록 번뇌가 커집니다. 이리 되면 쉽게 주화입마 되고, 더구나 깨
달음을 구하려는 마음이 퇴보할 수 있습니다.

초학자는 반드시 다음 사항들을 주의해야 합니다.

①훌륭한 스승의 지도를 받아라.

참선(좌선)은 훌륭한 스승의 지도 없이 맹목적으로 연습한다면 잘
못되기 쉽습니다.

②자아를 알아차려라.

선은 오로지 자신을 의지해 마음이 움직이는 것을 환히 꿰뚫어보
고, 자신을 의지해 그대로 받아들이는 것입니다. 그러므로 참선에는
커다란 선근과 큰 믿음, 큰 의정擬情, 큰 투지가 있어야 합니다.

③망상도 근심도 없애라.

우리들의 마음이 겸허하고 구하는 바가 없으며, '맑고 깨끗한 허공
의 한 사물에도 집착함이 없다'라고 할 수 있다면 쉽게 선과 상응할
것입니다.

④중도를 유지하라.

육조대사는 "밖의 일체의 선악경계에 마음이 일어나지 않는 것을
좌坐라 하고, 안으로 자성이 움직이지 않는 것을 봄이 선禪이라 한다"
고 했습니다. 그러므로 참선은 능히 집착하는 마음이 없고, 집착하는
경계가 없고, 집착하는 움직임이 없고, 집착하는 망상이 없어야 합니
다. 또한 평등하고 분별이 없는 마음을 유지하여 좋고 나쁨, 옳고 그
름, 선하고 악함, 있고 없음의 양측에 떨어지지 않아야 합니다.

이 밖에도 일반 불도를 익히는 데 장애가 되는 인연 또한 모두 참선의 걸림돌이 되며 마땅히 제거해야 합니다.

①마음의 문을 열지 않는다.

우리의 '마음'은 마치 커다란 대문 같습니다. 문을 열지 않으면 외부에서 사람이 들어올 수 없습니다. 만약 '마음의 문'을 열지 않고 매사 거절한다면 '진리', '지혜'의 법수가 마음으로 흘러 들어올 방법이 전혀 없습니다. 그래서 마음의 문을 열지 않는 것이 불도를 익히는 데 장애가 되는 인연이며, 참선의 걸림돌이기도 합니다.

②마음이 엉켜 풀리지 않는다.

종종 추측, 질투, 그리고 인아에 대한 시비에 집착하여 벗어버리지 못해 마음속에 엉킴이 생기고, 이로 인해 마음에 엉킨 것이 장애가 되는 인연이 됩니다.

③마음의 부담을 내려놓지 않는다.

마음속의 '부담'은 돈, 명예, 이익, 은혜, 원한, 가정, 사업 등을 내려놓지 못해 생기는 번뇌로 자연히 장애가 되는 인연입니다.

④마음의 망상을 제거하지 않는다.

경전에서는 '망념이 일어나지 않으면 곳곳이 편안하다'고 하였습니다. 반대로 망상, 잡념을 제거하지 않으면 마음이 편안하고 자유롭지 못함은 물론 불도에 장애가 되는 인연이 됩니다.『관보현보살행법경觀普賢菩薩行法經』에서 '일체 업장의 바다는 모두 망상에서 생겨난다'라고 한 것과 같습니다.

⑤마음의 근심으로 기쁘지 않다.

세간에서 최고로 진귀한 재산은 환희이다. 매일 마음에 근심, 걱정,

번뇌가 가득하고 법회 없이 살아가는 사람이 있다면 미묘한 불법을 어떻게 터득하겠습니까? 그래서 '마음에 근심이 있고, 기쁨이 없다'는 것 또한 장애가 되는 인연입니다.

⑥**마음이 어둡고 밝지 않다.**

반야지혜가 없는 사람은 자신의 마음에 있는 등에 불을 밝힐 수 없으며, 매일 '어둠' 속에서 생활하므로 자연히 이치를 보기 어렵습니다.

⑦**마음이 좁고 넓지 않다.**

마음의 도량이 좁으면 타인의 장점이나 단점을 포용하거나 참아내지 못하니 역시 장애가 되는 인연입니다. 예를 들어 '도반을 질투한다'거나 '남 잘되는 것은 못 본다'든지 하는 것은 모두 장애가 되는 인연입니다.

⑧**마음이 악하고 선하지 않다.**

'칠불통계게七佛通戒偈'는 '모든 악을 짓지 말고, 모든 선은 받들어 행하며, 스스로 그 마음을 청정하게 하는 것이 모든 부처님의 가르침이다(諸惡莫作, 衆善奉行, 自淨其心, 是諸佛教)'라고 했습니다. 마음 속에 악한 생각이 가득한 사람은 자연히 불도와 상응할 방법이 없습니다.

⑨**마음이 삿되고 올바르지 않다.**

불도를 배우려면 먼저 삼보에 귀의하고 인과를 믿어야 합니다. 삼보와 인과를 믿지 않는 것처럼 마음에 삿된 지견이 가득하면 역시 장애가 되는 인연입니다.

⑩**마음이 탐욕스럽고 보시하지 않다.**

매일 타인이 내게 주기만을 바라고, 자신은 절대 타인에게 보시하지 않으려 하면 이것은 육도六道와 사무량심四無量心 등 불교의 교의教 義와는 반대로 나아가는 것이니, 자연히 불도에 부합될 수 없습니다.

⑪마음이 미혹되어 믿음이 없다.

마음이 미혹되었는데도 깨달음을 구하지 않는다면 진리와는 인연 이 완전히 끊어지는 것인데 어찌 깨달음을 얻겠습니까?

⑫마음이 비어 있지 않다.

『화엄경』에서는 "만약 누군가 부처의 경계를 알고자 한다면 마땅 히 그 뜻을 허공처럼 깨끗이 하라"고 했습니다. 자만하고 집착하며 편견으로 가득 찬 사람은 찻물이 가득한 주전자와 다를 바 없습니다. 아무리 좋은 법수라도 마음에 흘러 들어갈 수 없기에 마음은 '공空' 해야 능히 깨달음을 얻고 부처의 경계를 알 수 있습니다.

선은 깨닫는 것이지, 배우는 것이 아닙니다. 지식은 배울 수 있지 만, 선은 배울 수 없습니다. 선은 지식으로부터 이해하는 것이 아니 고, 반드시 생활 속에서 수행하고 체험해야 합니다. 선정의 수양과 선정의 깊이가 있는 사람의 마음은 무척 고요합니다. 타인의 말 한 마디, 한 가지 일로 인해 불안정하거나 동요하지 않고, 쉽게 영향을 받지 않습니다. 그래서 마음이 고요한 사람은 은혜도 좋고 원망도 좋 고, 선해도 좋고 악해도 좋고, 그 정신이 어지럽지 않고 외경에 좌우 되지 않습니다. 이것이 고요한 마음의 힘입니다.

육조 혜능대사는 가르침을 얻은 뒤에 여러 곳을 전전하다가 중국 남부 광주 법성사法性寺에 도착했습니다. 마침 인종印宗 스님이 경전을 강하는 중이었습니다. 그때 바람이 불어와 깃발이 펄럭였습니다. 그것을 보고 한 스님은 "바람이 움직인다" 하고, 또 다른 스님은 "깃발이 움직인다"고 반박했습니다. 두 사람의 논쟁은 끊이지 않았습니다. 결국 육조대사가 앞으로 나서며 말했습니다. "바람이 움직이는 것도 아니고 깃발이 움직이는 것도 아닙니다. 두 스님의 마음이 움직이고 있는 것이겠지요." 이 유명한 공안은 우리에게 다음을 말해줍니다. 마음을 고요하게 할 수 있다면 외경의 변화에 따라 '바람이 움직이는 것인가, 깃발이 움직이는 것인가?' 등의 좁은 견해 따위에 집착하여 지견을 분별하지 않을 것입니다.

또 다른 흥미로운 선문의 공안은 소동파에 관한 것입니다. 하루는 소동파가 게송을 지었는데, 시를 지은 뒤 당대의 뛰어난 작품이라며 스스로도 만족해서 배를 띄우고 하인을 시켜 강남 금산사에 머무는 불인 선사에게 보여주기 위해 보냈습니다. 불인 선사가 보면 감탄해 마지않을 것이라고 생각하면서 말입니다. 불인 선사가 시를 보니 이렇게 적혀 있었습니다.

하늘 중 하늘에 머리 숙여 절하오니,
백호광명이 천하를 비추는구나.
팔풍八風이 불어도 흔들리지 않고,
자금련紫金蓮에 단정히 앉아 계시네.

소동파의 시를 본 뒤 불인 선사는 아무 말 없이 '허튼소리(放屁)!'

라고 써서 하인에게 다시 돌려보냈습니다. 다시 받아 본 소동파는 '허튼소리'라는 글귀를 보고 화가 나서 하인에게 배를 준비하라고 소리쳤습니다. 쪽배를 타고 강을 건너서 보니 불인 선사가 부둣가에 서서 웃으며 자신을 기다리고 있었습니다. 화가 난 소동파는 참지 못하고 달려가 소리쳤습니다.

"스님! 제가 보낸 시가 뭐가 잘못됐소? 스님께서 어찌 그런 욕을 할 수 있소?" 그러자 불인 선사가 태연하게 웃으며 말했습니다.

"그대가 정말 '팔풍'이 불어도 흔들림이 없다면 어찌 허튼소리라는 한마디에 강을 건너왔겠소?"

불교에서는 '이(利: 이익), 쇠(衰: 쇠잔함), 훼(毀: 헐뜯음), 예(譽: 명예), 칭(稱: 칭송), 기(譏: 비방), 고(苦: 괴로움), 락(樂: 즐거움)' 등 우리 마음세계에 항상 영향을 미치는 8가지의 경계를 일러 '팔풍'이라고 합니다. 소동파가 비록 자신의 마음은 일찍이 외부세계의 헐뜯음, 명예, 칭송, 비방에 휘둘리지 않을 거라고 자신했지만, 겨우 '허튼소리'라는 한마디의 시험에도 참지를 못했습니다. 이로써 볼 때 본래의 마음을 인식하지 못하고 마음이 안정되지 않으면 마음은 사물을 따라 돌아다닙니다. 그러나 자신의 마음을 이해하고 움직임과 고요함이 하나가 되면 세상만물이 모두 내 마음에 따라 움직입니다.

당나라 때 마조도일 선사는 평생 '즉심즉불(卽心卽佛: 마음이 곧 부처다)'을 제창했습니다. 그의 제자 대매 법상 선사는 이 말에서 문득 느끼는 바가 있었고, 완전히 깨달은 뒤에는 평생 대매산大梅山에 은 거했다고 합니다. 하루는 마조 선사가 법상 선사를 시험해볼 생각으로 시자侍者를 보내어 말을 전하게 했습니다.

"법상아! 네가 스승의 '즉심즉불'을 듣고 깨달음을 얻었는데, 최근에 스승은 '마음이 곧 부처가 아니다(非心非佛)'라고 주장한다."

그러나 법상 선사는 그 말을 듣고 별 움직임을 보이지 않으며 "다른 건 상관없습니다. 제게는 그래도 '즉심즉불'입니다"라고 말했습니다. 시자의 보고를 들은 마조 선사는 무척 기뻐하며 "법상의 깨달음이 더 무르익었구나"라고 말했습니다.

"대나무 그림자 섬돌을 쓸어도 티끌 하나 일지 않는다"고 말한 어느 고덕처럼, 대매 법상 선사도 기왕에 '즉심즉불'의 도리를 깨우쳐 태산에 앉아 흔들림이 없으니, 스승이 정말 180도 변한 '비심비불非心非佛'을 주장한다고 해도 그에게는 섬돌 앞의 대나무 그림자가 바람에 흔들려도 전혀 먼지가 일어나지 않는 것과 같습니다.

남전南泉 선사가 하루는 육긍 대부陸亘大夫에게 "누군가 유리병에다 거위 한 마리를 키웠는데 입구는 작고 거위는 점점 자라 병 밖으로 꺼낼 수 없게 되었습니다. 이제 병을 깨뜨리지 않고 거위도 다치지 않게 거위를 꺼내고 싶습니다. 어떻게 하면 꺼낼 수 있을까요?" 하고 물었습니다.

육긍 대부가 어떻게 대답할지를 몰라 망설이고 있을 때 남전 선사가 큰소리로 "육긍아!" 부르자, 육긍 대부가 자신도 모르게 "예!" 하고 대답했습니다. 남전 선사가 허허 웃으며 "나왔군요"라고 말했습니다.

이것은 무슨 뜻일까요? 거위는 불성을 대표하고 유리병은 우리의 신체를 대표합니다. 우리가 깨달음을 얻고 진여법신을 증득하면 반드시 이 신체를 소멸하고 훼손한 뒤에야 진여법신을 얻는 걸까요? 아닙니다. 이 사대오온이 합해진 색신에서 당신이 만약 '내외일여內外一如'를 이해한다면 우리의 진여자성이자 우리의 선심불성을 볼 수 있을 것입니다.

그러므로 선은 불성이며, 사람마다 본래 구족하고 있습니다. 인류는 선이 필요하며, 선이 있어야 생활 속의 고통을 즐거움으로 전환시키고, 근심을 기쁨으로 바꿀 수 있습니다. 선이 있어야 생명의 번뇌를 보리로 전환시키고, 생사를 열반으로 바꿀 수 있습니다. 선이 있은 뒤에는 세간에서 우리는 두려워할 것이 없습니다. 설령 생사를 마주한다고 해도 결코 두렵지 않습니다. 지금 이 시대에 가장 필요한 것은 바로 '선禪'입니다. '선'이 있으면 공리功利주의와 물질주의의 '시대병'을 치유할 수 있고, '선'이 있으면 상대적이고 이원적 세계관의 그릇된 견해를 뿌리째 제거할 수 있습니다. 또 '선'이 있으면 인류의 잃어버린 자아를 찾고 잃어버린 지 오래인 정신적 고향을 찾아오는 데 도움이 될 것입니다. '선'이 있으면 생사관, 인생관, 가치관, 종교관, 자연관, 도덕관 등 동양과 서양의 문화적 차이를 좁힐 수 있습니다.

선은 인류를 위해 동서의 문화, 사상, 마음을 나누고 소통시키는 교량을 건설할 수 있습니다. 선은 인류 공통의 보물이며, 선은 본래 천지와 마음속에 존재합니다. 옛날 깨달은 자이신 부처님께서 선의 존재를 발견하였기에 지금까지 대대로 전해져 오고 있습니다. 선은 시대적 장벽이 없으며, 세간에서 생활하는 사람이라면 선은 발견되거나 체험하여 깨달을 수 있습니다. 왜냐하면 선이 곧 우리의 생활이자 일종의 우주자연으로 완전히 돌아가는 생활이기 때문입니다.

선은 평범하고 소박합니다. "평상심이 곧 도道이다"라고 했습니다. 그래서 우리 눈앞에 있는 선은 그토록 자연스럽고, 순진하며, 소박하고, 아름다우며, 다정합니다. 선정의 힘이 생기면 더 발전시켜 자신이 본래 구족한 반야지혜를 개발해야 생사를 초월하고 괴로움을 멀리하며, 즐거움을 얻을 수 있습니다. 그러니 선은 인류가 영원히 추구해야 할 대상입니다.

감사합니다. 성불하십시오.

반야가 있기에 생명이 오고감의 실상을 알 수 있고
반야가 있기에 또한 현실의 인생과 부딪힐
인내의 힘이 생긴다.
사람이 세간에 살면서 지혜와 역량을 갖추어야
일체의 어려움과 곤란함을 풀 수 있으며
그래야 역경에 부딪혀도 쓰러지지 않을 것이다.

제3부 인간불교의 혜학

시간이 참 빨리도 흘러 어느덧 3일간의 불학 강좌가 오늘로 마지막 날이 되었습니다. 오늘의 주제는 '인간불교의 혜학慧學'입니다. 이것은 반야자성을 개발하는 하나의 학문이자, '인간불교 계·정·혜' 삼학을 마무리하는 것이기도 합니다.

불교에는 '관자재觀自在'보살이 있다는 것을 다들 아실 것입니다. '관자재'는 관세음보살을 가리킵니다. 그런데 왜 관세음보살을 '관자재'라 하는 것일까요? 주된 이유는 관세음보살이 '반야의 관혜(般若觀慧)'에서 자재로움을 얻은 보살이며, 그는 자유자재로 인간의 마음을 관찰하여 중생의 마음속 고통을 해결하고, 중생의 신체상의 번뇌를 제거해 주기 때문에 '관자재'보살이라 부릅니다.

이런 설명은 사실 완전히 맞는 것은 아닙니다. 부처님이 깨달음을 이루었을 때 "일체 중생은 모두 불성을 지니고 있다"고 선언하신 적이 있습니다. 모든 사람의 자성은 사실 본래 '반야지혜'를 구족하고 있지만, 번뇌와 무명에 덮여 드러낼 수가 없을 뿐입니다. 지금 만약 우리가 자신의 본성인 '반야지혜'를 개발하고, 반야의 지혜로 세간의 실상을 철저하게 파악하며, 우리 생활에서 호괴好壞, 득실得失, 유무有無를 일체 초월하게 하고, 세간의 금전에 매수되지 않으며, 감정의 유혹에 따라 경거망동하지 않고, 권세의 위압으로 인해 망동하지 않으며, 자신의 존엄을 드러내어 외경에 흔들리지 않는 반야인생을 살면서 항상 자재롭게 타인을 바라보고, 자재롭게 사물을 바라보며, 자재롭게 외경을 바라보고, 자재롭게 마음을 바라본다면 사람은 저마다 자유로운 생활을 영위할 수 있으니 자연히 사람은 저마다 모두 '관자재'가 될 것입니다.

'관자재'는 자신이 있는지 없는지를 들여다보는 것입니다. 우리는 누구나 자유자재하게 살아가기를 원하지, 타인에게 코 꿰어 끌려 다니기를 원하지는 않습니다. 그렇지만 누가 우리에게 자재로움을 줄 수 있습니까? 오로지 스스로 반야지혜를 개발하고 반야자성을 찾아야지만 자재로운 생활을 할 수 있습니다.

앞에서 이틀 연속 강의한 '인간불교의 계학', '인간불교의 정학'에 이어 오늘은 '인간불교의 혜학'에 대해서 강의하겠습니다. 여러분이 불법 안에서 '진여불성'을 개발하고, 모두 관자재보살처럼 '반야지혜'로 오온이 모두 공하다는 것을 비추어 보며, 일체의 고통과 재난을 건너는 데 도움이 되기를 바랍니다.

인간은 누구나 괴로움을 싫어하고 즐거움을 좋아합니다. 괴로움 역시 인생의 실상입니다. 사람의 마음속에는 탐욕, 성냄, 어리석음이

라는 삼독의 괴로움이 있고, 신체에는 생로병사라는 무상의 괴로움
이 있습니다. 또한 근심, 슬픔, 아픔, 번뇌, 무명, 심지어 사랑하면서
헤어짐, 미우면서도 만남, 구하는 바를 얻지 못함, 오온五蘊이 왕성함
등의 '고고苦苦'에 이르기까지 인생의 괴로움은 끝이 없습니다.

번뇌는 괴로움의 근원입니다. 비록 인생에는 괴로움과 즐거움이
절반씩 섞여 있다 하지만 가끔 즐거울 때도 있습니다. 예를 들어 수
석 합격하면 즐겁고, 사업이 성공하면 즐겁고, 아내가 현명하고 자식
이 효도하니 즐겁고, 재산이 불어나니 즐겁고, 병에서 완쾌되니 즐겁
고, 자식이 생기니 즐겁고, 고생 끝에 낙이 오니 즐겁고……. 그러나
세속의 즐거움은 진정한 즐거움이 아닙니다. 감각적이든 정신적이든
모두 궁극적이지 않고 또한 오래 지속되지도 않습니다. 짧은 즐거움
뒤에는 여전히 사라진 것에 대한 적막하고 쓸쓸한 고통이 다가오기
때문입니다. 심지어 때로 쾌락에 심취했기 때문에 향상됨은 알지 못
하고, 오히려 즐거움이 극에 달하면 슬픔이 생겨나기도 합니다. 이것
을 '괴고壞苦'라고 합니다.

혹시 '나는 명성을 바라지 않고, 평범함에 안주하는 사람입니다.
권세와 명예를 탐하지 않고, 높은 직위와 많은 월급도 부럽지 않습니
다. 나는 수수함에 만족하고, 외부 물질의 유무에 영향 받지 않으며,
인사人事의 좋고 나쁨에 움직이지 않을 수 있어, 근심도 기쁨도 없는
날들을 보낼 수 있습니다'라고 말하는 사람이 있을지도 모릅니다.

그러나 그 사람이 설령 이러한 수양이 있더라도 세간의 일체 유위
법有爲法은 모두 멈춤 없이 흘러가고, 찰나의 순간에 생멸生滅하며, 항
상 안정적으로 머물러 있을 수 없습니다. 그래서 심신은 여전히 무상

한 번뇌의 핍박을 벗어날 수 없고 '세상만사가 다 무상하다'라며 개탄을 하는 것입니다. 이것을 '행고行苦'라고 합니다.

괴로움·공허함·무상함은 불교의 기본사상이며, 부처님께서 설하신 삼법인三法印입니다. 그러나 부처님은 또한 '열반적정涅槃寂靜'을 추구하라 가르치셨습니다. 그래서 '괴로움은 증상연增上緣일 뿐 진짜 목표는 아니다'고 하셨습니다. 불교에서 괴로움을 얘기하는 까닭은 중생이 괴로움을 알고 괴로움을 멀리하라는 것이지만, 최종목표는 역시 행복하고 즐거운 생활을 추구하는 것입니다. 그래서 괴로움이 인간세상의 현실이긴 하지만 결코 우리의 목적은 아니며, 괴로움을 벗어나 즐거움을 찾고 구하는 것이 불교의 목적입니다. 현세의 비통하고 괴로운 실상은 불교를 대표하기에는 부족합니다. 불교의 참된 모습은 선열禪悅과 법희法喜이며, 불교는 환희의 종교입니다.

과거 불교계 인사들 대부분이 이 '괴로움'을 주장하는 데 편중되었고, 불도를 익히려는 마음을 가진 사람을 뒷걸음질치게 만들었습니다. 저는 늘 인생이란 즐거움을 추구하고, 낙관적이고 진취적이어야 하며, '괴롭다'는 말을 입에 달고 살아서는 안 되고, 괴로움이 만들어지는 원인을 철저히 깨닫고 치유방법을 찾아야 우리가 고통의 소굴을 멀리 벗어나 진정 즐거운 인생을 향유할 수 있다고 제창해 왔습니다.

괴로움의 원인에 대해 저는 다음 7가지로 귀결시켜 보았습니다.

①사물과의 관계 부조화

괴로움이 오는 첫 번째 요소는 나와 사물과의 관계가 조화롭지 못해서입니다. 예를 들어 살고 있는 집의 공간이 좁고 가족은 많으면 서로 부대끼게 되고 마음대로 할 수 없으니 자연히 고통스럽게 느껴집니다. 밤에 잠을 잘 때도 높이가 안 맞는 베개를 베면 밤새 편히 잘 수 없고, 정신은 맑지 못하며, 짜증나고 괴롭고 불편할 것입니다.

신외지물身外之物이 가져오는 갖가지 불편함과 괴로움 외에도 우리 몸에서 자라는 피부와 털, 손톱 등까지도 우리가 제때에 잘라주거나 닦아주지 않아 생기는 더러움 또한 우리를 괴롭히고 성가시게 합니다. 그래서 옛사람들은 늘 모발을 번뇌에 비유해서 "백발이 삼천 길이나 되나니, 근심 때문에 이처럼 길어졌구나(白髮三千丈, 緣愁似箇長)"고 말했으며, 또 "머리카락은 삼천번뇌의 실이로구나(頭髮是三千煩惱絲)"라고도 했습니다. 생명이 없는 물질이 우리들의 생활과 밀접하게 관련되어 있고 떼려야 뗄 수도 없습니다.

②타인과의 관계 부조화

조화롭지 못한 타인과의 관계는 고뇌의 중요한 요소입니다. 예를 들어 자신이 좋아하는 사람과는 항상 함께할 수 없고, 또 자신이 싫어하는 사람과는 하필 원수가 외나무다리에서 만나듯 숨으려야 숨을 수도 없습니다. 이것이 불교에서 말하는 '애별리고愛別離苦'와 '원증회고怨憎會苦'입니다.

때로는 서로 다른 개인적 견해, 천차만별인 일 처리 방식으로 인해 충돌과 마찰이 발생하고 고통이 생겨납니다. 때로 타인에게 피해를 줄까봐 매우 조심스럽게 일을 하는 자신을 두고 뒤에서 수군대는 것을 보면 마음이 불안하고 왠지 자신을 비방하는 듯 생각되기도 합니다. 그래서 자타의 관계가 조화롭지 못하면 삶이 고통스럽고 하루하루 괴롭기만 합니다.

③신체와의 관계 부조화

"건강은 최고의 재산이다"고 말합니다. 만약 건강한 신체가 없다면 천하의 모든 재물과 보기 드문 재능을 가졌다 해도 그것을 다 쓸 수가 없습니다. 단지 신체의 생로병사는 자연적 현상이고, 누구도 비껴갈 수 없습니다. 아무리 건장한 사람도 쇠약해지는 날이 있고, 아무리 아름다운 용모도 늙어 보이는 때가 있습니다. 젊을 때는 비록 으스대며 남의 위에 군림할 수도 있지만, 세월이 흘러가고 나이가 늘어남에 따라 우리의 기관도 따라서 퇴화됩니다. 눈은 노화되고, 기능은 쇠퇴해지며, 동작도 점점 느려져 당시의 활력 넘치고 위세 등등한 모습으로 돌아갈 수는 없습니다. 우리는 가벼운 감기로도 며칠 동안 자리에 드러눕기도 합니다. 약간의 치통으로도 밤새 잠 못 자고 뒤척일 수 있습니다. 신체와의 관계가 조화롭지 못하면 갖가지 고뇌 또한 꼬리에 꼬리를 물고 옵니다.

④마음과의 관계 부조화

마음은 나란 사람의 주인이며, 마치 일국의 임금처럼 모든 것을 조종할 수 있습니다. 어느 고인이 "인심은 위태하고, 도심은 미약하다(人心惟危, 道心惟微)"고 했습니다. 우리의 마음은 야생마처럼 사방으로 뛰어다니며 우리 의지대로 처리하는 걸 받아들이지 않습니다. 예를 들어 우리의 마음에 탐·진·치 등 번뇌가 일어날 때 비록 배척하고자 노력하지만, 그 노력은 마음대로 되지 않습니다. 또 마음속에 갖가지 욕망이 가득하면 온 힘을 다해 억제해 봐도 뜻대로 되지 않고 마음먹은 대로 되지도 않습니다. 나와 마음의 부조화에서 생기는 고통은 사실상 신체와의 부조화에서 생기는 고통에 뒤지지 않습니다.

신체의 고통은 진귀한 약재, 고명한 의사가 치료를 하면 완전히 나을 가능성이 크지만, 심리적인 병은 때로는 화타(중국 전설상의 명의)가 온다 해도 속수무책입니다.

우리는 가끔 "내 말 안 들어?"라며 타인을 원망하는 말을 듣는 경우가 있습니다. 사실 가장 말을 안 듣는 것은 타인이 아니라 우리 자신의 마음입니다. 우리는 마음에 망념을 일으키지 못하게 할 수도 없고, 번뇌가 생기지 못하게도 못합니다. 자신의 마음은 세계에서 가장 정복하기 어려운 적입니다. 우리와 우리의 마음이 적대적 관계에 있다면 매일 전쟁이 끊이지 않으니 고통과 괴로움이 동시에 닥쳐오는 것은 당연하다 하겠습니다.

⑤ 욕망과의 관계 부조화

욕망은 선한 욕망과 악한 욕망의 차이만 있을 뿐, 사람이 조금의 욕망도 없을 수는 없습니다. 좋은 욕망은 성현이 되고자 하고, 부처나 조사가 되고자 희망하는 것입니다. 또한 사업을 벌이고 지역사회에서 봉사하며 조직과 국가를 위해 좋은 일을 하는 이른바 입공立功, 입덕立德, 입언立言 등 삼불후(三不朽: 영원히 없어지지 않는 세 가지)입니다. 불교에서는 이처럼 더욱 향상 발전하려는 욕망을 선법욕善法欲이라고 합니다. 이 밖에 물질적 소유의 욕심, 혁혁한 관운의 기대, 달콤한 애정에 대한 연연 등등을 불교에서는 우리를 타락시킬 수 있는 욕망이라 하여 악법욕惡法欲이라고 합니다. 선법욕도 조화롭지 않으면 중대한 정신적 부담을 낳고 수많은 고통을 유발하는데, 하물며 악법욕이 우리 마음과 좋은 관계를 계속 유지하도록 통제하지 못하면, 그로 인해 생겨나는 고통은 더욱 감당하기 힘듭니다.

⑥견해와의 관계 부조화

견見은 사상, 견해를 가리킵니다. 물질적 부족이나 결핍은 그래도 참을 수 있지만, 더욱 참기 힘든 것은 사상적 적막과 정신적인 고독입니다. 예로부터 진리를 추구하려는 수많은 자들이 진리의 길 위를 홀로 천천히 걸어갔습니다. 그래서 진자앙陳子昻은 "홀로 애처로이 눈물 흘린다(獨愴然而淚下)"라며 슬프게 탄식했고, 부처님도 열반에 든다는 생각을 가졌습니다. 우리에게 괴롭다고 느끼게 해주는 사상은 '사시이비(似是而非, 사이비)'의 삿된 지견知見입니다.

부처님이 세상에 머무실 때도 일부 삿된 견해를 가진 외도들은 갖가지 고행을 계속해야 한다고 주장했습니다. 숲속에 거꾸로 서 있거나, 또는 불 곁에서 (몸을) 태우거나, 혹은 물속에 담그거나 하며, 어떤 이는 음식을 먹지 않고, 어떤 이는 옷을 다 벗고 온갖 방법으로 신체에 고통을 주는데 이런 고행을 통해 해탈을 얻는 것이 목적이었습니다. 그러나 외도의 올바르지 못한 사상과 적정성이 결여된 견해로 인해 갑자기 신체에 고통이 가해지고 아무런 의미 없는 수많은 고통이 늘어났습니다. 우리를 고통에 몰아넣을 수 있는 삿된 지견은 우리가 진리를 추구하는 데 가장 큰 걸림돌이며 장애입니다.

⑦자연과의 관계 부조화

인류 문화사에서 인류 최초의 활동은 자연과 끊임없이 이어지는 전쟁의 기록이었습니다. 자연계는 우리에게 지진, 해일, 풍수해, 가뭄, 산불 화재 등 손에 꼽을 수 없을 만큼의 고통을 가져다주었습니다. 어떤 천재지변도 심각한 결과를 낳지 않은 것이 없었습니다. 물의 양이 지나치게 많아 범람하면 재난이 되고, 평지는 물바다가 되어 편안히 머물 곳 하나 없게 됩니다. 반대로 물의 양이 너무 적으면 건조해서 재난이 되고 대지는 갈라져 농작물을 가꿀 수 없게 되니 생존 자체가 위협받게 됩니다. 그래서 나와 자연이 조화롭지 못해서 오는 고뇌는 눈에 보이는 직접적인 것입니다.

결론적으로 인생에는 무수한 괴로움이 있는데, 그 수많은 고통은 모두 '나(我)'라는 것이 있기 때문입니다. "내게 큰 근심이 있는 까닭은 나를 위하는 몸이 있다는 것이다(吾之所以有大患者, 爲吾有身)"라는 노자의 말처럼, 인간은 '오온이 합하여진' 색신이라는 거짓된 내가 있기 때문에 탐애貪愛, 집착, 진에瞋恚, 우치愚癡 등 생사를 윤회하게 만드는 근본적인 번뇌가 생겨납니다.

이른바 오온이 합하여진다는 것은 우리의 생명이 물질적인 '색色'과 정신적인 '식識', 거기다가 심식心識 활동으로 생겨나는 작용인 수受, 상想, 행行 세 가지가 쌓이고 모여서 이루어진 것입니다. 이 다섯 가지는 다만 조건의 조합이며, 잠깐 존재할 뿐입니다. 만약 인연이 구족되지 않으면 모든 사물은 나타났다 곧 사라지고 맙니다. 그러나 일반인의 관념과 인식에는 오온이 합해진 색신은 영원불멸한 것이라고 여깁니다. 그래서 자꾸 그것이 참된 자아라고 여기고 집착해서 갖가지 탐욕이 생겨나고, 따라서 긴긴밤을 고통 속에서 헤맵니다. 만약 우리가 '나(我)'라는 것이 허망하다는 것을 통찰하고 본래 하나도 얻을 게 없다는 '성공性空'의 신묘한 이치를 깨달으면 절로 일체의 고통을 초월할 수 있습니다. 그러므로 '나'는 번뇌와 고통의 근본이며, 오로지 '무아無我'가 있어야 벗어나 자유로울 수 있습니다.

10만 관중이 운집한 축구 경기에서 있었던 이야기를 해드리겠습니다. 한 남자가 담배를 피우면서 경기를 보고 있었습니다. 경기에 너무 집중한 나머지 손에 담배를 들고 있다는 것을 까맣게 잊고 있다가 잘못해서 옆에 있던 한 남자의 옷을 태우고 말았습니다. "앗, 뜨거!" 하자, 담배를 피우던 남자가 보니 큰일 났습니다. 자기의 담뱃불 때문에 옆 사람 옷이 탔거든요. 그래서 황급히 "죄송합니다. 정말 죄송합니다!" 하며 사과를 했습니다. 그런데 옷이 탄 남자는 온통 정신이 흥미진진하게 진행되는 시합에 가 있어서 "괜찮습니다. 다시 한 벌 사면 됩니다"라고 대답했습니다.

두 사람이 대화를 막 끝냈을 때 또 잘못해서 앞좌석의 아가씨 머리를 태우게 됐습니다. "아야, 뜨거워." 그녀는 머리카락을 만지며 소리를 질렀습니다. 담배피던 사람은 또다시 재빨리 사과를 했습니다. "미안합니다. 제 담뱃불 때문에 머리가 탔네요." 그러자 여자는 아무렇지도 않은 듯 "괜찮아요. 가서 또 하나 사면 됩니다"라고 말했습니다. 그리고는 다시 경기에 집중했습니다.

경기를 보기 위해 옷이 타도 상관없고, 머리카락이 타는 데도 개의치 않는 것, 이것을 나를 완전히 잊어버린 '혼연망아渾然忘我'라고 합니다. 이것은 겨우 '자신을 잊어버리는' 경지일 뿐인데도 이미 외경에서 오는 괴로움에 영향을 받지 않을 정도인데, 만약 '무아無我'의 지혜가 있다면 당연히 일체의 고통을 멀리할 수 있을 것입니다.

괴로움이 존재한다는 것은 부인할 수 없는 진리입니다. 즐거움을 좋아하고 괴로움을 싫어하는 것은 중생의 본성입니다. 지금 전 세계의 학술, 경제, 의약 등 각 분야에서는 끊임없이 더 완벽을 추구하고자 노력하고 있습니다. 과학자들은 인류의 생활이 더욱 개선되고 고통을 최소한도로 줄이기 위해서 그토록 발명에 열중하는 것입니다. 또한 정치가들이 외치는 구호 역시 국민의 고충을 없애자는 내용이 대부분입니다. 그러나 사실상 사회에서 괴롭고 가난한 사람을 돕고 옷과 음식을 제공해 준다 하더라도 그건 당장 눈앞의 일시적인 괴로움과 곤란함을 해결해 줄 수 있을 뿐 고통의 근본을 철저하게 해결해 주지는 못합니다. 오로지 자신에게 반야지혜가 있어야만 괴로움이 어디서 왔는지를 꿰뚫어보고, 그런 다음 '병에 맞춰 약을 주는' 조치가 취해져야 합니다. 이렇게 해야 괴로움을 제거할 힘이 생깁니다. 그러니까 오온五蘊이 모두 공空하다는 것을 비추어 보는 '무아'의 지혜가 있어야 결국 괴로움을 떨치고 즐거움을 얻을 수 있습니다. 이것이 왜 불도를 익히려면 계·정·혜를 열심히 닦아야 하는지, 또 삼학을 증상해야 하는지의 이유입니다.

오늘 강의하는 '인간불교의 혜학'에 대해 다음 네 가지 관점에서 얘기하겠습니다.

①**혜의 근본**: 반야연기般若緣起, 인간지혜의 근본(人間慧本)
②**혜의 개발**: 지식교사知識巧思, 인간지혜의 해득(人間慧解)
③**혜의 응용**: 생활행의生活行儀, 인간지혜의 작용(人間慧用)
④**혜의 원만**: 동체공생同體共生, 인간지혜의 원만(人間慧圓)

1. 혜慧의 근본: 반야연기般若緣起, 인간지혜의 근본

세상의 보통 종교는 대부분 믿음 또는 자비를 중시합니다. 불교만이 이성을 중시하고 지혜를 추구합니다. 불교는 반야지혜를 개발해야 그릇됨과 올바름의 진위를 가리고, 번뇌를 끊어 없애야 자신과 남을 제도하고 결국 해탈할 수 있다고 여깁니다. 그래서 '인간불교의 혜학'에서 가장 먼저 '반야연기般若緣起'를 제시합니다. 이것은 인간세상의 지혜의 근본입니다.

인생에는 아주 중요한 과제가 하나 있습니다. 즉 자신을 어떻게 찾느냐? 다른 말로 하면 우리의 '본래면목本來面目'을 찾는 것입니다. '본래면목'이 곧 '반야자성般若自性입니다. 여러분도 이 문제를 생각해 보셨는지 모르겠습니다. 부처님께서 깨달으신 뒤 "일체 중생은 모두 불성佛性이 있다"고 말씀하신 적이 있습니다. 바꿔 말하면 범부중생은 부처님과 마찬가지로 성불할 수 있는 자질을 갖추고 있다는 것입니다. 그런데 왜 부처님은 일찍이 깨달음을 얻어 불도를 이루었고 우리는 아직도 삶과 죽음을 윤회하고 있는 것일까요? 그 원인은 바로 우리가 자신의 반야자성을 발굴해내지 못했기 때문입니다. 마치 하늘의 달이 먹구름에 가려 빛을 발산할 수 없는 것처럼 말입니다. 지금 만약 우리들이 자신의 반야자성을 찾을 수 있고 자신의 본래 모습을 본다면 인간에서의 생활은 부귀하고 영화로울 뿐만 아니라 무상無上한 자유로움과 해탈을 누릴 것입니다.

반야는 인생에 매우 중요합니다. 부처님이 세간에 머물며 49년 동안 설하신 법 가운데 경전을 강講하신 횟수가 300회 됩니다. 강설했던 내용을 게송으로 나타낸 것이 '화엄경은 최초 21일 간, 아함경은

12년, 방등경은 8년을 설법하셨고, 반야경은 22년간 설법하셨으며, 법화경과 열반경을 합쳐 8년을 설하셨다'라는 것입니다. 이 게송을 통해 부처님께서 49년 동안 설법하신 중에 오로지 반야경만 22년 동안 강설하셨다는 것을 알 수 있습니다. 이것은 반야가 얼마나 중요한 지를 설명해 주는 대목입니다.

반야경에서는 우리 자신의 본래면목과 우주인생에 대한 불교의 견해를 강설합니다. 반야는 지식도 학문도 철학도 아닙니다. 반야는 우리들의 법신法身이며 진여眞如이고, 중생의 평등한 자성입니다. 반야와 법신 안에서는 중생과 부처라는 이름의 차별이 없으며, 나와 남이라는 형상의 차별을 두지 않습니다. 그래서 경전에서는 "진여법계眞如法界에는 중생과 부처의 거짓이름이 없고, 평등한 자성 가운데는 나와 남이라는 형상이 없다"고 했습니다.

반야는 그 미묘함이 매우 깊습니다. "반야자성般若自性은 비유할 만한 것이 없고, 우둔한 자들과 범부이승(凡夫二乘: 이승의 수행자들)은 헤아릴 수 없으며, 등각보살等覺菩薩은 알 수 없고, 오로지 불세존佛世尊만이 홀로 할 수 있다"고 했습니다. 반야는 모든 부처가 깨달음을 증득한 경계로서 본래 말로 할 수 없고 쉽게 말할 수 없습니다. 그러나 모두가 이해하기 편하도록 저는 그것을 4개의 단계로 나누었습니다. 즉 중생들이 이해할 수 있는 반야는 '정견正見'이고, 성문·연각의 이승인의 반야는 '연기緣起'이며, 보살의 반야는 '공空'이고, 진정한 반야는 오로지 삼세제불만이 아시니, 바로 성불한 뒤에야 진정으로 반야를 인식할 수 있습니다.

일반 중생은 늘 반야가 곧 지혜라고 이해합니다. 그러나 지혜는 반야를 대표할 수는 없습니다. 지혜는 일반적인 지식일 뿐이며, '지知'라는 식識을 통해서 '병病'이 생겨 이루어진 어리석음이 곧 '미욱함(癡)'입니다. 즉 제 꾀에 제가 넘어가는 경우입니다. 그래서 반야는 지식이라고 말할 수 없으며, 또한 지혜라고 말할 수도 없습니다. 반야는 우리의 영원한 생명이자 죽지 않는 진여眞如입니다. 사실 말로 이해시키기는 참 어렵습니다. 굳이 예를 들어 본다면, 우리는 눈으로 바깥 사물을 봅니다. 산과 강, 꽃과 풀은 무척 또렷하고 분명하게 볼 수 있지요. 우리가 세상의 만물을 제대로 정확하게 본다는 것은, 카메라와 마찬가지로 조리개와 초점을 잘 맞춰서, 사진을 어긋나거나 흐려서 사람을 제대로 알아보지 못하게 찍지 않는다는 것입니다. 세간을 바라보는 우리의 견해가 정확하다면 그것이 곧 범부중생의 반야이자 '정견'일 것입니다.

정견이란 뒤바뀌어지고 삿된 견해를 멀리하는 바른 관찰법이고, 있는 그대로 세간과 출세간의 인과를 이해하는 지혜이며, 삼법인三法印과 사성제四聖諦, 십이인연十二因緣 등 불교의 교리를 통해 우주만상을 관찰하여 얻는 정확한 견해입니다. 넓은 의미에서는 불교가 인가認可한 모든 도리道理는 모두 정견에 속한다고 보면 됩니다. 예를 들어 인연과보因緣果報도 정견이고, 선악업력善惡業力도 정견이며, 무상고공無常苦空도 정견이고, 불도영항佛道永恒도 정견입니다.

한 사람의 사상과 관념은 종종 그 사람의 일생에 영향을 미치기도 합니다. 불도를 배우고 수행하는 것은 과거의 좋지 않은 습성을 올바로 바꾸고 개선해서 수행해 나가는 것입니다. 그래서 정확한 관념과 견해는 매우 중요합니다. 어떤 이는 불도를 배우면서 약간의 억울함이나 곤란한 일을 당하면 도심이 퇴보하고 중도포기를 합니다. 심지어 불교에 대해 수많은 원망을 하고 불보살이 자신을 보호해 주지 않았다고 비난합니다. 이것은 정견이 없는 것입니다. 정견이란 자신이 믿는 신앙의 진리에 대해 어떤 난제가 닥쳐도 신념이 결코 흔들리지 않고 도리어 믿음이 더욱 견고해지며, 자신의 입장을 고수하여 공익을 수호하고 진리를 선양하는 데 더욱 힘쓰는 것입니다. 그러니까 우리는 세간에 선도 있고 악도 있으며, 업도 있고 과보도 있으며, 전생도 있고 내세도 있으며, 성인도 있고 범부도 있다는 도리를 분명히 이해해야 합니다. 선악, 성인과 범부, 삼세, 업보의 관념이 있다는 것을 잘 알아야 삼업三業을 잘 살피고, 선행을 하고 악행을 그치는 것을 알게 되어 삼도에 떨어져 윤회하는 것을 면할 수 있습니다.

범부보다 조금 더 높은 성문과 연각, 나한 등의 성인은 우주인생에 대한 체험, 우주만유에 대한 견해가 좀 더 뛰어납니다. 그들은 세간의 일체를 '연기緣起'로 봅니다. 즉 세간의 일체는 인연에 의해서 생겨난다는, 즉 "인연이 모이면 생겨나고, 인연이 흩어지면 소멸한다"라고 인식합니다. '연기'는 불교의 근본교리이자 불교가 다른 종교나 철학, 사상과 상이한 가장 큰 특징입니다. 세간의 모든 사물과 일체의 현상은 아무 것도 없는 상태에서 갑자기 생겨나는 것이 아니며, 반드시 갖가지 인연의 조건이 모아져야 드러나고 존재하지, 혼자 존재할 수 없다는 것이 연기에 대한 바른 설명합니다. 일단 모아서 형성된 '인연'이 흩어져 사라지면 사물 그 자체도 더 이상 존재하지 않습니다. 이것이 바로 불교에서 말하는 "모든 현상은 인연으로 생겨나고, 모든 현상은 인연으로 소멸된다"는 도리입니다.

세간의 모든 현상이 드러나고 존재하는 인연, 그 현상 자체와 또 서로 관계되어 생겨나는 인연 등, 이처럼 보기에는 명확하지 않은 상관관계와 복잡하며 면밀한 상호 유동관계는 우주만유의 생성, 생명 기원의 중도불이中道不二, 심오하고 미묘한 도리를 설명할 수 있게 해주었습니다. 이러한 도리를 '연기'라고 합니다. 당시 부처님께서는 보리수 아래 금강좌에서 밤에 별을 보고 깨달음을 얻어 성불하셨는데, 그때 깨달아 얻은 것이 이 우주인생의 도리, 즉 연기법緣起法입니다.

연기법은 우주만유가 생멸하고 변이하는 관계를 설명한 것이며, 인생의 괴로움과 즐거움의 원천을 나타낸 것입니다. 연기법을 통해서 어떤 일이든 그 결과는 모두 인연에 의해 만들어진다는 것을 알 수 있습니다. 그래서 즐거운 인생을 얻고자 하면 반드시 좋은 인연을 심어 가꾸고, 원만한 인간관계를 원한다면 널리 선한 인연을 맺어야 할 것입니다. 만약 선한 인연을 심지 않아 일단 괴로움의 과보를 맛보았다면, 계속 그 결과에 머물면서 괴로움과 번뇌 속에 자신을 빠지게 한 하늘과 타인을 원망하고만 있지 말고 인연을 개선해야 합니다. 그래서 인연과 과보의 관계를 이해해 역연逆緣을 개선하고 좋은 인연을 기르며, 널리 선한 인연을 맺고 인연에 순응할 줄 알아야 합니다.

성문과 연각보다 더 높은 것은 보살이 체험한 반야인 '공'입니다. 일반인들은 공을 얘기할 때면 늘 세상의 모든 현상은 공허하다는 '사대개공四大皆空'을 생각하며, '공'이란 텅텅 비어 아무 것도 없다고 인식합니다. 그것은 사실 '공'의 뜻을 잘못 이해한 것입니다. '공'은 대승불교에서 무한한 의미를 가집니다. 공은 불교에서 매우 깊은 철학적 이치이며, 공은 우리 본래의 모습이기도 합니다. 이른바 '진공眞空

에서 묘유妙有가 생겨난다'는 것입니다. 왜냐하면 비어 있어야 생길 수 있기 때문입니다. 우주세간은 텅 빈 허공이 있기에 온갖 현상을 다 품을 수 있는 것입니다. 마치 가방이 비지 않으면 물건을 담을 수 없고, 집이 비지 않으면 사람이 살 수 없으며, 코가 뚫리지 않으면 숨을 쉴 수 없는 것과 같습니다.

'공성空性'으로부터 우주인생의 갖가지 존재의 참모습을 깨달을 수 있기에 '공'은 곧 반야지혜입니다. 현상계에 존재하는 것 가운데 모든 사물은 그 나름대로의 독자적인 본성이 없다는 진리를 발견할 수 있으니 '공'은 또한 일종의 정견입니다. 그럼 '공'이란 무엇일까요? 좀 더 간단하게 말하면 '공'은 인연이고, 정견이며, 반야이고, 불이법 문입니다. '공'은 숫자의 '0'처럼 무한합니다. 숫자 '0'을 숫자 '1' 뒤에 놓으면 '10'이 됩니다. 숫자 '0'을 '10' 뒤에 놓으면 '100'이 됩니다. 또 숫자 '0'을 '100'의 뒤에 놓으면 '1,000'으로 바뀝니다. 그래서 천문학적인 숫자로 무한한 증가를 할 수 있습니다. '공'은 또한 수학의 'X'처럼 어디에 놓느냐에 따라 무언가를 풀이해낼 수도 있습니다.

'공'은 포함하지 않는 것이 없을 정도로 무한히 넓습니다. '공'은 또한 '아미타불'이란 불호佛號처럼 수많은 의미를 나타내며, 모든 것을 받아들임을 나타냅니다. 누군가 내게 선물을 했을 때, 내가 '아미타불'이라고 한다면 그건 감사함을 표현한 것입니다. 누군가 승진을 하고 대박이 났을 때 내가 '아미타불'이라 했다면 그건 축하한다는 의미일 것입니다. 누군가 돌아가셨을 때 내가 '아미타불'이라고 한마디 낭송하면 그건 애도를 표시하는 것입니다. 아미타불은 진리이며, '공' 역시 진리입니다. '아미타불'은 우주 삼라만상입니다. 당신이 그

걸 뭐라고 이름하든 그 이름대로 될 겁니다. '공' 역시 우주 삼라만상입니다. 그것이 무엇을 대표한다고 말하면 그것을 대표할 것입니다.

공기가 대지의 만물을 품고 있듯이 허공은 우주 삼라만상을 품고 있습니다. '공'은 사실 '유有'를 건설한 것이며, 공과 유의 관계는 손바닥을 모으면 주먹이 되고 피면 다시 손바닥이 되는, 손바닥과 주먹의 관계와 같습니다. '공·유'는 주먹과 손바닥처럼 본래는 '공'이었지만 인연이 쌓이고 모아져 '유'를 이루고, 본래 '유'였던 것이 인연이 흩어지고 사라지면 '공'이 되는 것입니다. 공이거나 유이거나 인연에 따라서 이루어지고 괴멸되며, 멈추지 않고 변화합니다. 여기에서 '공·유'의 관계를 인식하고, '공·유'는 둘이자 하나이고, 하나이자 둘이라는 것을 발견할 수 있습니다.

'공·유'는 또한 여자들이 몸에 지니는 귀걸이, 반지, 팔찌와 같습니다. 캐내어 제련하기 전에는 광석이 광산에서 공장으로 옮겨지면 황금으로 모습이 일신합니다. 공장에서 다시 세공사의 손을 거치면 이번에는 다양한 반지, 귀걸이, 목걸이, 팔찌 등으로 바뀝니다. 모습이야 수천수만 번 바뀌어도 사실 황금이라는 본래 성질은 여전히 변하지 않습니다. 이런 예를 통해 '공·유'의 관계가 '공'은 금이고 '유'는 형태이며, '공'은 하나이고 '유'는 많으며, '공'은 본래 성질이고 '유'는 현상이라는 것을 알 수 있습니다.

'공·유'는 또한 바다의 파도와도 같습니다. 바닷물은 본래 고요하지만 일단 바람이 불어 바닷물을 건드리면 물결이 일고 파도가 한 차례씩 넘실거리며 바다의 본래 모습은 사라지게 됩니다. 잔잔했던 바다도 물이고, 거칠고 사나운 파도 또한 물입니다. 파도는 물과 떨어

244

질 수 없고, 움직임은 고요함과 떨어질 수 없으며, 있다는 것은 비어 있다는 것과 떨어질 수 없습니다. 파도와 물이 한몸이고, 움직임과 고요함은 하나이며, 공과 유 또한 둘이 아닙니다.

'공'은 아버지와 같습니다. 아버지는 태양처럼 엄격합니다. '유'는 어머니와 같습니다. 어머니는 이슬처럼 자애롭습니다. 부모가 함께 우리를 낳고 기릅니다. 공과 유의 조화가 세상 만법을 만듭니다. 그래서 "물질이 곧 공이요, 공이 곧 물질이다", "공이 물질과 다르지 않고, 물질이 공과 다르지 않다"고 한 것입니다.

'공'은 곧 연기입니다. 모든 현상은 '연기'로 인해 생겨나기 때문에 공은 자성이 없고 일시적으로 모였다가 흩어지는 환상입니다. 바꿔 말하면 제법실상諸法實相은 생기는 것도 아니고 소멸하는 것도 아닙니다. 잠깐 존재하는 현상계를 '연기'라고 말하고, 자성이 없는 실상계實相界를 '성공性空'이라 말합니다. 연기 때문에 성공이 드러날 수 있으며, 성공 때문에 연기를 일으킬 수 있는 것입니다.

'공'에는 불교의 중요한 사상이 담겨 있습니다. '공'은 뒤집을 수 없는 진리입니다. '공'은 인생에 커다란 공헌을 한 학설입니다. '공'에 담긴 진리를 이해한다면 세상을 꿰뚫어볼 수 있고, 더 나아가 '공'에서 '유'를 건설할 수도 있을 것입니다. 그러므로 '공'을 긍정해야 '유'를 만들 수 있습니다. '공'이 존재하는 인생관은 인생의 가치를 더욱 승화시킬 수 있습니다. 이와 같은 '공'과 '유'를 융합시킨 것이 바로 '중도中道'입니다. '중도'는 공유가 융합되어진 지혜이자 중관 (中觀: 중도의 진리를 관찰함)의 반야지혜입니다. 이러한 지혜가 있어 야 세간의 실상에 직접 들어가서 사건과 마주하게 되면 '사물에는 성숙하는 시기가 있다'는 것을 이해하게 되고, 결과와 마주치면 '결과는 원인에서 생긴다'는 것을 알 수 있습니다. 어떤 '원인'을 심어야 어떤 '결과'를 맺게 된다는 도리를 알고 나면 사건에 부딪혀도 하늘이나 타인을 원망하지 않고, 원인에서부터 차근차근 찾아 나가는 법을 알게 됩니다. 이렇게 해야 문제를 근본적으로 해결할 수 있습니다.

정견, 연기, 공을 이해한다는 것이 이미 쉽지 않은 일인데, 반야까지 인식해야 한다는 것은 더욱 어려운 일입니다. 반야는 도대체 무엇입니까?

반야는 진리를 통찰하는 지혜를 가리킵니다. 그러나 그 경계가 바다처럼 깊고 심대하기 때문에 세속에서의 작은 반딧불 같은 지식으로는 비교할 수 있는 것이 없습니다. 그래서 보통 '반야'라고 직역합니다. 지혜는 내포된 의미가 비교적 얕고 가벼우며, 지혜에는 선도 있고 악도 있으며, 올바름도 있고 그릇됨도 있습니다. 반야는 순수하고 깨끗하며, 아름답고 진실하며, 번뇌에서 벗어날 수 있게 해줍니다. 그래서 불경을 번역할 때 5가지 번역하지 않는 원칙인 5종불번五種不翻 가운데 존중불번尊重不翻의 법칙을 적용해 예부터 '반야'라고 그대로 직역을 했지, '지혜'라는 말로 표현하는 경우는 극히 드물었습니다.

반야는 연기에 대한 바른 견해이며, 모든 현상은 공하다는 것을 깨닫는 지혜입니다. 『대지도론』에서는 "반야바라밀이란 곧 일체 만법의 실상이라 깨뜨릴 수도 없고 파괴할 수도 없다"고 했습니다. 반야가 있으면 '연기성공'을 이해할 수 있고, 더 나아가 우주인생의 진리를 깨달아 불도를 성취할 수 있습니다. 그래서 반야는 보리를 이루게 해주는 '원인'이기도 합니다. '연기성공', '불생불멸'의 제법실상을 이해할 수 있다는 것이 곧 반야입니다. 그래서 반야는 우주의 진실된 모습을 분명히 알 수 있게 해주는 지혜입니다.

반야는 모든 불보살이 제법실상을 몸소 증득한 '원명본각지圓明本覺智'이고, 모든 망상과 미련을 멀리한 '청정무분별지淸無分別智'이며, 일체 법이 본래 공하고 본래 얻는 바가 없다는 '진실무상지眞實無上智'입니다. 범부는 그저 바른 이해와 바른 견해를 구족하기만 해도 그런대로 반야지혜를 얻었다고 할 수 있습니다. 그러나 진정한 반야는 깨달음을 얻고 성불해야지만 증득할 수 있습니다. 그래서 『법화경』에서는 "오직 부처와 부처만이 제법의 실상을 구진(究盡: 훌륭하게 완전히 밝히다)할 수 있을 뿐이다"고 했고, 『대지도론』에서는 "반야는 모든 지혜 가운데 가장 으뜸이고, 무상無上·무비無比·무등無等하며, 이보다 더 수승한 지혜는 없다"고 하였습니다.

반야는 부처의 단계이고, 자성반야를 깨달은 뒤에 본체本體와 현상이 둘이 아니라는 것을 알게 된 경지입니다. 당시 부처님이 보리수 아래 금강좌에서 밤하늘의 별을 보고 깨달은 것이 바로 반야연기입니다. 반야는 만물의 근본이고, 모든 중생의 자성입니다. 반야는 나의 죽지 않는 생명이며, 이것이 곧 반야의 '체體'입니다. 반야는 꽃과 같고, 햇불과 같고, 광명과 같고, 자애로운 어머니와 같고, 선박과 같습니다. 이것이 반야의 '상相'입니다. 반야가 있으면 지혜를 잘 활용할 수 있고, 재미나고 슬기롭게 문제를 해결할 수 있습니다. 이것이 반야의 '작용(用)'입니다. 반야가 있는 사람은 매사 넓게 생각하고 열린 생각을 가지며, 일체의 인아, 시비, 유무, 호괴好壞를 초월하여 대상을 대할 수 있습니다. 이것이 반야입니다.

평소 우리가 흔히 말하는 지옥에서 중생을 제도하는 지장보살은 힘들지 않으실까요? 힘들지 않으십니다. 왜냐하면 반야가 있기 때문입니다. 무척 빈곤한 가정의 부모가 힘들고 괴롭지만 자녀를 부양할 수 있는 것은 자비심이 있기 때문입니다. 그래서 힘들지 않습니다. 자비와 어머니의 사랑이 바로 반야입니다. 교도소를 관리하는 교도관은 타인을 위해 봉사한다는 마음을 갖고 있기에 힘들지 않습니다. 만약 사람을 관리한다는 마음으로 타인에게 가혹행위를 한다면 괴롭다고 느낄 것입니다. 교도소의 죄수들이 만약 참회하는 마음을 갖고 그 기회에 반성하고 잘못을 고치고자 한다면 괴로움이 없을 것입니다. 만약 마음에 불만과 증오, 원망만 가득하다면 오히려 괴로울 것입니다. 괴로우냐 괴롭지 않느냐의 판가름은 심경心境에서 합니다. 심경 또한 그 사람에게 반야가 있는지 없는지를 알 수 있습니다. 반야가 있으면 모든 사물을 처리할 수 있고, 모든 사물을 평상심을 갖고 바라볼 수 있습니다. 예를 들어 지통智通 선사가 '사고師姑가 본래 여인의 몸으로 하는 것이구나'라는 것을 깨달았듯이, 보통 평범한 일들 속에서 불법을 알아챌 수 있는 것이 바로 반야입니다.

반야는 괴로움을 알아 그 괴로움을 없애고 공하고 자재롭게 볼 수 있도록 하는 능력이 있습니다. 일반 범부는 매일 육근에 따라 허망한 육진을 쫓아다니는 생활을 하고 있습니다. 그래서 허망하고 진실성이 없는 세계에서 생활하니 쉽게 망상이 생겨나고 미혹되어 업을 짓게 됩니다. 그래서 끊임없이 윤회하게 됩니다. 반야가 없는 삶에는 정견이 결여되니 외경의 번뇌에 따라 쉽게 흔들리게 되지만, 반야가 있으면 자성의 빛을 개발할 수 있으니 자신의 진실된 생명을 깨닫고, 생사를 윤회하는 차안此岸에서 무사히 해탈의 피안彼岸으로 건너가게 됩니다. 이것을 일러 '반야바라밀般若波羅密'이라 합니다.

반야의 신묘한 작용은 제법실상을 깨닫고 일체의 허망함을 멀리해 해탈을 얻는 것만이 아닙니다. 보살이 육도바라밀을 수행할 때 반야를 으뜸으로 삼는 것이 더 중요합니다. 즉 "한없이 베풀면서도 베풀었다는 생각마저 갖지 말고, 계율을 수지하면서 계율의 상相에 집착하지 말며, 욕됨을 참으면서도 아집을 멀리하고, 끊임없이 노력함에 교만함이 생기지 않도록 하며, 참선 수행을 함에 선정의 경계가 흔들리지 않게 한다"는 것입니다. 그래서 경전에서는 '반야는 지도자이고, 오도(五度: 5바라밀)는 동반자이다. 가령 반야가 없다면 오도는 장님과 같다'라고 했습니다. 오도는 세간법인데, 반야가 있어서 출세간법이 될 수 없다는 의미입니다.

육바라밀 중에 보시를 예로 들어보겠습니다. 세간에는 수많은 자선단체가 있고, 일반인들도 보시를 하고 있습니다. 그러나 '반야'가 없기 때문에 결말이 없습니다. 반야가 있으면 '삼륜체공三輪體空', 즉 베푸는 사람과 베풂을 받는 사람이라는 상대성을 없앨 수 있어서 세간과 공통되지 않으며(不共), 세간법과도 같지 않습니다. 그러니까 '보시'에 반야가 있어야 삼륜체공을 할 수 있습니다. '지계'에 반야가 있어야 중생을 이롭게 할 수 있습니다. '인욕忍辱'에 또 반야가 있어야 모든 법이 생生하지도 않고 멸滅하지도 않는 무생법인無生法忍의 진리를 이해할 수 있습니다. '정진精進'에 반야가 있어야 나태하지 않고 분발할 수 있습니다. '선정禪定'에 반야가 있어야 깨달음을 증득할 수 있습니다.

반야는 오도를 끌어들여 능히 '바라밀'로 나아가게 할 수 있습니다. 그래서 보시 등 오도가 '바라밀다'를 성취할 수 있으려면 반드시 얻는 바가 없는 반야로 방편을 삼아 수행해야 합니다. 그렇지 않으면 '보시를 행하되 반야가 없다면 일생의 영화를 얻고도 뒤에는 남은 빚을 갚는 재앙을 받을 것이며, 지계하되 반야가 없다면 잠시 욕계천상欲界天上에 태어난다 해도, 결국 지옥에 떨어질 것입니다. 인욕을 하되 반야가 없다면 형상이 단정한 과보는 받지만, 적멸인寂滅忍은 증득하지 못할 것입니다. 정진하되 반야가 없으면 헛되이 생멸하는 공功만 일으키고 진상眞常의 대해大海에는 나아가지 못할 것입니다. 선정을 하되 반야가 없다면 단지 색계선色界禪을 행하는 것일 뿐, 금강정金剛定에는 들지 못할 것입니다. 만선萬善을 행하되 반야가 없다면 유루인有漏因만을 이루는지라 무위無爲의 과과에는 계합치 못할 것입니다.' 그래서 불교에서 말하는 일체의 법은 무릇 반야가 없으면 모두 세법世法이 되고, 일체의 법에 반야가 있으면 그것은 불법佛法이 됩니다.

반야는 능히 '육도만행을 이끌어 지혜의 대해에 들어가게 한다'고 했습니다. 이것은 반야의 커다란 효용입니다. 반야는 육도의 근본이자, 일체 선법의 근원이며, 생사의 바다를 건너 피안의 보리세계에 다다를 수 있게 하기에 '제불諸佛의 어머니'라 부릅니다.

반야에는 다음 세 가지가 있습니다.

① 실상반야實相般若

실상반야란 반야의 이체(理體: 이성理性의 근본이 되는 체)이고, 본래 일체 중생에게 갖추어져서 일체 허망虛妄의 상相을 여읜 반야의 실성實性으로서, 즉 일체종지一切種智를 말합니다.

②관조반야觀照般若

관조반야란 현상계의 실상을 관조하는 지혜로, 모든 현상에는 자성이 없다는 것을 자세히 앎으로 관조라 하니, 즉 일체지一切智를 말합니다.

③방편반야方便般若

방편반야는 현상세계의 모든 차별된 법을 통달하고 분별하는 권지權智이고, 제법을 적합하고 적절하게 분별함으로써 방편이라 하니, 즉 도종지道種智를 말합니다.

방편반야는 일체 제법의 차별적 모습을 추리하고 판단하는 것이며, 관조반야는 일체 제법의 진실된 모습을 통찰하는 것입니다. 이 두 반야의 효용은 모두 실상반야에서 생기므로 실상반야는 반야의 본성이자, 중생이 저마다 본래 구족하고 있는 자성광명自性光明입니다. 이런 지혜를 개발하려면 부처님의 가르침을 열심히 수학하고 얕은 데서 깊은 곳으로 점차 전진해 나가야 합니다. 그 방식은 다음과 같습니다.

①문소성혜聞所成慧

선지식을 가까이 하거나 경전에 관한 법문을 자주 듣고, 불교 경전을 읽으면서 글의 뜻을 확실하게 이해하여 굳게 믿음으로써 얻는 지혜입니다.

②사소성혜思所成慧

문혜聞蕙를 기초로 삼아 법의法義에 대해 더욱 깊이 사유하고 관찰하며 불법의 뛰어난 진리를 깊이 체득함으로써 얻는 지혜입니다. 사소성혜를 성취하려면 법을 의지하되 사람을 의지하지 않고(依法不依人), 뜻에 의지하되 말에 의지하지 않으며(依義不依語), 요의경에 의지하되 불요의경에 의지하지 않고(依了義不依不了義), 지혜에 의지하되 지식에 의지하지 않는다(依智不依識)는 부처님의 '사의지四依止'를 따라 선택하고 자세히 살펴야 부처님께서 설법하신 궁극적인 의미를 정확하게 느낄 수 있을 것입니다.

③수소성혜修所成蕙

문혜聞慧·사혜思慧에 의지해 불법을 이해한 뒤, 법의에 따라 힘써 수지修持하고 정심定心과 상응하는 통찰의 지혜가 곧 수소성혜입니다. 이 유루有漏한 문·사·수 지혜로부터 야기되어 능소불이(能所不二: 존재하는 것과 일어나는 일이 둘이 아닌 세계)한 반야실상의 지혜를 얻어야 번뇌를 여의고 해탈을 얻을 수 있습니다.

반야는 제법의 진리를 통달하고 인생의 바른 길을 가리키는 횃불입니다. 반야는 외부에서 온 지식이 아니라, 중생의 청정하며 밝게 빛나는 본성이자 중생의 본래 모습입니다. 반야는 법신, 실상, 진여, 자성, 불성의 동의어입니다. 불성은 사람이면 저마다 본래 구족하고 있기에, 육조 혜능대사는 "일체 반야지般若智는 모두 자성에서 생겨난다"고 말씀하셨습니다. '자신의 본심을 인식하고 자신의 본성을 본다'고 한다면 반야를 얻을 수 있을 것입니다.

육조대사는 또한 "세간의 사람은 하루 종일 입으로 반야를 말하지만, 정작 자기 본성의 반야는 알지 못한다(世人終日口念般若, 不識自性

般若)"고 하셨습니다. 모든 사람에게는 하나의 마음이 있지만 일반인들이 이해하는 것은 육단심肉團心, 망상심, 분별심일 뿐입니다. 본래부터 구족하고 있는 영지심靈知心은 등한시하고 있지만, 이것이야말로 진심입니다. 진심이 곧 반야이고, 반야가 있으면 우주세계도 모두 그 한마음에 있습니다.

반야는 내용을 세세하고 깊이 알기는 어렵고, 말로써 능히 풀이할 수가 없습니다. 굳이 말한다면 '거울'에 비유할 수 있을 것입니다. 사람은 살찌건 말랐건, 또 아름답건 추하건 반야라는 거울 앞에 서서 비춰보기만 하면 그 자리에서 바로 실상이 드러나고, 본래의 모습을 볼 수 있습니다. 불제자가 평소 독경과 예불을 하고 법문을 듣는 등 갖가지 공덕을 짓는 것은 바로 마음속의 거울을 깨끗하게 닦아 맑은 마음인 반야를 드러나게 하려는 것입니다. 반야가 있다면 비방과 질책을 당하거나 부당하게 욕을 먹더라도 재앙을 없애는 것쯤으로 여깁니다. 좌절과 충격을 겪고, 억울함과 모욕을 당해도 거꾸로 증상연增上緣이라 치부합니다.

이러한 행위는 수도의 양분養分이 되며, 보리라는 선근에 영양을 주어 무럭무럭 자라게 할 수 있습니다. 반야가 있으면 인생의 경계가 달라집니다. 그래서 불도를 배우면 자비심을 함양하는 것 외에도 공空을 관觀하는 반야지혜까지도 구족해야 합니다. 반야라는 최상의 지혜가 있어야만 우주인생의 근본 진리를 직접 증득할 수 있습니다.

세계의 모든 종교는 자신들이 널리 알리고자 하는 교의敎義가 진리라고 생각합니다. 사실 이른바 '진리'는 반드시 보편성, 필연성, 평등성, 초월성, 본래성本來性, 가증성可證性, 영원성 등의 조건을 내포하고 있어야 합니다. '공'은 우리들이 그것을 발견했기 때문에 그것이 존재하는 것이 아니라 그것은 본래부터 존재하고 있었습니다. '공'은 너의 것 나의 것을 나눌 수 없습니다. 그래서 공은 필연성과 평등성, 보편성, 영원함을 가진 진리입니다. 또한 사람이 태어나면 반드시 죽는 것은 내 나라 사람도 그렇고, 외국인도 똑같습니다. 이것은 보편적으로 이러하고, 필연적으로 이러하며, 본래 이러하고, 영원토록 이러하다는 진리입니다. 불교의 '삼법인三法印'이 바로 이런 조건에 부합되는 진리입니다.

삼법인이란 제행무상諸行無常, 제법무아諸法無我, 열반적정涅槃寂靜입니다. 이것은 우주 현상을 설명하는 세 가지 법칙입니다. 이 세 법칙으로 불법의 진위를 '인증'하는 것입니다. 마치 세간에서 화물에 도장을 찍으면 이 물건은 진품이라는 것을 확인한 것이고, 도장 날인이 없으면 가짜이고 모조품이라는 것처럼 말입니다. 그래서 삼법인은 불법을 인증하는 근거이자, 불법과 불법이 아닌 것을 식별하는 기준이 됩니다. 이 삼법인과 서로 어긋나는 것은 비록 부처님이 직접 말했다고 해도 불요의법不了義法입니다. 만약 삼법인과 딱 들어맞으면 설령 부처님이 직접 말씀하신 것이 아니라고 하더라도 불법이라 여겨도 됩니다.

삼법인의 내용을 각각 서술하면 다음과 같습니다.

①제행무상諸行無常

'행行'은 흐르고 변한다는 의미입니다. 세간의 모든 형형색색의 사물은 어느 것 하나 순간순간 변하지 않는 것이 없고, 한 모양으로 머물러 있지도 않습니다. 세간에서 일어나는 일체의 유위법은 인연이 모아져 생겨나며, 인연으로 생겨난 모든 현상은 공하여 자성이 없이 인연이 모이면 생겼다가 인연이 흩어지면 사라집니다. 예를 들어 유정세간의 인간에게는 생로병사의 현상이 있고, 기세간器世間의 산하와 대지는 성주괴공成住壞空의 변천이 있으며, 심념에는 생주이멸生住異滅의 변화가 있습니다. 그래서 일체의 법은 시간상 잠시도 머무르지 않고 순간순간 생겨났다가 사라집니다. 과거의 것은 이미 사라졌고, 미래의 것은 아직 생겨나지 않았으며, 현재는 생겼다가 곧 사라집니다. 삼세에 걸쳐 끊임없이 변천하고 있습니다. 그래서 '제행무상'이라고 합니다.

②제법무아諸法無我

'법'은 우주의 모든 사물을 가리킵니다. 물질현상과 인식하고 식별하는 마음의 작용까지도 포함하며, 유형무형有形無形, 사리事理, 색심色心을 통칭합니다. 제법무아는 일체의 유위·무위법, 그리고 독립적이지 않고 변하지 않는 실체 또는 지배자를 가리킵니다. 그것을 '아我'라고 부를 수 있는 것은 항상 불변의 실체이며 독립적이고 자주적이며 영원불변의 지배자이기 때문입니다. 세상에는 이처럼 혼자 독립적이고 스스로 존재하며 스스로 결정하는 영원한 사물은 결코 없습니다. 일체의 사물은 모두 인연에 의해 생겨나기 때문입니다. 인연이 모이면 있고, 인연이 흩어지면 사라지며 상호의존적이지만, 실체성은 결코 없습니다. 세간에는 또한 어떠한 물건도 영원토록 상하지 않는 것은 없습니다. 예를 들어 우리의 신체는 한 채의 집처럼 우리를 단지 잠깐 거주하게 할 뿐입니다. 집에 오래 살게 되면 반드시 망가지고 비가 새게 될 것이며, 기한이 도래하면 우리의 이 오래된 집도 부서지고 사라져 존재하지 않게 됩니다. 육신만 이런 것이 아니라, 재물과 부, 명예와 이익, 감정 등 세간의 모든 것이 전부 영원히 존재하지 않습니다. 언젠가는 모두 우리를 떠나가기에 '제법무아'라고 말합니다.

세계의 모든 사물은 '무상無常'할 뿐만 아니라, '무아無我'이기도 합니다. 우리가 인연이 생기면 만나고, 인연이 사라지면 헤어지게 되는 인연의 이치를 헤아리고, 무상과 무아의 세간 현상에 집착하지 말며, 신심을 불생불멸의 출세간법 가운데 편안히 머물게 한다면 궁극적으로 즐거운 인생을 얻을 수 있습니다.

③ 열반적정涅槃寂靜

'열반'은 사성제四聖諦인 고苦·집集·멸滅·도道 가운데 '멸제'입니다. 『대승의장大乘義章』권 18에서는 "다른 나라는 열반을 '멸'이라는 이름으로 번역한다. 번뇌를 소멸하고 생사를 소멸하는 연유로 그 이름을 멸이라 하며, 모든 '상'을 멀리하고 대적정에 드는 연유로 '멸'이라 부른다(外國涅槃, 此翻名滅, 滅煩惱故, 滅生死故, 名之爲滅. 離衆相故, 大寂靜故, 亦名爲滅)"라고 했습니다. 『열반경』에서도 "모든 번뇌를 소멸하니 열반이라 부른다(滅諸煩惱, 名爲涅槃)"라고 했습니다. 이로 볼 때 '열반'이란 탐·진·치 등 모든 번뇌와 생사, 고통, 인아, 무명 등을 식멸하고, 오염되지 않으며 즐거움, 광명, 자재로움이 충만한 해탈의 경지에 도달함을 가리키는 것이지, 일반인들이 생각하는 것처럼 사람이 죽은 뒤에 얻는 '대열반'이 아닙니다. 이것은 불교에 대한 굉장히 잘못된 해석입니다.

과거 불교에서는 줄곧 사람들에게 비관적이고 소극적이며 세속을 도피한다는 인상만을 주었습니다. 이것은 불교에서 말하는 '고', '공', '무상' 등의 교리에 대해서 잘못 이해를 했기 때문입니다. 일반인들은 불교가 그저 소극적으로 괴로움과 무상함만을 강론한다고 여깁니다. 하지만 중생이 괴롭고, 공허하고, 무상한 인생의 참모습과 거기에서 발생하는 기쁨, 즐거움, 미움, 괴로움의 마음을 인식하고, 완전한 열반(究竟涅槃)의 즐거움을 적극적으로 추구하게 만들려는 목적이 있음은 모릅니다. 그러므로 우리는 삼법인에 대해 다음과 같은 인식을 갖춰야 합니다. '무상'해야 희망이 있고, '무아'해야 대중과 화목하며, '열반'이야말로 최고의 경지입니다.

삼법인에서 말하는 괴로움, 공허함, 무상함, 그리고 열반적정은 모두 불법의 기본 상식이자 우주인생의 진리입니다. 진리는 항상 이러한 것이고, 본래 이러한 것입니다. "법성은 본디 정해져 있는 것이며, 부처가 세상에 나거나 나오지 않았거나 이 법은 항상 머물러 있다"고 하였습니다. 당시 부처님께서는 이치를 증득하여 성불하셨지만, 부처님은 진리의 창조자가 아니고, 다만 진리를 발견했을 따름입니다. '법이여시法爾如是'가 그것입니다. 그래서 부처님께서는 자신에 의지하고, 가르침에 의지하지, 다른 것에 의지하지 말라고 말씀하셨습니다.

원시불교의 교리 중에 삼법인은 연기설 사상의 기초가 됩니다. 연기설은 부처님의 대표적인 가르침입니다. 둘의 의미가 서로 상통하여 최초의 근본불법으로 같이 봅니다. 삼법인을 이해할 수 있으면 부처님의 근본사상을 확실히 파악할 수 있으니 저절로 진리와 상응할 수 있게 됩니다.

그렇다면, 불교의 진리라는 건 무엇일까요? 불교의 진리에는 어떤 것들이 있을까요? 넓은 의미에서 말하면 부처님이 일생 동안 설하신 3장 12부 경전과 이치와 근기에 맞게 설하신 도리가 모두 진리입니다. 예를 들어 앞에서 언급했던 '정견', '연기', '공', '반야', '삼법인' 등이 모두 불교의 진리입니다. 다음은 다시 불법의 근본요지를 간단하게 몇 가지로 서술하겠습니다.

① 고취苦聚

괴로움은 통상 우리들이 업, 망상, 번뇌의 제어로 오온五蘊이 불같이 일어나 신심이 받는 고통을 가리킵니다. 이른바 '고수(苦受: 외부의 자극으로 신심이 받는 괴로움)'는 물론 '고고苦苦'이지만, '낙수(樂受: 즐거운 느낌)' 또한 '괴고壞苦'가 되고, '불고불락수(不苦不樂受: 괴롭지도 즐겁지도 않은 느낌)' 또한 '행고行苦'가 됩니다. 결국 사대四大와 오온이 쌓이고 모인 인생이 바로 고취苦聚이고 그 고취가 인생의 실상입니다. 그래서 반드시 괴로움을 멸할 방법을 찾아야 사바세계의 고해를 초월할 수 있습니다. 근심, 슬픔, 괴로움의 번뇌에서 해탈을 얻는 것, 즉 '조견오온계공照見五蘊皆空'해야 고취에서 떠날 수 있습니다.

② 무상無常

바로 앞에서 서술한 '삼법인' 중 '제행무상'입니다. 세간의 모든 현상이 순간에 생멸하고 변화하지 않는 것이 없고, 항상 머물러 변하지 않는 것이 또한 없습니다. 그래서 '무상'이라고 합니다. 그러나 '무상'이라고 안 좋은 것만은 아닙니다. 행복한 인생은 무상하고, 곤궁한 인생 또한 무상합니다. 오로지 세간의 무상함을 초월해야 영원한 자재를 얻을 수 있습니다.

③무아無我

바로 '삼법인' 중 '제법무아'입니다. 세간의 모든 현상은 어느 것 하나 진정으로 '나'를 지배하거나 혹은 의지할 수 있는 '나'란 것이 없습니다. 예를 들어 나는 영원히 젊었으면 하고, 영원토록 병들지 않았으면 하며, 영원히 행복하고 편안하며 즐거운 인생을 추구하지만, 어디 내 마음대로 되는 것이 있겠습니까! '나'가 결정할 수 없고, 매사 '나'의 마음대로 할 수 없기에 불교에서는 '제법무아'를 말합니다. 우주만유가 모두 인연이 합해지면서 생겨난 것이어서 홀로 독립적이거나 자아가 단독으로 존재할 수 없기 때문에, 인생에서 '거짓나(假我)'에 대한 집착을 초월해야 '참나(眞我)'인 자성열반을 증득할 수 있습니다.

④업감業感

업은 '행위', '행동' 또는 '짓다'의 의미입니다. 업은 신체, 언어, 사상 등 삼업을 포함합니다. '업'은 선하고 악하든, 좋고 나쁘든 모두 일종의 힘을 만들어 내며, 그 힘은 우리에게 새로운 행위를 하라고 부추깁니다. 새로운 행위는 또 새로운 힘을 만들어 냅니다. 이런 행위가 힘을 만들고, 힘은 또 행위를 조장하고 이처럼 서로 돌고 돌면서 업력 윤회를 형성하게 됩니다. 이른바 자기가 지은 대로 받는다는 것은 인간이 생사를 돌고 도는 원동력이며, 이로 인해 미혹되고, 업을 짓고, 괴로움을 받으며, 끊임없이 순환하며 서로 엉키게 됩니다.

⑤인과因果

인과는 우주 생멸변화의 법칙을 가리킵니다.『유가사지론瑜伽師地

論』권38에서는 "이미 지었으면 사라지지 않고, 아직 짓지 않았으면 얻을 수 없다"고 말합니다. 불교 인과론의 특징을 보여주는 이 게송은 모든 현상과 사물은 '인因'에 기대고 '연緣'에 의탁하여 '과果'를 생겨나게 함을 설명합니다. 또한 '과'는 다시 '인'이 되고, 연이 모이면 또 그 과가 생겨나며, 이처럼 서로 의지하고 끌어들여 인연과보는 삼라만상과 무궁무진의 세계를 형성합니다.

⑥사성제四聖諦

고苦·집集·멸滅·도道 네 가지의 진리를 가리킵니다. '고'는 신심을 고뇌에 빠트리는 상황으로, 고제는 인생의 실상이 곧 괴로움의 도리라는 것을 설명합니다. '집'은 '쌓이다', '불러들이다'라는 의미로 집제는 고통이 형성되는 원인을 가리킵니다. 중생은 무명, 탐욕, 진에 등 번뇌의 조종을 받아 온갖 악업이 쌓이고 갖가지 악업에 따라 또 갖가지 괴로움의 과보를 불러오게 됩니다. '멸'은 적멸이란 의미이며, '열반'의 또 다른 이름이기도 합니다. 멸제는 탐·진·치 등의 번뇌를 깨끗이 없애고 청정한 진여자성을 드러내는 것을 가리킵니다. '도'는 통달하다는 의미이며, 능히 열반으로 통하므로 이름을 도라고 합니다. 도제는 고통의 차안에서 열반의 피안에 도달하는 데 반드시 거쳐야 하는 도로이자 열반을 증득하는 정도正道입니다.

'고苦와 집集'의 두 가지 성스러운 진리는 중생의 세계인 세간의 인과로, 집은 원인이고 고는 결과입니다. '멸滅과 도道'의 두 가지 성스러운 진리는 깨달은 이의 세계인 출세간의 인과로, 도는 원인이고 멸은 결과입니다. 사성제는 일체 불법의 요체이자 부처님이 처음 보리수 아래에서 깨달으신 내용으로 우주연기의 진리입니다. 심오하고 이해하기가 어려운 연기 법칙을 갑자기 설하면 아직 믿음이 생기지 않은 중생들이 도리어 두려움을 느낄까 걱정한 부처님은 초전법륜에서 재삼 '사성제'로 중생이 생사에서 윤회하는 것과 해탈에 이르는 길인 연기의 이치를 설명하셨고, 더 나아가 중생이 괴로움에 염증을 느끼고 도를 닦을 결심을 하도록 한 목적은 중생으로 하여금 '괴로움을 알고, 번뇌를 끊고, 도를 닦고, 열반을 증득하게' 하기 위함입니다.

⑦ **팔정도**八正道

'정견正見', '정사유正思惟', '정어正語', '정업正業', '정명正命', '정정진正精進', '정념正念', '정정正定'입니다. '정견'을 통해 고집멸도 사성제의 이치를 이해하는 것이 팔정도의 주체입니다. 다시 '정사유'를 통해 참 지혜를 증장增長합니다. '정어'는 구업을 닦고, 거짓말을 하지 않는 것 등입니다. '정업'은 커다란 지혜반야로 일체의 그릇된 업을 소멸하고 신심을 청정한 정업 가운데에 안주시키는 것입니다. '정명'은 신·구·의 삼업이 모두 바른 가르침에 맞게 행동하는 것입니다. '정정진'은 열반의 도리를 자주 닦겠다고 발심하는 것입니다. '정념'은 참 지혜로 정도를 기억하고 추호의 그릇된 생각도 없는 것입니다. 마지막으로 '정정'은 반드시 청정한 선정에 들어야 하는 것입니다.

'팔정도'는 우리가 삿되고 그릇된 8가지 방법에서 벗어나도록 이끌어줍니다. 그래서 '정正'이라고 하며, 결국에는 열반의 경계에 이르게 되므로 '도'라고 합니다. 만약 진실되고 굳건한 신념으로 팔정도를 힘써 봉행한다면 매우 귀한 지견知見을 구족하게 됩니다.

⑧**십이인연**十二因緣

십이인연은 우리가 삼세(과거, 현재, 미래)에서 전전하는 생명이자, '무명無明·행行·식識·명색名色·육입六入·촉觸·수受·애愛·취取·유有·생生·노사老死' 등이 계속해서 순환하는 결과임을 설명합니다. 유정한 중생은 '무명無明' 번뇌가 쌓여 각종 '행(行: 행위)'을 짓기 때문에 그 업으로 '식識'이 생겨납니다. 그 업식을 따라 태어나는 것이 '명색名色'입니다. '육입六入'은 형체를 이루게 되고, 육입을 따라 외경을 '촉(觸: 접촉)'하여 '수(受: 받아들임)'가 생겨나고, '애(愛: 사랑)'가 일어난 뒤 욕망에 물들게 됩니다. 더 나아가 '취取'에 집착하는 행동을 보이면 결국 업을 짓고, 다시 '유有'라는 생명체를 심게 됩니다. '생(生: 태어남)'이 있으면 '노사(老死: 늙음과 죽음)'도 피할 수 없습니다. '죽음'은 또 다른 생명의 시작입니다. 그러니까 '어리석은 무명으로 말미암아 선·악의 행업을 짓고, 이 행업은 세상에 태어나려는 일념을 낳으며, 이 일념의 의식작용이 태중의 정신과 물질인 명색을 낳고, 명색은 여섯 가지 감관을 낳으며, 이 여섯 가지 감관은 감촉을 낳고, 감촉은 지각을 낳으며, 지각은 애욕을 낳고, 애욕은 탐취심을 낳으며, 탐취심은 내세의 과가 될 업을 낳고, 이 업은 다시 미래에 태어나는 연이 되니, 태어나면 늙고 죽게 된다'는 순환관계에서 유정한 중생은 한평생 또 한평생의 생명이 이로 인해 끝없이 전전하게 되며, 유정한 중생의 삶에 이 12가지의 조건이 서로 인연이 되어 이루어지므로 이것을 '십이인연'이라 합니다.

십이인연은 유정한 생명이 돌고 도는 인과관계를 보여주는 것입니다. 그 중에 '무명'과 '행'은 과거세의 원인이고, 이 두 가지 원인으로 생겨난 '식', '명색', '육입', '촉', '수' 등은 현재의 결과입니다. 다시 현재의 '애', '취', '유'로 말미암아 다시 한 번 미래세인 '생', '노사'의 결과를 심게 됩니다.

우리는 저마다 과거, 현재, 미래의 삼세에서 유전流轉하고 있는 생명입니다. 생명은 결국 어디에서 오는 걸까요? 또 장차 어디로 가는 걸까요?

'십이인연'을 이해하고 우리가 반야의 혜안을 일깨우기만 한다면 생명이 가고 오는 곳을 알 수 있을 것입니다.

반야가 있으면 생명의 가고 오는 실상을 알 수 있을 것이고, 반야가 있어야 또한 현실의 인생을 마주할 인내의 힘이 생깁니다. 인간이 세간에서 생존하는 데는 지혜도 있어야 하고, 힘도 있어야 모든 곤란과 어려움을 풀어나갈 수 있으며, 역경에 쓰러지지 않을 수 있습니다. 인내란 지혜이고, 인내란 힘이며, 인내란 이해하고, 받아들이고, 짊어지고, 책임지고, 처리하고, 풀어버린다는 의미입니다. 불교에서 말하는 '인내'에는 생인生忍, 법인法忍, 무생법인無生法忍의 3가지가 있습니다.

'생인'은 생존에 대한 조건을 인식하는 것이고, 더 나아가 처리해 나가는 역량을 갖추는 것입니다. '법인'은 우주의 모든 현상에 대해 이해하고, 그 이해한 것을 잘 받아들여 심경의 작용을 바꾸는 입니다. '무생법인'은 일체 사물은 불생불멸함을 여실하게 알고, 더 나아가 자유롭게 모든 국토를 다니며 중생을 제도하겠다는 세계관이기도 합니다.

이른바 '생인'이란, 사람이 삶을 유지하려면 반드시 인내할 줄 알아야 합니다. 예를 들어 출근하기 위해 직장인들은 반드시 아침 일찍 일어나 버스를 타야 합니다. 또한 반드시 차 막힘, 더위와 추위, 수면 부족 등의 신체적 피로를 참아야 하고 일 처리에서는 의견 불일치와 사랑, 미움 등을 반드시 참아야 합니다. 인간은 삶을 영위하고 생활 해 나가려면 반드시 인내해야 합니다. 이것이 '생인'입니다. 생인은 생활에서 각고의 노력으로 뽑아낸 지혜와 힘입니다.

'법인'이란 우리가 기본적인 삶을 유지하는 것 외에도 자유롭게 살아야 하므로 마음속 탐·진·치와 편견을 모두 스스로 제어하고 소통시키고 적응할 수 있어야 합니다. 일체의 모든 현상과 사물의 실상이 '연기연멸緣起緣滅'이라는 것을 체험으로 이해하여 마음을 이 진리에 안주하고 생멸에 의해 움직이지 않아야 합니다. 예를 들어 세간의 생로병사, 근심, 슬픔, 고통, 고뇌, 공명功名, 이익, 인정의 냉담함과 따뜻함 등에 휘둘리지 말아야 함은 물론, 진정으로 이해, 처리, 화해, 소멸 등을 할 수 있어야 함이 '법인'입니다. 법인이란 '연기성공'을 깨닫고, 인연과보를 이해하며, 사리와 인정에 통달한 일종의 반야 지혜입니다.

'무생법인'은 인내하고 인내하지도 않는 최고의 경계입니다. 일체의 법은 본래 불생불멸하고, 인내하거나 인내하지 않거나 상관없으며, 일체가 모두 여여하게 있는 그대로라는 것을 이해하는 것입니다. 이것을 '무생법인'이라고 합니다. 무생법인은 일종의 생겨남이 없는 무생의 이치를 깨닫고 일체의 무생한 법의 실상지혜를 자세히 관찰하는 것입니다.

'인내'의 의미를 결론지으면, '생인'은 인간세상에서 생존하기 위

해 길러진 인내심이고, '법인'은 식을 돌이켜 지혜를 이룬다는 '전식
성지轉識成智'이며, 불법을 사용해 만들어진 지혜입니다. '무생법인'
은 인연과 장소에 따라 일체의 사물이 본래 생멸하지 않음을 통찰하
는 자재로운 경계입니다. '생인'을 가질 수 있으면, 삶에 대한 용기를
구족하게 되고, '법인'을 가질 수 있으면 번뇌를 끊어 없앨 힘을 구비
하게 되며, '무생법인'을 가질 수 있다면 어디든 무릉도원의 정토 아
닌 곳 없고 자유자재한 세계 아닌 곳이 없습니다.

저는 수 년 동안 세계 각지에서 인간불교를 추진하여 왔습니다.
'인간불교'란 불법으로 인간세상을 아름답게 만들자는 것이며, 인간
에 대한 부처님의 교화와 가르침을 하나하나 생활에 뿌리내리고 불
법에 대한 이해와 실천을 통해 인간의 행복, 즐거움, 원만함을 증가
시키자는 것입니다. 그래서 저는 '인간불교'를 '부처님이 말하고(佛
說的), 인간이 필요로 하며(人要的), 인성을 정화하고(淨化的), 세상을
아름답게(善美的)하는 것'이라고 정의 내렸습니다. '부처님이 설하
신' 삼귀오계, 사섭육도, 사무량심, 연기중도, 무상고공, 오정심관, 37
도품 등은 모두 인성을 '정화하고 아름답게' 고양하는 데 도움이 되
는 본질입니다. 또한 인생에서 필요한 교리는 모두 인간불교가 선양
해야 하는 불법입니다. 다만 불교의 경전이 무수히 많아 불도를 배
우려는 사람이 오히려 탄식을 합니다. 수 년 동안 저는 세계 각지를
운수하였습니다. 그럴 때면 늘 "불교를 믿고 싶은데 불교서적이 너
무 많습니다. 어떤 경전을 봐야 불교를 전체적으로 이해할 수 있습니
까?"라고 질문하는 신도들을 자주 만났습니다.

불법의 심오한 경지에 깊이 들어가고자 하는 사회 대중이 체계적

이고, 조직적이며, 조리 있게 불법의 면모를 이해할 수 있도록 저는 수십 년 간 준비해『불교총서佛教叢書』한 질을 편찬했습니다. 불교의 내용을 ① 교리敎理, ② 경전經典, ③ 부처님(佛陀), ④ 제자弟子, ⑤ 교사敎史, ⑥ 종파宗派, ⑦ 의제儀制, ⑧ 교용敎用, ⑨ 예문藝文, ⑩ 인간불교人間佛教 등 10가지로 나눴습니다. 책 한 권에 한 내용을 담아 편찬하고 30만 자 이내로 제한했으며, 제목이 명확하고 문자가 간결하며 내용이 중복되지 않고 서로 보완되도록 힘썼습니다. 그 중에 '교리' 부분은 불도를 익히는 순서에 맞게, 또 불도를 배울 때 마땅히 알아야 하는 근본교리를 종류별로 간단하게 소개했습니다.

①**불교신자가 되는 조건**: 귀의삼보皈依三寶, 수지오계受持五戒, 팔관재계八關齋戒, 보살계菩薩戒, 팔정도八正道 봉행奉行

②**최초의 근본불법**: 연기緣起, 사성제四聖諦, 삼법인三法印

③**불교의 진리란 무엇인가?**: 공空, 업業, 인과因果, 중도中道

④**불교의 주관과 객관**: 십팔계十八界(심물心物 결합의 세계), 오위백법五位百法(백 가지 심사心事의 내용), 전식성지轉識成智(성불의 필수 구비 지혜), 일념삼천一念三千

⑤**진실된 자아**: 심心, 성性, 명심견성明心見性

⑥**학불學佛의 순서**: 신해행증信解行證, 오승불법五乘佛法, 삼학증상三學增上, 지관쌍수止觀雙修, 사선팔정四禪八定, 오정심관五停心觀

⑦**학불자學佛者의 마장魔障**: 오욕육진五欲六塵, 삼독오개三毒五蓋, 생사번뇌生死煩惱

⑧**삼세유전三世流轉의 생명**: 십이인연十二因緣, 십법계十法界

⑨**불교의 원만세계**: 열반적정涅槃寂靜, 해탈자재解脫自在, 법신실상法身實相

⑩**부초님의 모습**: 삼신(법신·보신·응신), 32상相·80종호種好, 불타십호佛陀十號

⑪**불교의 시·공간**: '시간은 찰나도 짧지 않고, 겁劫의 시간도 길지 않다', '공간은 겨자씨에도 수미산이 담겨 있고, 작은 먼지도 허공을 품는다.'

⑫**불교의 우주관**: 삼계28천三界二十八天, 천당과 지옥, 삼천대천세계

⑬**불교의 인생관**: 고락교집苦樂交集, 오취유전五趣流轉, 사대개공四大皆空, 오온비유五蘊非有

⑭**불교의 정토사상**: 오승공법五乘共法의 정토(도솔정토兜率淨土), 대승불공법大乘不共法의 정토(극락·유리정토琉璃淨土), 인간불교의 정토(유심唯心, 화장華藏, 불광정토佛光淨土)

⑮**인간불교의 건립**: 인도人道에서 불도佛道까지, 입세入世에서 출세出世까지, 자리自利에서 이타利他까지

⑯**인간불교의 생활**: 사은총보四恩總報, 식존오관食存五觀, 삼륜체공三輪體空

⑰**불법 실천 방법**: 참괴참회慚愧懺悔, 발심입원發心立願, 육도사섭六度四攝, 사무량심四無量心, 회향廻向

⑱**불학 조직법**: 삼장십이부경三藏十二部經, 결집結集, 판교判敎

이『불교』편을 읽는 인연 있는 분들이 모두 불교의 진리에 대해 완벽하게 인식하고 이해할 수 있기를 희망합니다. 불교의 진리는 우리

가 '괴로움'을 멀리하면 편안함과 즐거움을 얻고, '무상함'을 알면 희망이 있고, '무아'를 이해하면 대중과 융합하고, '성공'을 이해하며 진공묘유하고, '악업'을 없애면 인생이 아름답고, '인과'를 인식하면 기꺼운 마음이 들고, '연기'를 통찰하면 참모습을 밝게 깨우치고, '중도'를 행하면 안신입명(安身立命: 천명을 깨닫고 마음의 평안을 얻음)하고, '반야'를 증득하면 자유자재하고, '열반'을 원만히 하면 궁극적인 인생에 다다를 수 있음을 말해줍니다.

결론적으로 말하면 반야는 불교 사상의 주축이고, 특히 널리 주장하고 있는 '연기'는 우주에서 가장 높고 가장 미묘한 진리가 되었습니다. 반야의 단계적 내용에는 진리가 평등성, 필연성, 보편성을 갖추고 있어야 함을 설명합니다. 특히 '평등'은 현재 세계 인류평화의 중요한 구심점입니다. 저는 '불광회원 사구게'에 '자비慈悲 희사喜捨의 마음 법계에 두루두루, 석복惜福 결연結緣 인간과 하늘 이롭게 하네, 선정禪淨 계행戒行을 동등하게 견뎌내어, 참회慚愧 감은感恩으로 큰 원심願心 내게 하소서'라고 썼습니다.

평등은 평화의 희망과 연결되어 있습니다. 지금 학술계, 정치계, 종교계 등을 포함한 각계각층에서 평화를 부르짖고 있습니다. 그러나 대부분은 이해관계에만 눈을 돌리고 있어 평화롭지 못합니다. 오직 불교에는 무아, 자비, 존중, 포용, 특히 반야의 평등사상이 있어 결국 그 공을 쟁취할 수 있습니다. 왜냐하면 세계의 위대하고 숭고하고 심원深遠하고 수승한 모든 사물은 평등함이라는 내용물을 갖추지 않은 것이 없습니다. 태양은 대지를 두루 비추고, 공기는 모든 곳에 두루 미치며, 흐르는 물은 만물을 두루 적셔주고, 대지는 중생을 두루 품습니다. 그래서 평등을 깨달으신 부처님은 '네 가지 종족의 계급이 출가하여 불제자가 되면 모두 석씨가 된다'라는 평등관을 주장하셨습니다. 그래서 반야의 평등이 있어 평화의 희망이 생기면 인류에게는 광명인 것입니다. 이 평등을 기반으로 삼는다면 평화가 공허한 구호로 끝나지 않고 진정으로 실현되는 날이 올 것입니다.

2. 혜慧의 개발: 지식교사知識巧思, 인간지혜의 해득

앞에서 말했듯이 반야는 지식과 다르므로 반야를 밖에서 찾지 말아야 합니다. 반야는 우리 진여자성 가운데에서 흘러나오는 지혜방편입니다. 그러나 반야자성의 개발은 '문사수聞思修'를 통해야만 '삼마지三摩地'에 들어갈 수 있습니다. 불도를 익히는 데는 '많이 들어서 마음을 닦아나가야' 하며, 또한 '무량한 법문을 다 배우겠다'고 해야 합니다. 특히 '무변한 중생을 모두 제도하겠다'고 발원해야 합니다.

불도를 닦아 중생을 제도하겠다는 마음을 내었다면 먼저 자신부터 갖가지 지혜와 능력을 갖춰야 합니다. 고대 인도불교에는 이른바 '오명(五明: 다섯 가지의 학문)'이 있었습니다.

①**성명聲明**: 언어학, 성운聲韻, 훈고訓詁, 음악

②**공교명工巧明**: 과학기술, 공예 등의 지식

③**의방명醫方明**: 보건위생, 의약 등의 지식

④**인명因明**: 논리적 추리, 논리학

⑤**내명內明**: 오승과 인과의 오묘한 이치를 사색하는 학문, 자기 종교의 취지를 밝히는 학문

이상의 오명은 범위가 너무 포괄적이라 오늘날처럼 다원화된 사회에는 맞지 않을 수도 있습니다. 현대사회는 지식이 범람하는 시대이고 철학, 과학, 문학, 의학, 심리학, 천문, 지리, 예술 등 각종 다양한 학문이 있습니다. 비록 지식이 지혜와 같지 않고, 반야는 더더욱 아니라지만, 지식이 인생의 원동력임은 분명합니다. 지식이 있으면 국가와 국민을 위해 건국적인 방안과 계획을 수없이 만들 수 있습니다. 지식이 있으면 공예품을 만들어도 그 품질이 다릅니다. 지식이 있으면 과학과 철학을 더욱 업그레이드할 수 있습니다. 지식이 있으면 생각을 계발하고 심지어 세계를 바꿔놓을 수도 있습니다.

동서양의 문화발전 측면에서 얘기하자면, 서양 철학자는 처음부터 인류와 자연, 인권과 신권, 인간과 하늘의 전쟁 등의 문제를 연구해왔습니다. 그들은 인간의 존재가치를 중시했기 때문에 철학으로부터 후에 과학으로 발전되었으며, 과학이 특히 발달해 서양사회에서는 '실용주의'가 매우 중시되었습니다. 반대로 동양철학은 항상 인심人心과 성선性善, 성악性惡의 깊이 있는 연구를 중시해 왔고 인륜, 도덕, 심성 등 사람의 정신세계에 대한 설명이 무척 많습니다. 그래서 서양문화는 물질문명을 중시하고, 동양문화는 정신세계를 중시한다는 사실은 이미 오래전부터 그 단서가 나타나고 있습니다.

서양철학의 문을 연 사람은 소크라테스, 플라톤, 아리스토텔레스 같은 고대 서양 철학자들이었습니다. 특히 '서양철학의 아버지'라고 불리는 소크라테스 이전의 서양철학은 늘 우주와 자연에 대한 연구에 편중되어 있었지만, 소크라테스 시대에 와서 사회, 그리고 인생과 관련된 윤리도덕 등의 문제에 관심을 두기 시작했습니다. 그가 창시한 인생철학은 서양철학의 사상 영역을 더 넓혀놓았습니다. 그 제자 플라톤은 비록 '유심론자'이긴 하지만, 자신의 '이상국가론'을 통해 국가의 제도화를 희망했습니다. 플라톤의 제자 아리스토텔레스는 '실천철학'을 제창했는데, 인류의 생활을 개선하는 윤리학이 그의 사상적 특색입니다. 또한 스승인 소크라테스를 계승하여 거리를 학술 전당으로 삼은 자유학풍과 융통성 없는 교학법을 반대하여 후대 사람들에게서 '소요학파(페리파토스 학파)'의 창시자라고 존경을 받았습니다. 그들의 학설과 주장은 지금까지도 세상 사람들에게 추앙받고 있습니다.

이 밖에도 신권을 부정하고 인간의 존재가치를 긍정한 니체는 일체의 가치를 재평가할 것을 주장한 '실존주의'의 선구자 중 한 사람입니다. '유심론'의 창시자인 칸트는 자연과학을 통해 철학이론을 깊이 탐구하였습니다. 서양 근대 철학의 아버지라고 불린 데카르트는 '나는 생각한다. 고로 존재한다'라는 이성주의를 주장했습니다. 헤겔의 대표적인 저작『정신현상학』은 인류가 진리를 추구하도록 고무하였고, 루소는 인류에게 현대문명에서 다시 자연으로 돌아갈 것을 호소했습니다. 심지어 염세사상의 대표자인 쇼펜하우어의 '의지가 제일'이라는 학설은 후세에 삶에 대한 무한한 희망을 가져왔습니다.

서양의 수많은 철학사상가의 학설이론 가운데 특히 다윈의 '진화론'은 우주만유는 모두 '경쟁을 통해 선택되고, 적자適者가 생존하며, 부적격자는 도태된다'는 것을 설명합니다. 이러한 학설은 세계에 커다란 발전을 가져왔습니다. 이 밖에도 아인슈타인의 '상대성이론' 발견, 태양이 중심이라는 새로운 우주관인 코페르니쿠스의 '지동설' 등은 모두 인류사회에 지대한 영향을 미쳤고, 온 세계가 우주의 '현상계'에 대한 인식을 크게 변화시켰습니다.

서양 심리학자 프로이트는 정신분석 이론의 창시자이자, 서양 학술사상 인류의 잠재의식 작용을 처음으로 중시한 사상가입니다. 그는 이 발명을 통해 코페르니쿠스와 과학적 측면에서 서로의 성과를 겨루게 되었습니다. 그 제자인 칼 융도 스승을 이어 잠재의식 이론을 널리 알렸으며, 동양의 불교, 선, 요가 등에 대해서도 상당히 심오한 연구를 했습니다. 이처럼 수많은 위대한 사상가가 있었기에 서양문화가 세간의 문화사상계에서 특별히 더 뛰어남을 보인 것입니다.

서양문화는 철학에서 천천히 문학, 예술 분야 등으로 발전했으며, 셰익스피어, 톨스토이, 알렉상드르 뒤마, 셸리, 바이런, 미켈란젤로 등 수많은 위대한 시인, 예술가들을 탄생시켰습니다. 그들의 시가, 산문, 소설, 조각 등의 문예작품은 세간을 아름답게 변모시켰을 뿐만 아니라 인류의 정신세계를 더욱 풍부하게 만들었습니다. 특히 유럽의 '르네상스' 운동은 고전문화의 부흥을 통해 인문주의(Humanism)적 믿음을 조장하고, 인문주의적 관심을 중시함으로써 인류는 또 한 차례의 위대한 정신혁명을 겪었습니다.

문예부흥 운동에 이어서 마틴 루터의 '종교개혁'은 역사상 또 한 번의 신기원을 이룩했습니다. 서양은 종교개혁 이후 권력을 쥔 제왕이 종교를 이용해 정권을 공고히 하는 동시에 천주교, 기독교(개신교) 등의 발전에 도움을 주었기에 정치·종교·철학이 하나로 결속되어 상호 간에 도움을 주면서 함께 발전하였습니다.

상대적으로 동양문화에서 동양철학은 인도의 부처님으로부터 용

수龍樹, 무착無著, 세친世親으로 이어지고, 다시 중국의 노자, 장자, 공자, 맹자 등 제자백가까지 전해져 불교와 유교가 서로 융합되었으며, 동양문화사상의 커다란 특색이 되었습니다.

이 가운데 불교는 인도의 용수, 무착, 세친으로부터 '공과 유'를 융합해 대승불교의 '중관사상'을 발전시켰고, 중국에 다다라서는 '대승팔종大乘八宗'으로 더욱 발전하였습니다. 특히 선학이라는 중국만이 가진 독특하고 빼어난 특색을 탄생시켰습니다. 근대에 와서 태허太虛 대사가 중국불교를 총결집해 '법성공혜종法性空慧宗, 법상유식종法相唯识宗, 법계원각종法界圓覺宗'의 대승삼종大乘三宗을 세웠습니다. 법성공혜는 각 부 반야경 및 반야경 류의 제론諸論을 가리키고, 법상유식은 법상학과 유식학을 포함합니다. 그리고 법계원각학은『법화경』,『유마경』,『화엄경』,『능가경』,『능엄경』,『원각경』 및 정토 방면 등과 관련된 법계, 여래장如來藏 등 제반 경론입니다. 나중에 인순印順 스님이 또 인도 대승불교를 성공유명性空唯名, 허망유식虛妄唯識, 진상유심眞常唯心의 세 가지로 크게 나누었는데, 이것은 그 전에 말한 것과 큰 차이를 보입니다. 성공유명론은 대승불교의 중관中觀사상을 가리키고, 허망유식론은 대승불교의 유가瑜伽를 가리키며, 진상유식론은 여래장사상을 가리킵니다.

부처님의 불교철학사상이 넓고도 심오하여 동양문화를 대표하기에 충분하고, 전 세계 인류에 영향을 주었다는 것 외에도, 중국의 노자, 공자, 장자 등 제자백가의 학설에서도 굉장히 이채로운 것을 발견할 수 있습니다. 그 중에 노장철학에서는 '청정', '무위'를 얘기하고, '자연', '본성'을 숭상합니다. '인으로 근본을 삼는다'고 주장한 공자는 중국문화사상의 정통이라 여겨지며, 역대 제왕도 치국의 근본으로 삼고 받들지 않은 자가 없었습니다. 이른바 "절반의 '논어'로 천하를 다스릴 수 있다"라는 말이 있습니다. 이로 볼 때 비교적 사회 지위가 높았던 사람들이 중국문화사상의 주류가 되었던 것 같습니다.

공자는 '인'을 숭상하고, 맹자는 '의'를 숭상합니다. 이 '의'에서 '인의예지仁義禮智'라는 사단四端이 퍼져 나왔고, 사람에게는 측은지심, 수오지심, 사양지심, 시비지심이 있어야 한다고 여겼습니다. 맹자가 주장한 '성선설'은 순자의 '성악설'과는 상대적인 개념입니다. 순자는 인성이란 후천적인 노력과 학습에 의해서만이 향상과 향선向善할 수 있기에 '적학積學'의 중요성을 제시했습니다.

이 밖에도 묵자의 '겸애', 한비자의 '중법重法', 그리고 관자管子의 '부민富民', 열자列子의 '귀허貴虛', '안자晏子'의 '겸정兼政' 등의 학설이 있습니다. 위진남북조 시기에는 현학玄學, 송나라 때에는 이학理學, 명나라 때에는 심학心學이 있습니다. 중국 역대 문학과 사학자 가운데에는 중국의 으뜸 시인인 굴원屈原, 한부漢賦의 대가 사마상여司馬相如, 사학자 사마천司馬遷, 건안문학의 창시자 조식曹植, 중국 제일의 여류시인 채문희蔡文姬, 전원시파의 창시자 도연명陶淵明, 산수시파의 시조 사령운謝靈運, 그리고 당대 시인 왕유王維, 이백李白, 두보杜甫, 백거이白居易, 두목杜牧, 이상은李商隱 등이 있습니다. 송나라 시대에 시가로 이름난 작가에는 이청조李清照, 황정견黃庭堅, 육유陸游가 있고, 특히 고문팔대가古文八大家인 한유韓愈, 유종원柳宗元, 소순蘇洵, 소식蘇軾, 소철蘇轍, 구양수歐陽修, 왕안석王安石, 증공曾鞏 등이 있습니다. 그들의 학설과 주장, 시사와 산문 등은 무엇과도 견줄 수 없는 작품이며, 이 작품들이 문학, 역사, 철학 등 다양한 분야에서 서로를 격동시키며 서로 다른 풍격의 예술 작품들이 풍부하고 다채로운 지금의 중국문화를 이룩하였습니다.

특히 한나라 시기 불교가 중국에 유입된 이후 연기, 업력, 인과응보 등의 사상은 중국사회에 녹아들어 중국문화의 내용을 더욱 심화시켰습니다. 중국의 대승팔종 가운데 비교적 학술교리를 중시하는 종파는 천태종, 화엄종, 법상종, 그리고 삼륜종입니다. 그리고 비교적 실천수행을 중시하는 종파로는 선종, 정토종, 율종, 그리고 밀종이 있습니다. 비록 화엄, 유식, 공성 등의 학설이 중국문화에 유입되어 주류가 되지는 못했지만, '선학'은 오히려 중국문화에서 한 떨기 꽃을 피웠습니다.

불교는 늘 존중과 포용의 성격을 담고 있으며 부처님께서 "한 법이 곧 모든 법"이라 말씀하셨듯이 "한 법도 버릴 것이 없다"고 주장합니다. 불교는 배타성이 없기 때문입니다. 불교는 신도가 '도를 도라고 말하면 그것은 진정한 도라 할 수 없다'라는 노자학설을 읽고 이해해 자신의 사상을 넓혔다고 해서 해롭다고 생각하지 않습니다. 장자의 내 마음 가는대로 노니는 자유, 자연과 합일된 소탈한 사상, 특히 '장주접몽(莊周夢蝶: 장자莊子가 나비 꿈을 꾼 뒤, 내가 나비 꿈을 꾼 것인지 나비가 내 꿈을 꾼 것인지 알 수 없다는 고사)'과 "당신은 물고기가 아닌데 어찌 물고기의 즐거움을 압니까?", "당신은 내가 아닌데 내가 물고기의 즐거움을 모른다는 걸 어떻게 아시오?"라는 사상가 혜시惠施와의 논쟁 등 그 사상의 분방함이 외형적인 모습에 얽매이지 않는 선과도 닮아 불교 또한 이러한 사상을 인정하고 있습니다. 그래서 인간불교의 수행자도 노장학설을 배척하지 않습니다.

이 밖에도 맹자의 '성선설', 순자의 '성악설', 묵자의 '겸애설' 등의 주장에 대해, 한 법도 버리지 않는다는 인간불교는 이것들을 다 수용하여 받아들여 불교를 더욱 찬란하고 다채롭게 하였습니다. 예를 들면 위진남북조 시대에는 불교의 반야般若의 '공空'을 노장의 '무無'로써 설명 해석하면서 '격의불교格義佛教'가 형성됐습니다. 후에 중국문화는 심지어 불교의 장점을 흡수해 송대 성리학을 발전시켰습니다. 이 모든 것은 중국의 문화 속에 불교와 유교가 늘 서로 교류하고 융합해 왔다는 것을 말해줍니다.

철학사상 외에도 중국문학은 문자의 아름다움을 중시합니다. 문학가들은 시정詩情이 넘치는 시사와 산문을 통해 불교를 묘사하고, 불교의 십이분경十二分經과 문학을 함께 사용하였습니다. 예를 들면 산문 형식인 장행長行, 시가 형식인 중송重頌 등이 백가쟁명의 중국문화에서 제자백가와 함께 불교가 상호 공명共鳴하도록 했습니다. 결국 더욱 발전해 나간 불교는 후에 선종은 사찰에 뿌리를 내리고, 정토종은 민간사회에 스며들었으며, 유식종과 삼륜종은 학자 무리 가운데로 진출했습니다.

불교의 팔만사천법문 하나하나가 모두 불도에 들어갈 수 있습니다. 불법은 '진眞과 속俗'의 이제二諦로 나눕니다. 진제眞諦를 '제일의제第一義諦' 또는 '승의제勝義諦'라고 부르기도 하는데, 출세간법입니다. 속제俗諦는 '세속제世俗諦'라고 부르기도 하는데, 세간법입니다. 부처님의 일대시교一代時敎는 모두 이 이제법문에서 벗어나지 않습니다. 특히 세상을 교화한다는 운용 면에서 불법과 세간의 학문은 더욱 융합하여 운용되어야 합니다.

　불법이 너무 세속화되고, 세속에 의해 변화된 것은 물론 귀하지 않습니다. 만약 지나치게 출세간적이라면 사람들에게 쉽게 받아들여지지 않을 것이기에 '이제의 원융圓融'을 이뤄야 합니다. "불법은 세간 가운데 있으니, 세간을 떠나서는 깨닫지 못한다"고 했습니다. 그래서 인간불교는 현대 과학기술 문명과 정보지식이 나날이 새로워지고 발전하는 사회에서 불법도 응당 현대화되고 생활화되어 당면한 문제들에 대한 해결책을 제시해야 한다고 주장합니다. 그러므로 '불법을 기본 모체로 세간의 학문을 응용'해야 합니다. 불법의 모체는 괴로움을 뽑아버리고 즐거움을 주는 것(離苦得樂)입니다. 불법의 응용은 융합하여 더 편리하게 하는 것입니다. 부처님께서 어릴 적에는 오명五明을 배우는 데 편중되어 있었지만, 출가한 뒤에는 모든 스승과 외도사문을 두루 찾아다녔습니다. 부처님은 세법과 출세법을 두루 통달하였기에 대상이 다르더라도 병에 맞춰 약을 주어 능히 교화하고 그들을 신심의 고뇌로부터 벗어나게 하셨습니다.

　저는 어려서부터 서하율학원棲霞律學院에서 공부했는데, 서하도서관에는 시골 사범학교에서 온 도서들이 굉장히 많았습니다. 당시 매일 많은 책들을 볼 수 있어서 정말 좋았습니다. 중국의 장회소설章回小說에서부터 서양의 장편소설까지, 산문만담에서부터 『몬테크리스토 백작』, 『전쟁과 평화』, 『노인과 바다』, 『파우스트』, 『젊은 베르테르의 슬픔』, 『춘희』 등 유명작가의 작품을 손에서 놓지 않고 수없이 봤습니다. 문예창작을 좋아해 중국에 있을 때도 호적胡適, 임어당林語堂, 파금巴金, 노신魯迅, 노사老舍, 모순茅盾, 심지어 빙심冰心, 곽말약郭沫

若, 심종문沈從文, 허지산許地山 등 모든 작가의 수많은 작품을 두루 섭렵했습니다. 타이완에 온 뒤에도 사빙영謝冰瑩, 경요瓊瑤, 고양高陽, 서우徐訏 등 인사들의 산문, 소설 등 고전이든 현대작품이든 가리지 않고 하나하나 모두 읽었습니다.

저는 부끄럽게도 출가한 이래 삼장(三藏: 경장·율장·논장)에 깊이 들어가지 못하고 세간의 학문 또한 고금을 통달할 능력도 없습니다. 그러나 '세로로는 과거·현재·미래 삼세에 미치고 가로로는 시방에 두루 통한다(橫遍十方, 豎窮三際)'는 법칙을 응용해 신문 잡지 등을 읽으며, 홍법으로 바쁜 일정 속에서도 동서고금을 자유로이 노닐 수 있었습니다. 저는 종종 현재 제가 읽은 내용과 과거 경험을 비교분석하고 종합적으로 재편성하며, 일상생활이나 사회현상을 덧붙이기도 해서 단편적인 지식을 자신의 생명에 융합시키곤 합니다. 그것을 발휘하여 표출하니 광범위하고 다방면의 자료가 수집되었습니다. 비록 고담준론을 갖추지 못한 것이 부끄럽지만, 스스로 생각해봐도 깊이 공부해서 쉽게 풀어낼 재주는 있어도 중생을 그릇되게 이끈 적은 없었다는 것은 자신할 수 있습니다.

여러 차례 불교단체를 이끌고 방문 및 성지순례를 다녀온 적이 있지만, 늘 제자와 학생들에게는 여러 곳을 참방하고 순례해 보라고 권합니다. "만 권의 책을 읽고, 만 리를 여행하라(讀萬卷書, 行萬里路)"는 말처럼 저는 여러분들이 선재동자가 53선지식을 찾는 모습을 본받기를 바랍니다. 또한 성현의 발자취를 우러러봄으로써, 불교의 역사 속에서 도념道念과 신심을 불러일으켜 흥망성쇠·이해득실의 맥락을 찾길 바랍니다. 또한 각국을 주유하며 시야를 넓히고 더 많은 경험을 내 것으로 만들어 인생의 영역을 더욱 넓혀나가기를 바랍니다.

특히 끊임없이 쏟아져 나오는 사회문제에 대해 불제자는 산속으로 회피하거나 중생의 고통과 괴로움을 외면해서는 안 된다고 생각합니다. 마땅히 민생경제, 국제정세, 민주인권, 자연생태, 교육개혁, 종족 간 충돌, 보건위생, 생태환경 보호, 가정폭력, 시험관아기, 장기기증, 풍수지리, 사주나 점 등 갖가지 문제를 불법의 지혜로 상황과 이치에 맞게 치유하는 방법을 찾아야 합니다.

이 밖에도 자살, 사형, 핵무기, 전쟁, 그리고 안락사, 복제인간 등의 문제에 대해서도 세간의 의학, 심리학, 교육학, 생화학 분야와 응용해 불법의 이체理體와 융합하여 현대인의 미혹된 생각을 없애주어야 합니다. 불법의 연기관은 심리자문 상담 과정과 결합하여 모두가 생명을 존중할 줄 알고, 인간의 신체를 소중하게 여기도록 해야 합니다. 불법의 인과관으로 각종 성장교육을 개최해 모두가 복을 소중히 여기고, 선한 인연을 맺으며, 부끄럽고 감사하는 마음을 알게 해야 합니다. 불법의 윤회관으로 전문가들의 논문 발표를 요청해 대대손손 전수해 나가고, 삶과 죽음은 하나라는 것을 밝게 이해하도록 해야 합니다.

또한 연기중도緣起中道의 진리를 모체로 삼고, 사섭육도四攝六度의 방편을 운용으로 삼으며, 세간의 만법을 널리 받아들여야 하니, 선재동자가 53인의 스승을 찾아다니듯 세간의 천문, 지리, 의약, 산수, 항해, 무역 등의 지식을 배우고, 내학과 외학을 모두 배워 익힌 뒤에야 비로소 비로자나불의 연화장의 세계에 들어갈 수 있습니다.

우리는 세간에서 생활하면서 세간의 학문을 다소나마 이해하지 않으면 안 됩니다. 세간법을 더 많이 이해할수록 세간의 문제에 대한 해결방법을 더 많이 알 수 있습니다. 예를 들어 부처님이 세간에 계실 때 이십억이二十億耳라는 한 비구가 있었는데, 출가하기 전에 그는 악사였습니다. 부처님을 따라 출가한 뒤 과果를 증득하는 데 급급해 밤이고 낮이고 열심히 수행에만 매진했습니다. 그 결과 오래도록 깨달음을 얻지 못했을 뿐만 아니라 신심이 너무 피폐해지고 결국 수행하는 마음까지 도태되고 말았습니다. 그 사실을 안 부처님은 비유를 들어 "악기의 줄이 너무 팽팽하면 끊어지기 쉽고, 너무 느슨하면 팅길 수가 없으니, 오로지 팽팽하고 느슨함의 중간을 득해야 아름다운 음악을 연주할 수 있다. 수행도 이와 같아서 지나치게 조급하거나 나태한 것은 모두 정상적인 길이 아니다"라고 말씀하셨습니다. 이십억이 존자는 부처님의 깨우침을 들은 뒤 자신의 수행방식을 바꿔 오래지 않아 결국 아라한과를 증득하였습니다.

불법을 전할 때는 이치와 근기에 맞게 설해야 합니다. 중생의 근기에 따르는 것도 중요하지만 시대적 발전과도 맞아야 합니다. "우주 가운데 지구 외에 다른 별에는 생명체가 존재할까? 외계인이라는 것이 존재할까?" 이것은 근대 천문학자들이 가장 풀고 싶은 수수께끼입니다. 1997년 7월 5일 미국 항공우주국(NASA)에서 화성에 성공적으로 쏘아 올린 '마르스 글로벌 서베이어(Mars Global Surveyor: MGS호)'로 인해 과학자들의 믿음은 더욱 고무되었고, 언젠가는 인류가 화성으로 여행을 갈 수 있다는 희망을 가지게 되었습니다. 그곳으로 이민을 간다면 그때는 화성에 가 있을 테니 자연히 우리가 '화성인'이 될 것입니다.

『아미타경』에는 이미 "여기서 십만 억의 불토를 지나면 한 세계가 있는데 그 이름을 극락이라 한다. 그곳에 부처님이 계시는데 이름을 아미타불이라 한다"라고 기록되어 있습니다. 부처님이 설법하실 때는 수많은 보살이 모두 다른 곳에서 설법을 들으러 불국토로 찾아옵니다. 이 외에도 불경에는 일광보살日光菩薩, 월광보살月光菩薩, 허공보살虛空菩薩, 성숙왕여래星宿王如來, 법계지등왕法界智燈王 등 수많은 불보살의 명호가 천문과 관련되어 있는 것을 볼 때, 불경의 천문사상은 오늘날 천문학자의 연구보다 더 오래된 것임을 알 수 있습니다.

그밖에 '우주는 끝이 있느냐 없느냐?'에 대단한 호기심을 갖는 사람도 많습니다. '우주가 끝이 있느냐 없느냐?'에 대한 연구는 불교의 입장에서 볼 때 우리가 생사를 해탈하는 데 도움이 되지 않는다고 생각합니다. 지혜가 있어야 해탈할 수 있고, 이것이 곧 불법입니다. 더구나 우주는 무궁무진한데 어디에 하늘이 있고 어디에 땅이 있겠습니까? 이것은 일종의 안팎의 차별입니다. 기본적으로 불교는 법계를 말하고, 허공을 말하고, 무궁무진함을 말합니다. 예를 들어 『화엄경』의 화장세계華藏世界는 거듭거듭 다함이 없으므로 불교의 천문학은 인류의 사상 영역을 넓혔을 뿐만 아니라, 더욱 중요한 것은 사상적 출구를 찾는 수많은 학자들에게 드넓은 사상 공간을 개척하는 데 도움이 되었다는 점입니다.

특히 불교의 연기, 업력, 인과, 불성 등의 사상교리의 제창 및 '부처님은 한 바가지의 물에서도 팔만 사천 마리의 곤충을 본다', '삼천대천세계'라는 저 세계의 발견은 과학을 입증한 동시에 불교의 이치가 미신이 아닌 과학적 검증과도 부합된다는 것을 나타내고 있습니다.

불교의 무상, 사대, 오온은 물리학적, 심리학적 분석입니다. 불교의 극미極微, 찰나는 시공간을 측량한 것입니다. 불교는 '꿈과 같고, 환영 같고, 거품 같고, 그림자 같다'라는 말로 천둥벼락, 허공 등을 표현합니다. 심지어 부처님은 오온은 실재하지 않는 허망한 환상이라는 것을 다섯 가지 비유를 들어 설명하셨는데, 이른바 '색色은 거품이 모인 것과 같고, 수受는 물방울과 같고, 상想은 신기루와 같고, 행行은 파초와 같고, 식識은 허깨비와 같다'고 하셨습니다. 그 중 '신기루(陽燄)'는 햇빛이 굴절되어 비치는 것이며, 황야에 마치 물이 있는 것처럼 보이지만 실제로는 없는 현상을 야기하는 것을 말합니다. 부처님은 그래서 환상을 묘사하신 것입니다.

불교에서 '삼천대천세계'를 말하지만, 현재 과학적으로 이미 은하계라는 무수히 많은 별무리가 있다는 것을 알게 되었습니다. 불교에서는 '부처님은 한 바가지의 물에서도 팔만 사천 개의 곤충을 본다'고 하였는데, 오늘날 전자현미경으로 관찰해보면 실제로도 이와 같습니다. 『아미타경』에서 '극락세계는 이 세계에서 십만억 불토 거리에 있다'고 말한 것은 거리가 매우 요원함을 설명한 것이지만, 일념一念 사이에도 생각 따라 바로 이를 수도 있습니다. 불교의 이와 같은 시·공간적 개념은 물리적 한계를 극복하도록 과학을 선도하였으며, 특히 불교에서 말하는 '정해진 법이 없다(法無定法)'라는 말은 과학자들에게 매우 훌륭한 일깨움이 되었습니다.

불교는 과학이 발전됨에 따라 불법을 통해 과학적 현상을 해석하고, 미래과학의 발전을 위해 나아갈 길을 제공하였으며, 인류가 일부 문제에 대해 심각하게 고민하도록 이끌었습니다.

①과학을 이용해 인류가 달에 오를 수는 있지만, 과학이 극락세계에 오르도록 도울 수 있는가?

달에 오르는 것은 물질적인 세계이고, 극락에 오르는 것은 정신적인 세계이니 즉각 할 수 있습니다.

②현대의 의학은 장기이식을 통해 오장육부를 옮길 수 있지만, 두뇌를 이식할 수 있는가? 사상을 이식할 수 있는가?

불교는 인간의 색신은 '사대', '오온'이 결합되어 생겨난 것이며, 인연이 합해진 색신의 거짓 나는 생로병사를 겪지만, 진정한 생명은 죽지 않는다고 여깁니다. 그래서 기관은 이식할 수 있지만, 생명은 대신할 수 없습니다.

③의학으로 근본적 원인은 고칠 수 있지만, 인류의 액운도 바꿀 수 있을까?

'기인(基因: 근본원인, 유전자)'은 사실 불교의 '업력'입니다. 행위로 짓는 것이 '업'입니다. 한 인간의 운명은 자신이 선업을 지었는지, 악업을 지었는지에 따라 결정되므로 선한 일을 하기만 하면 자연히 액운을 바꿀 수 있습니다. 그래서 '선을 행하고 악은 하지 말라'는 말처럼 하는 것이 '기인'을 바꾸는 것입니다.

인간불교는 불법은 고금을 아우를 수 있어야 하고, 특히 세간법과 불법은 서로 응용되어야 한다고 주장합니다. 불법은 과학자의 사상 영역을 넓히는 데 도움이 될 뿐만 아니라, 현대 심리학에도 설명하기 좋은 점이 있습니다.

현대 심리학은 인류의 정신생활을 대상으로 연구하는 학문입니다.

그 기원에는 의학, 철학, 과학, 종교학, 교육학, 사회학 등등이 포함되어 있습니다. 후에 각종 학과와 사업에도 응용되었습니다. 오늘날 교육, 공업, 상업, 의학, 군사, 법률, 정치, 사회, 과학, 예술, 운동 등을 통틀어 심리학과 관련되지 않은 것은 하나도 없습니다. 심리학의 중요성은 날로 더해가고 있습니다.

심리학은 의식 형태의 심리작용 및 행동방식을 관찰하는 것입니다. 서양심리학자는 인격의 발전과정 및 행동의 잠재요소를 연구하였지만, 인격을 개조해낼 방법은 없었습니다. 왜냐하면 거기에는 일정한 범위와 한계가 있기 때문입니다. 반대로 불교를 살펴보면 인류의 심리에 대해 충분한 이해를 할 뿐만 아니라, 치유방법까지 제공할 수 있습니다. 『화엄경』에서 말한 "삼계를 깨달아 통달함은 마음에 의지하여야 하며, 십이인연 또한 이러하다. 나고 죽음이 모두 마음으로 짓는 것이니, 마음이 사라지면 생사도 다한다"는 것처럼 불교는 이 '마음'에 대한 풀이로 수많은 단계적 분석과 설명을 하고 있으며, 수많은 비유를 들어 우리들의 마음을 자세히 설명하고, 더 나아가 우리들이 어떻게 마음을 찾고, 마음을 편안히 하고, 마음을 깨끗이 해야하는지를 가르쳐 주고 있습니다. 이로써 불교심리학은 서양심리학을 능가한다고 볼 수 있습니다.

불교는 철학적 이치를 담은 과학입니다. 불교는 이성과 지혜를 중시하는 인도자입니다. 세간의 지식과 학문을 획득해 인류의 시야를 넓힐 수는 있지만, 정지정견正知正見이 없다면 그릇된 지혜나 허황된 지혜로 흐르기 쉽고, 그렇게 되면 자신이 입는 피해는 차치하고라도 심하면 인류에게 재난을 가져올 수도 있다고 불교는 생각합니다. 그래서 불교는 진리야말로 우주인생의 최고 지도자라고 주장합니다.

불도를 익히려면 먼저 부처님의 설법을 거듭해서 들어야 합니다. 정법을 들어야 진리의 지혜를 얻을 수 있기 때문에 불도를 널리 배우고, 청정하게 배우고, 넓게 배워야 합니다. 다음은 설법을 듣는 덕목과 관련한 것으로, 수학하는 자가 설법을 듣는 정확한 마음자세를 세우는 데 도움이 되고자 합니다.

①청경문법聽經聞法

이 방편은 진실로 부처가 설한 가르침의 근본 뜻을 청정한 음성으로 듣는 것입니다. 설법을 듣는 것(聞法)은 불교를 믿고 입도하는 첫걸음이며 불법 가운데 일체의 공덕 대부분이 이 문법에서 옵니다.

②독서열장讀書閱藏

성현의 서적을 읽는 것으로, 경·율·론 삼장을 읽는 것 외에도 역대 성현이나 대덕의 작품들을 널리 배우고 연구해야 합니다.

③광학다문廣學多聞

불도를 배우려면 많이 듣고 마음을 닦아 나가야 하며, 무량한 법문을 다 배우겠다고 서원해야 합니다.

④문공불경聞空不驚

제법의 법성이 본래 공하며, 공해야 유를 세울 수 있다는 연기성공의 진리를 정확하게 인식해야 공을 들어도 놀라지 않을 수 있으니, 이것이 커다란 지혜입니다.

⑤문선저의聞善著意

선한 말을 듣고 그 뜻에 집착하지 않으면 사람이 아닙니다. 선을 듣고 그 뜻에 집착해야 불법을 깊이 받아들일 수 있는 큰 그릇이 됨니다.

⑥ **회의심사**會意深思

법을 들을 때는 힘써 터득하고 부단히 사유해야 마음이 열리고 뜻을 이해해 마음으로 온전하게 깨닫게 됩니다.

⑦ **체청정해**諦聽正解

법을 들을 때는 주의해서 겸허히 잘 듣고 이해해야 합니다.

⑧ **정문정사**正聞正思

불법은 문사수聞思修를 통해 삼마지에 들어 바른 법을 듣는 것이며, 오랜 시간 바른 법을 생각하는 것입니다.

⑨ **낙관명리**樂觀明理

불도를 익히는 자가 인연과보와 연기성공의 진리를 이해하면 자연히 낙관적이고 활달할 수 있으며, 지혜를 순리대로 명확히 이해할 수 있습니다.

⑩ **복혜쌍수**福慧雙修

"복을 닦고 지혜를 닦지 않으면 코끼리에게 영락을 걸치는 것이고, 지혜를 닦고 복을 닦지 않으면 나한에게는 공양이 부족하다"고 했습니다. 양족존兩足尊인 부처님께 귀의함은 복덕과 지혜 두 가지를 구족한다는 의미입니다.

⑪ **성취변재**成就辯才

입으로 항상 자비를 행하고, 선한 말을 닦고 익혀야 말재주에 막힘이 없습니다.

⑫ **광위선화**廣爲宣化

부처님의 법 널리 전파하고 널리 교화를 펴면 자타가 모두 성취할 수 있습니다.

⑬청전법륜請轉法輪

항상 불학 강좌를 개최하고 불서를 발행해야 합니다.

⑭친근도량親近道場

인연 있는 도량을 선택해 설법의 선지식을 가까이합니다.

⑮명변시비明辨是非

지나치게 이해득실을 따지지 말고 시비를 잘 판별해야 합니다.

경전에서는 '나에게 법락이 있으니 세속의 즐거움이 즐겁지 않네'
라고 했습니다. '법法'이란 바로 진리입니다. 진리가 가져다주는 즐거
움이야말로 진정 영원한 즐거움입니다. 그렇다면 법락은 뭘까요? 오
계십선이 법락입니다. 육도사섭이 법락입니다. 사무량심이 법락입니
다. 인연과보가 법락입니다. 유공중도有空中道가 법락입니다. 마음에
법락이 있으면 오욕육진에 집착하지도 않고 저항하지도 않습니다.
마음에 법락이 있으면 세간에 대해 싫어하지도 않고 구하는 바도 없
습니다. 마음에 법락이 있으면 어디를 가든 편안하고 자유롭습니다.
마음에 법락이 있으면 그 자리가 곧 극락세계입니다. 오로지 무변한
법락을 배(뗏목)로 삼아야 생사의 파도를 넘어 '상락아정(常樂我淨:
열반에 갖추어진 네 가지 특성)'의 피안에 도달할 수 있습니다.

3. 혜慧의 응용: 생활행의生活行儀, 인간지혜의 작용

『대승기신론』에서는 중생에 대해 '일심에 의하여 이문二門을 연다'라
고 언급하고 있습니다. 즉 심진여문心眞如門과 심생멸문心生滅門입니

다. 또한 일심一心의 본체本體, 상상相狀, 작용作用이 광대하고 무한하여 체대體大, 상대相大, 용대用大라고 부릅니다. '체體·상相·용用'세 가지는 서로 나눌 수 없습니다. 본체의 정신·의의는 근기와 인연, 편리에 따른 권교權敎로 응용할 수 있어야 그 가치가 발휘됩니다.

반야지혜가 곧 우리들의 '심진여문'입니다. 반야는 심오하고 미묘함을 설하려는 것이 아니라, 바로 생활 속 행동에서 인간지혜가 작용되어야 의의가 있습니다. 당시 부처님이 영산회상에서 꽃을 집어 들자 가섭만이 환하게 미소를 지었고 사제 간에 마음이 통하였으니, 선은 인간의 한 줄기 광명이 되었습니다. 부처님 성도 후 다섯 비구가 부처님을 모른 척하자고 약속을 했지만, 성도한 뒤의 부처님을 뵙는 순간 부처님의 위의에 감화돼 자신도 모르게 땅에 엎드려 예불을 드리고 다시 부처님을 따르기로 했습니다. 그래서 불교에서 '최초의 승보'가 되었습니다. 그들을 제도한 부처님의 행의가 바로 인간지혜의 작용입니다.

산동 담산사湛山寺의 담허倓虛대사가 하루는 불전 앞에서 막 향을 올리려는데, 왕씨 성을 가진 거사가 사찰에 들어서다가 경건하고 소탈한 대사의 행의에 감동되어 담산사가 홍법도량이 되기를 바라는 마음에서 돈을 쾌척했다고 합니다. 선문 안에서 조사가 소나무를 심고, 밭을 갈고, 쌀가마니를 나르고, 마당을 쓰는 등의 생활행의는 모두 선입니다. 차 마시고 밥 먹는 것, 옷 입고 발우를 드는 것, 밭을 경작하고 사무를 보는 것, 접대하고 왕래하는 것, 눈을 깜빡이는 것, 말하고 침묵하고 움직이고 멈추는 것 모두 미묘한 선의禪意와 깨달음의 인연이 감춰져 있으며, 이것 역시 인간지혜의 작용입니다.

총림 안에서는 소위 "걷기는 바람처럼 하고, 서기는 소나무처럼 하며, 앉기는 종처럼 하고, 눕기는 활처럼 한다"는 말이 있듯, 걷고 멈추는 동작 사이에도 특히 위의를 신경 써야 합니다. 심지어 평소 법당에 들어설 때는 줄을 맞춰 서고, 식사를 할 때는 공양식당 양쪽에 앉으며, 들고 나는 행동에도 언제나 규범이 있으니 하나하나 모두 배워야 합니다. 그러나 일반인 생각에는 "나이가 한두 살도 아닌데, 걷는 것도 못 할까봐서요? 수십 년을 밥 먹으며 살아왔는데 뭘 밥 먹는 걸 배워요?" 할지도 모릅니다. 이것은 사찰의 규율을 몰라서 하는 소리입니다. 사찰은 속가俗家와는 다릅니다. 사찰에서는 동작 하나하나가 모두 수행입니다. 길을 걷고, 밥을 먹고, 잠자는 것 모두 참선일 수 있습니다. 그 가운데에는 매우 심오한 해탈의 경계가 담겨 있습니다. 그래서 총림에 오면 자신이 확실히 길을 제대로 못 걷고, 밥을 제대로 못 먹는다는 걸 느낄 것입니다. 신심이 온갖 속박에 묶여 수년을 쌓아 이제는 습관이 되어버렸으니, 하나하나 힘써 벗어버려야 할 필요가 있습니다. 밥 먹으면서 그릇을 들면 '용이 여의주를 물 듯 하고', 반찬을 집으면 '봉황이 머리를 끄덕이듯 하며', 길을 걸을 때는 기러기가 일자로 날아가듯 하고, 머리에 그릇을 올린 듯 상체를 흔들지 말고 조심스럽게 걸어야 합니다. 총림에서는 정말 매사가 수행이고, 법문입니다. 다음 게송은 이런 율의를 잘 설명하고 있습니다.

거불擧佛의 음성은 물이 천천히 흐르듯 하고,
독경하며 길을 걸을 때는 기러기가 날아가듯 하며,
합장한 두 손 가슴 앞에 모으면 물을 모아 쥔 듯 하고,

몸을 일으키면 머리 위에 그릇을 올린 듯 조심하며,

앞뒤를 살피고 관찰하며 가볍게 걸음을 옮기고,

좌우로 시선을 돌릴 때는 몸을 옆으로 틀지 않으며,

위의와 동정을 이와 같이 하여

삼보에 귀의하니 또 무슨 근심이 있을 것인가.

擧佛音聲慢水流 誦經行道雁行遊

合掌當胸如捧手 立身頂上似安油

瞻前顧後輕移步 左右廻旋半展眸

威儀動靜常如此 皈依三寶復何憂

불문에서 '삼천 가지의 위의, 팔만 가지의 작은 행실'을 중시하는 것은 뛰어난 위의를 배양하는 데 목적이 있습니다. 지난날 마승馬勝 비구는 위의로써 사리불을 제도하여 천고에 아름다운 일화를 남겼습니다. 그러므로 좋은 모습을 갖추는 것은 개인의 기본조건이자 대중을 제도하는 방편법문이 될 수도 있습니다. 전통적인 총림도량에서는 제도를 매우 중시했습니다. 개인에게는 계첩계를 받았다는 증명서가 있고, 승단에는 청규淸規가 있습니다. '청규'란 선종 사찰의 조직 장정章程 및 사찰 내 대중의 일상생활 규칙입니다. 이는 선종 총림이 대중의 가고, 서고, 앉고, 눕고 등의 위의와 관련하여 제정한 승제僧制이며, 승가 대중이 반드시 준수해야 하는 의규儀規입니다. 현대의 '공동거주 규약'과 비슷하다고 보면 됩니다. 승가 대중이 일상에서 수행하는 규범이자, 승단조직, 업무처리 등에서 따라야 할 것들입니다. '청규'는 승단을 건전하게 만드는 규범입니다.

당시 백장百丈 선사는 선종 총림을 위해 '백장청규'를 제정하여 중국의 승단으로 하여금 제도화, 합리화된 승가생활을 하게 했습니다. 48가지 직책을 명백히 정하여 각자 맡은 바 직무에 충실하여 사찰 업무운영을 조직화하고 체계화하였습니다. 각종 수지해야 하는 행의와 생활규범을 제정해 승가 대중이 위의를 구족할 수 있게 하였고, 마음은 방일하지 않고, 몸은 규율을 어기지 않도록 했습니다. 특히 주지라는 직책을 설립해 대중의 수행을 이끌고 사찰 사무를 총괄하게 했으며, 총림의 규모는 그때 제정되었습니다.

총림 청규는 예법과 절제가 있고, 총림생활은 화목과 질서가 있습니다. 총림의 도량은 중국 유교에서 부르짖는 천하위공天下爲公, 사람이 저마다 예와 악을 숭상하는 이상적인 청사진을 실현한 것입니다. 승가에서 두 줄로 서서 지나는 행의를 볼 때마다 탓하거나 '예를 잃었으면 초야를 뒤져서라도 찾아내야지(禮失求諸野)'라고 개탄하는 사람은 없습니다.

총림의 규칙을 수립하고 생활에 불법을 뿌리내리기 위해 저는 불광산에 특별히 넓고 깨끗한 운거루雲居樓를 건설해 전체 승가 대중과 불광산을 찾은 신도, 참배객 등이 다 함께 자리할 수 있도록 했습니다. 공양시간이 되면 전체 불광산의 직책이 있거나 학생이거나, 수천 명의 승려와 신도가 줄을 서 순서에 따라 입장하는 장엄한 대열은 여행객들의 찬탄과 감동을 자아내고 있습니다. 이로써 장엄한 위의는 대중을 제도할 수 있음을 알 수 있습니다.

불문에서는 어묵동정語默動靜이나 안상安詳이 모두 가르침에 적합하다면 곧 예의禮儀입니다. 몸과 말과 생각의 행하고 멈춤이 밖으로 표출된 것이 생활의 예의입니다. 예의가 지나침이 없이 적합하다면 무언으로도 설교를 할 수 있습니다. 당나라 때 '간영불골표(諫迎佛骨 表: 부처의 사리를 맞아들이는 것의 부당함을 간하는 표문)'을 올렸다는 이유로 조주潮州 자사刺史로 폄직된 한유韓愈가 하루는 대전大顚 선사를 참방하러 갔습니다. 마침 선사는 좌선을 하며 한참을 지나도 선정에서 깨지 않으셨습니다. 기다리기 귀찮은 한유의 모습을 본 상좌는 조급한 마음에 대전 선사의 귓가에 속삭였습니다. "먼저 선정으로 움직인 뒤에 지혜로 뽑아내십시오." 그 말은 "선사님, 당신의 선정이 이미 한유의 마음을 움직였으니 이제 지혜로 그에게 설법을 할 차례입니다"라는 의미였습니다. 한유가 그 말을 듣고 "다행히 상좌 스님의 입에서 소식을 얻는군요" 하며 기뻐했다고 합니다.

'먼저 선정으로 움직인 뒤에 지혜로 뽑아내다'라는 것은 인간지혜의 작용입니다. 또한 밤에 놀러 다니는 제자에게 감동을 준 선애仙崖 선사의 일화, 난초 화분을 깬 제자에게 꾸중하려고 난초를 기른 것이 아니라 하였던 금대金代 선사, 한 사람을 죽여 무고한 사람 백 명을 구한다는 부처님의 말씀, 실수한 조리사를 살리고자 왕에게 술을 마시게 해 목숨을 구한 파사익왕의 왕비 말리末利 부인 일화, 남의 사위가 된 일휴一休 화상의 일화, 불상을 태워 몸을 녹인 단하 선사, 타인을 가르치려거든 마음을 훔치라는 석옥石屋 선사 등등 모두 반야의 인간지혜 작용입니다.

이 밖에도 역사상 자신의 풍의風儀로 제왕에게 영향을 미치고 불교의 법 수호자가 되게 한 승려 또한 적지 않습니다. 예를 들어 종남산의 유정惟政 선사는 조정에 출사하여 당 문종에게 '합리관음蛤蜊觀

音'의 꿈을 해석해 불교에 대한 신앙을 일깨웠습니다. 서역 고승 불도 징佛圖澄은 잔혹한 폭군이었던 석호, 석륵을 제도하여 무수한 생명을 구하였는데, 후에 불도징은 그들의 스승이 되어 항상 조정을 위한 가르침을 주었다고 합니다. 불도징의 제자 도안道安대사는 전진前秦의 왕 부견符堅에게 상소를 올려 전쟁을 멈추었다고 합니다. 당나라 때 현장玄奘대사는 역경의 대업을 주관하는 동시에 당 태종을 보필하며 국사에 많은 조언을 했습니다. 현장대사가 원적할 당시 당 고종은 3일간 정무를 쉬고 신하들에게 "짐이 나라의 큰 보물을 하나 잃었다"며 비통해했다고 합니다. 현장대사가 받은 조야의 숭앙이 얼마나 깊었는지를 알 수 있습니다.

심지어 선종의 초대 조사이신 달마 조사가 중국에 도착했을 때, 양무제와의 "짐을 마주한 자가 누구인가?", "아무런 공덕이 없구나"라는 이치 논쟁도 있었습니다. 비록 서로의 근기와 인연이 맞지 않아 달마대사는 숭산 소림사로 돌아가 면벽하게 되었지만, 서로 나눈 이 대화는 후에 "유위법有爲法의 복전福田을 구경究竟하지 말고, 무위법無爲法의 복과 덕성福德性을 구경하라"는 중국불교의 사상에 영향을 끼치기도 했습니다.

일체의 법은 방편과 권교로, 이치와 근기에 맞게, 또 인연을 따라 교화하는 것이 곧 인간불교의 지혜 작용임을 알 수 있습니다. 제가 비록 옛 성현처럼 지혜를 통달하지는 못했지만, 다행스럽게도 어려서부터 초산焦山, 서하棲霞, 보화산寶華山, 그리고 상주 천녕사天寧寺 등의 총림에서 수학할 수 있었고, 선종·교종·율종 문화에서 완벽한 총림교육을 받으며, 수많은 대덕으로부터 출가인의 몸으로 응당 갖취야 할 위의를 배웠습니다. 그 중 보화산 유나(維那: 선원의 규율과 질서를 다스리는 직책)인 약순若舜 노화상, 금산 선당 출신의 탁진卓塵 스님 모두 저의 계사戒師이십니다. 그 밖에도 인산仁山 스님, 융제融齋 스님, 지봉芝峰 스님 등은 제가 불법을 청했던 분들이십니다. 일부 젊은 스님들은 모두 민남閩南불학원 또는 영동嶺東불학원 출신이라 불문의 행의에 관해서는 그들의 엄격한 요구를 따르며 모두 마음속으로 깨닫고 이해할 수 있었습니다. 그래서 지금까지 저는 걸을 때는 허리를 꼿꼿이 세우고, 시선은 내리깔지 않으며, 앉을 때는 반 정도만 걸터앉는 생활습관이 길러졌습니다. 불문의 '사위의四威儀'가 자연스럽게 내 신심생활에 녹아들었다고 말할 수 있으며, 그래서 제가 입세한 뒤 사회에서 활동하면서 이 수많은 불교의 위의를 행동에 응용하고 표현할 수 있었습니다.

심지어 저의 사상과 이념에까지 두루 영향을 미쳤습니다. 전통불교의 근본 교의를 거스르지 않고 현대화된 홍법방식을 응용해 포교의 방편으로 바꾸는 것을 잠시도 생각하지 않는 때가 없었습니다. 예를 들어 저는 불교 가영대歌詠隊를 조직, 찬불가 테이프 녹음, 영사기를 이용한 홍법, 어린이 주일학교 개설, 학생회와 홍법대 설립, 불교 방송프로그램과 TV프로그램 제작, 전에 없던 석가탄신일 꽃마차 유등행렬 등을 했습니다. 또한 '게어교창偈語教唱', '설창홍법說唱弘法', '범패음악회', '인간음연人間音緣' 등 다양한 모습으로 홍법을 펼쳐 다양한 층의 신도와 불교학도를 끌어들였습니다. 더구나 저는 최초로 '대좌강경大座講經'을 통해 헌공獻供과 공연 등을 곁들여 '해행병중解行並重'의 효과를 이룩하길 바랐습니다.

이 밖에도 저는 '정토동굴'을 만들어 『아미타경』에서 묘사한 극락세계의 장엄한 모습을 실제처럼 만들어 놓았습니다. 불교와 예술의 결합을 위해 한 칸이었던 불교문물진열관을, 지금은 10여 곳에 불광연미술관을 세워 불교예술의 아름다움을 선양하는 동시에 수많은 예술과 문학계의 친구들이 불교를 가까이 접하도록 했습니다.

저는 특히 오늘날 불교가 믿음을 타고 널리 퍼지고 있음을 느낍니다. 비록 홍법의 공간이 더 넓어지고, 일찍부터 홍법을 더 이상 사찰에서만으로 국한하지는 않았지만, 그래도 사찰은 신앙정신의 영원한 상징입니다. 사찰은 승가 대중이 머무는 도량이고, 불법을 전파하는 곳이며, 불상을 모신 전당입니다. 사찰이 있어야 불법승 삼보가 있고 불교가 있습니다. 사찰이 있어야 교의를 전파할 수 있고 정법을 지키고 유지할 수 있습니다.

불교를 대표한다고도 할 수 있는 사찰은 신앙의 중심이자 신도들이 마음을 의탁할 수 있는 곳입니다. 불교사찰을 건축함은 홍법을 하기 위함이고, 중생제도에 필요하기 때문입니다. 사찰은 불교의 진리를 전파하는 것 외에 장엄한 전당, 고요한 분위기, 평온한 불교음악, 자비로운 교의 등으로 생업에 지친 사회 대중에게 여유를 주어야 합니다. 특히 좌절과 방황으로 헤매고 있을 때 자연스럽게 사찰을 떠올리고, 각종 활동에 참가하든 아니면 부처님 앞에서 예불만 드리든 다시 출발할 힘을 얻을 수 있어야 합니다. 그래서 저는 사찰을 인생의 주유소이며, 마음의 백화점이고, 성현이 되기를 희망하는 학교이며, 선한 친구와 왕래하는 모임장소이고, 번뇌를 제거하는 청정한 곳이라고 표현합니다.

사찰 건축의 설비를 현대 홍법의 수요에 발맞추고자 저는 과거 법당이라는 국한된 기능을 지금은 강당, 회의실, 사경실, 예참실, 담화실, 도서관, 시청각실, 문물진열관, 미술관, 적수방, 법물유통처, 주차장으로 더 증축했으며, 심지어 연구실, 컴퓨터교육실 등의 설비도 갖추었습니다. 저는 현대 직장인들의 바쁜 생활에 초점을 맞춰 과거 개설한 도시불학원을 지금은 인간위시人間衛視의 TV불학원이 되게 하였으며, 지금은 인터넷불학원, 원거리교육 등도 생겨났습니다. 저는 아침불공 시간을 뒤로 늦추고, 불공 때 독송하는 내용을 개선, 회의 시작 때는 '삼보송' 합창, 식사 때는 '사구게' 암송, 삼귀오계의 전수 시간 단축, 수륙水陸법회 내단內壇의 불사를 모두 낮에 거행하는 등 사찰의 의제를 개선했습니다.

딱딱한 설비를 잘 활용하고, 홍법의 방식을 날마다 새롭게 개선하는 것 외에도 현대인들이 더욱 잘 알아들을 수 있는 언어로 불법을 풀이했고, 불교와 생활 사이에 어떠한 걸림돌도 없도록 애썼습니다.

저는 '육화경(六和敬: 불교에서 교단의 화합을 위하여 설정한 여섯 가지 계율)'을 다음과 같이 풀이했습니다.

① **견화동해**見和同解: 사상 면에서 공통된 인식을 건립한다.

② **계화동수**戒和同修: 법제 면에서 사람은 저마다 평등하다.

③ **이화동균**利和同均: 경제 면에서 균등하게 분배한다.

④ **의화동열**意和同悅: 정신 면에서 뜻을 함께하여 화합한다.

⑤ **구화무쟁**口和無諍: 언어 면에서 다툼 없이 화목한다.

⑥ **신화동주**身和同住: 행위 면에서 타인을 불편케 하지 않는다.

저는 '보현보살의 10가지 큰 서원'을 다음과 같이 만들었습니다.

첫째, 모든 부처님을 예경한다는 원(禮敬諸佛)은 인격존중을 실천하겠다는 것입니다.

둘째, 모든 부처님을 찬탄한다는 원(稱讚諸佛)은 언어의 찬미를 실천하겠다는 것입니다.

셋째, 중생 이롭게 하는 공양을 널리 수행한다는 원(廣修供養)은 마음의 보시를 실천하겠다는 것입니다.

넷째, 업장을 참회한다는 원(懺悔業障)은 행위의 개선을 실천하겠다는 것입니다.

다섯째, 남이 지은 공덕을 따라 기뻐하는 원(隨喜功德)은 자선사업의 경제적 도움을 실천하겠다는 것입니다.

여섯째, 전법륜을 청하는 원(請轉法輪)은 불법의 포교를 실천하겠다는 것입니다.

일곱째, 모든 부처님 이 세상에 머물기 청하는 원(請佛住世)은 성현의 수호를 실천하겠다는 것입니다.

여덟째, 항상 부처님을 따라 배우겠다는 원(常隨佛學)은 진리를 따르겠다는 것입니다.

아홉째, 모든 중생을 섬기겠다는 원(恒順衆生)은 민의를 중시하겠다는 실천입니다.

열째, 모든 공덕 널리 회향하겠다는 원(普皆廻向)은 원만한 공덕을 실천하겠다는 것입니다.

저는 '귀의삼보'와 '수지 오계'에 대해서도 다음과 같은 비유를 해

보았습니다.

귀의삼보歸依三寶

빛과 같은 부처님, 부처님께 귀의함은 마음에 등불을 밝히는 것이며, 자신을 위한 전력회사를 세우는 것이다.

물과 같은 가르침, 가르침에 귀의함은 감로법수를 쌓아놓는 것이며, 자신을 위한 수도공장을 세우는 것이다.

밭과 같은 승가, 승가에 귀의함은 보리수 열매를 키우는 것이며, 자신을 위한 비옥한 옥토를 개발하는 것이다.

수지오계受持五戒

살생하지 않음은 타인의 생명을 침범하지 않는 것이다. 살생하지 않고 생명을 보호하니 자연 장수한다.

도둑질하지 않음은 타인의 재산을 침범하지 않는 것이다. 도둑질하지 않고 보시하니 자연 부귀하다.

음행하지 않음은 타인의 명예를 침범하지 않는 것이다. 음행하지 않고 존중하니 자연 화목하다.

거짓말하지 않음은 타인의 신용을 침범하지 않는 것이다. 거짓말하지 않고 신의를 지키니 자연 명성이 좋아진다.

마약을 흡입하지 않음은 타인의 이성을 침범하지 않는 것이다.
마약을 흡입하지 않고 정상적이니 자연 건강하다.

  과거 일반인들에게 불교는 거듭거듭 보시만을 강조하고, 불도를
배우는 것이 타인에게 보시하기 위한 것처럼 생각될 정도인데, 이러
면 자신에게는 어떤 이로움이 있을까?라고 생각한 것 같습니다. 이런
일반인들의 관념을 바꾸기 위해 저는 '육바라밀이 자타 양쪽에 주는
이로움 분석(六波羅蜜自他兩利之評析)'이라는 논문에서 '육바라밀'에
다음과 같은 주해(註解)를 달았습니다.

  보시는 하나를 심어 열을 거둬들이니, 자신의 탐욕스런 성격을 고
  친다.
  지계는 삼업을 청정하게 만드니, 자신의 나쁜 행동을 고친다.
  인욕은 자타가 이로움을 얻으니, 자신의 성내는 나쁜 습관을 고
  친다.
  정진은 이루지 못하는 일이 없으니, 자신의 나태한 인습을 고친다.
  선정은 신심을 편안히 머물게 하니, 자신의 산란한 생각을 고친다.
  반야는 공을 들여다보고 자재로우니, 자신의 어리석은 이해심을
  고친다.

  그러므로

①보시는 타인에게 주는 것일까요, 나에게 주는 것일까요? 타인에게 주는 듯 보이지만 사실은 나에게 주는 것입니다. '탐욕'을 제도할 수 있는 보시는 자신이 대박 나는 길입니다.

②지계는 속박일까요, 자유일까요? 속박처럼 보이지만 사실은 자유입니다. '비방'을 제도할 수 있는 지계는 자신이 평안해지는 길입니다.

③인욕은 손해일까요, 이익일까요? 보기에는 손해같지만 사실은 이익입니다. '성냄'을 제도할 수 있는 인욕은 자신이 처세하는 길입니다.

④정진은 고생일까요, 즐거운 것일까요? 보기에는 고생스럽지만 사실은 즐겁습니다. '나태'를 제도할 수 있는 정진은 자신이 성공하는 길입니다.

⑤선정은 경직되어 있는 것일까요, 활발한 것일까요? 보기에는 경직된 듯하지만 사실은 활발합니다. '산란함'을 제도할 수 있는 선정은 자신의 마음이 편안해지는 길입니다.

⑥반야는 밖에서 구하는 걸까요, 안에서 구하는 것일까요? 보기에는 밖에서 구하는 것 같지만 사실은 안에서 구합니다. '어리석음'을 제도할 수 있는 반야는 자신이 이치를 깨우치는 길입니다.

이 밖에도 불교경전에 대해 항상 게송을 이용하여 경문의 의미를 다시 설명합니다. 고덕 역시 사구게를 사용해 경문의 의미를 전달하라고 제창했습니다. 사구게는 이해하기 간단하고 기억하기 쉽습니다. 중국의 시가처럼 따라 부르기 쉽기 때문에 저도 고덕을 본받아 사구게로써 불법을 표현해 보았습니다. 예를 들어 부처님의 십대제자는 각기 으뜸 되는 것이 있습니다. 저는 그들의 전문지식에 의거해 다음을 썼습니다.

사지련통설부나舍智連通說富那, 수공전론가두타須空旃論迦頭陀,
나률천안파이계那律天眼波離戒, 아난다문밀행라阿難多聞密行羅

그리고 저는 팔종의 특색을 나타내는 사구게를 한 수 지었습니다.

밀부선빈방편정密富禪貧方便淨, 유식내번가상공唯識耐煩嘉祥空,
전통화엄수신율傳統華嚴修身律, 의리조직천태종義理組織天台宗

과거 고덕이 과판科判을 통해 경전을 강의하였던 것처럼, 저 역시 『금강경』을 '무주생심無住生心, 무아도생無我度生, 무상보시無相布施, 무득이증無得而證'의 사구게를 사용해 개괄적으로 강의한 적이 있습니다. 『대승기신론』, 『반야심경』 등을 표해表解로 만들어 일목요연하고 요점을 파악하기 쉽도록 한 적이 있습니다.

많은 사람들이 불교사를 수 년 동안 연구했지만 중국불교 2천여 년의 전체 발전에 대해 한결같이 맥락을 정리하기 쉽지 않았습니다. 저는 진秦·한漢 시기 중국에 전래된 후 2천여 년 간의 불교 역사를 여섯 시기로 분류하였습니다. 인간불교 종결 강의 내용에 안성맞춤인 듯합니다. 여섯 시기로 나눈 표는 다음과 같습니다.

①**동전東傳 역경譯經 시기**: 진秦, 한漢, 위魏, 진晉

②**팔종八宗 성립 시기**: 수隋, 진陳, 당唐

③**선정禪淨 쟁주爭主 시기**: 오대십국五代十國, 송宋

④**궁정宮廷 밀교密敎 시기**: 원元, 명明

⑤**경참經懺 향화香火 시기**: 청淸, 중화민국中華民國

⑥**인간불교 시기**: 20세기 이후

불교는 지혜를 계발하는 종교이며, 때로는 자신과 상응하는 불법 한마디를 듣기만 해도 정말 평생 써도 다함이 없습니다. 저는 평소 세계 각지를 운유하지만 늘 시간에 쫓기듯 바쁘게 다니곤 합니다. 그 사이에도 늘 누군가 제게 자신의 인생에 깨우침을 주는 좋은 말 한마디를 요청하면, 비록 빡빡한 일정과 시간이지만 저는 항상 원하는 바 대로 이루어 주고자 노력합니다. 그래서 수년 동안 인연과 근기에 맞 게 수많은 '한마디'를 해주었습니다. 이는 지금도 승가 대중과 신도 들 사이에서 전해지고 있습니다.

◉나는 부처이다.

◉타인을 선하게 대하라.

◉타인은 나를 필요로 한다.

◉기꺼이 원하는 마음으로 행하라.

◉영원히 물러나지 않는다.

◉인생은 300세.

◉입장을 바꿔서 생각하라.

◉자신만의 브랜드 가치를 수립하라.

◉바쁜 것도 영양요소가 된다.

◉시주를 원하면 그 마음을 얻으라.

◉거절 말고 대신 할 사람을 소개하라.

◉말싸움은 한 번으로 끝내라.

◉근육도 살아 있는 것이다.

◉영원히 쉬어야 할 때가 있다.

◉화내기보다는 노력하라.

◉인연을 맺는 것이 원한을 맺는 것보다 낫다.

◉화내면 문제를 해결할 수 없다.

◉돈은 사용해야 비로소 자신의 것이다.

◉"O.K!"라고 많이 말하고, "No!"라고 적게 말한다.

◉환희를 인간세계에 가득 차게 하라.

◉불법이 있어야 방법이 있다.

◉인내는 곧 힘이다.

◉감동은 곧 불심이다.

◉질병은 곧 양약良藥이다.

◉이지러짐은 곧 아름다움이다.

◉궁핍함은 곧 죄악이다.

◉봉사자를 위한 봉사를 하라.

◉타인이 나를 써줘야 비로소 가치가 있다.

◉자신은 곧 자신의 귀인이다.

◉사찰은 인생의 주유소이다.

◉무용無用일지언정, 무명無明해서는 안 된다.

- 타인을 위해 뭘 할 수 있을지 늘 생각하라.

- 매사 감사하고, 모든 것이 당연히 그러하다고 여겨라.

- 사람은 삼제(과거, 현재, 미래)의 시간과 시방세계라는 공간에 두루 미친다.

- 말은 햇살 같고, 꽃 같고, 맑은 물 같아야 한다.

- 돈이 있는 것은 복이지만, 돈을 쓰는 것은 지혜이다.

- 타인의 성취를 도와야지, 함께 무너져서는 안 된다.

- 아미타불이 우리 대신 은혜를 갚게 하지 마라.

- 불교를 믿지 않아도 되지만, 인과를 믿지 않으면 안 된다.

- 모두를 잃을지라도, 자비를 잃어서는 안 된다.

- 부처님을 믿으면 '행불行佛'로 '배불拜佛'을 대신할 수 있다.

- 지혜를 장엄하게 하고, 금전을 쌓지 말라.

- 무엇이든 나의 것이고, 또한 어느 것도 나의 것이 아니다.

- 사람의 마음이 넓은 만큼 성공도 크다.

- 사람은 죽지 않는다. 생사는 그저 국면이 바뀌는 것이다.

- 세간이 모두 진흙탕이라도 나만이 맑은 연꽃이면 족하다.

- 돌고래가 되지 말라. 모든 쇼는 작은 물고기 하나를 얻기 위해서다.

- 이치는 깨우쳐야지 말로 설명만 해서는 안 된다. 이치를 깨우치면 물 흐르듯 자연스럽게 된다.

- 당신이 맞고 내가 틀리오. 당신이 크고 내가 작소. 당신은 있고 나는 없소. 당신은 즐겁고 나는 괴롭소.

- 타인에게 믿음을, 타인에게 환희를, 타인에게 희망을, 타인에게

편리함을 주라.

◉재물, 일, 사람을 관리하기는 쉽지만, 자신의 마음을 관리하기가 가장 어렵다.

◉타인에게 인연을 베풀라. 과거에 타인도 내게 인연을 베푼 적이 있기 때문이다.

◉불도를 배움은 분명 고생스럽지만, 고생은 불도를 배우는 목적이 아니라 증상연增上緣이다.

◉책망을 당했다고 세상이 끝난 게 아니다. 오히려 희망의 시작이다.

◉나를 비평하고 비방함은 반드시 내가 나빠서가 아니라, 우리를 북돋아주려는 것일 수도 있다.

불법은 등대와 같아 우리 인생의 방향을 제시해줄 수 있고 우리가 망망한 바다에서 길을 잃고 헤매지 않게 해줍니다. 불법이 있으면 반야의 혜안을 끄집어낼 수 있기 때문입니다. 반야는 어두운 방안의 '빛'과 같아 우리 마음의 무명을 비추어 깨버릴 수 있고 인아의 차별을 없애며, 우리의 마음이 외경의 괴로움과 즐거움에 움직이지 않도록 해주고 더 나아가 집착하는 모든 마음을 중생에 대한 자비로 돌려놓습니다. 『팔대인각경』에서 "항상 만족함을 알고, 가난하여도 평안히 지내며 도를 지키고, 오로지 지혜를 업으로 삼는다"고 말한 것처럼 반야의 쓰임은 우리들의 사상을 정화하고 우리의 도덕을 한 단계 더 끌어올립니다. 공성의 지혜가 있다면 괴로움과 즐거움은 한몸이며, 깨끗함과 더러움은 하나이고, 가난함과 부유함이 능히 자유롭고,

있고 없음이 능히 평등함을 알게 해줍니다. 특히 공성의 지혜로 '이처럼 그 마음을 항복시켜' 자신이 그 쓰임을 받는 것 외에 더 나아가 중생을 제도하겠다는 자비심을 일으킴으로써 '일체 중생 종류를 다 무여열반에 들게 하여 그들을 제도하리라'고 발원하게 해야 합니다. 이것이 바로 반야 작용의 지극한 경지입니다.

4. 혜慧의 원만: 동체공생同體共生, 인간지혜의 원만

사람은 무리지어 사는 동물이며, 모든 사람은 무리를 떠나 홀로 살 수 없습니다. 그래서 '집에서는 부모를 의지하고, 나가서는 친구를 의지한다'고 했습니다. 우리가 알고 있는 친구 외에도 사회에서는 광대한 사농공상士農工商에 종사하는 사람들이 모두 우리와 관련되어 있습니다. 우리가 존재하는 데는 그들이 제공하는 것과 도움이 필요하기 때문입니다. 예를 들어 옷을 입으려면 노동자가 천을 짜야 하고, 밥을 먹으려면 농부가 씨를 뿌리고 밭을 일궈야 하며, 외출하면 운전기사가 자동차를 운전해줘야 합니다. 또 우리가 걷는 길 어느 하나 누군가의 손을 거쳐 건축되고 수리하지 않은 것이 있습니까? 우리가 사는 집 역시 벽돌 하나, 기와 하나도 타인의 손을 거쳐 지어지지 않은 것이 있습니까? 우리가 놀러가는 산과 바다의 관광지 어느 하나도 타인의 손을 거쳐 다듬어지지 않은 것이 있습니까? 이 밖에도 수없이 많은 것이 대중에게 의지해야 우리가 살아갈 수 있습니다. 사회 대중을 떠나서는 우리가 생존할 방법이 없을 것입니다.

사람과 사람은 서로 도와야 하고, 이런 '인연'이 모아져야 존재할 수 있습니다. 인연은 세간에서 가장 아름답고 훌륭한 일입니다. 당초 부처님이 보리수 아래에서 진리를 깨달으신 것이 바로 연기의 법칙입니다. 세간은 많은 인연이 모아지고 합해지기에 무에서 유가 생겨날 수 있습니다. 인생에는 선연이 보태져 액운이 좋게 바뀔 수 있습니다. 우주의 일체 사물 모두 서로 인연으로 맺어져 있으며, 중생 간에도 '동체공생同體共生'의 관계가 만들어져 있습니다. 그래서 사람과 사람 사이에는 '동체공생'의 중요성을 알아야 합니다. 모두가 다 화합하고 공생해야 세계가 평화롭고, 인간이 화목할 수 있습니다. 동체공생을 아는 사람이야말로 지혜로운 인간이며, 동체공생할 수 있어야 '인간지혜가 원만'합니다.

'동체'에는 평등, 포용의 의미가 담겨 있습니다. 예를 들어 인간의 신체에는 눈, 귀, 코, 혀, 손, 발 등 근원적 차이가 있긴 하지만 모두 신체의 일부분이라는 것은 같습니다. 이 지구에서 각 나라, 민족, 지역의 차이는 있지만 지구에 의지해 생존한다는 것은 같습니다. 중생은 남녀·노소·강약·지우智愚 등의 분별은 있지만 모든 인연이 화합한 생명체인 것은 같습니다. 모습이 비록 천차만별이기는 하지만 청정한 불성은 평등일여平等一如합니다.

'공생'에는 자비, 융합의 의미가 담겨 있습니다. 법계의 일체 중생은 서로 의탁하고 기대어 생존하는 생명공동체입니다. 불경에는 장님, 절름발이, 벙어리가 서로 의지하고 도우면서 결국 안전하게 화택火宅을 벗어난다는 비유가 있습니다. 매우 수승한 연극에는 주인공의 뛰어난 연기 외에도 사심 없이 호흡을 맞춰주는 조연들도 필요합니다. 우리들이 생존하고 있는 사회는 사농공상 각각의 업종에서 모든 사람이 저마다의 역량을 바쳐야 다 함께 화목한 공유사회가 수립될 수 있습니다.

'동체'는 평등관이고, '공생'은 자비관입니다. 자비로우면 상대방을 포용할 수 있고, 융합하면 서로가 공존, 공생할 수 있습니다. 불교의 특색은 바로 이 평등의 정신에 있습니다. 부처님께서 최초로 승단을 조직하신 것은 바로 인도에서 '카스트 제도'의 불평등을 타파하고자 하심이며, '백 가지 지류의 물이 바다로 흘러들어도 짠 맛 하나이며, 인도의 네 가지 계급이 출가하여도 다 같은 석씨가 된다'라는 평등관을 제창하였습니다. 부처님께서 처음 깨달음을 이루셨을 때, 보리수나무 아래에서 '대지의 중생은 모두 여래의 지혜와 덕상德相을 가지고 있다'고 선언하신 데서 출발하여 마음과 부처와 중생 세 가지가 아무런 차별이 없는 동체라는 평등정신을 확립하고, '생불평등生佛平等', '성범평등聖凡平等', '이사평등理事平等', '인아평등人我平等'의 사상을 제창하셨습니다. 부처님은 사실 '동체공생'과 '자비평등'의 선도자이자 추진자입니다.

'동체공생'의 중요성은 세간사의 수많은 사례와 도리를 통해 모두 설명할 수 있습니다. 예를 들어 앞에서 말한 사람의 인체, 즉 안이비설신심眼耳鼻舌身心은 비록 그 기능이 각기 다르지만 서로 도와야만 합니다. 육근이 서로 쓰일 수 있어야 신심이 건강한 사람이 될 수 있습니다.

우리가 살고 머무는 지구는 허공 가운데 하나의 대우주이고, 우리의 신체는 곧 소우주입니다. 대우주와 소우주는 아주 끈끈하게 연결되어 있습니다. 우리의 말 한마디는 전파를 타고 전 세계로 퍼져나가고, 우리가 내뱉는 숨 한 번이 지구상의 폭풍을 일으킬 수도 있습니다. 우리는 '그저 나 하나쯤이야', '내가 이 세상에서 쓰면 얼마나 쓰겠어', '지구도 크고 허공도 그렇게 큰데 내가 관심을 가져봤자 얼마나 하겠어' 하는 생각을 버려야 합니다. 사실 전 세계를 공포로 몰아넣었던 조류독감이 유행처럼 번진 것은 겨우 작은 동물 하나가 걸린 감기였을 따름이었지만, 인간에게 저항력이 없어 결국 감염되고 사망에 이르게 되었습니다. 이러한 사례를 통해 현재 세계는 국경이 없고 우리 모두는 동체공생의 생명체임을 알 수 있습니다.

자연계는 나무가 빽빽이 들어서야 숲이 될 수 있습니다. 해발 수천 미터의 고산 지역의 수목들은 무럭무럭 잘만 자랍니다. 그들은 너 때문에 내가 자라지를 못한다고 탓하지 않으며, 서로 함께 어울려 자라고 번성합니다. 강이나 하천의 물은 한 방울 한 방울 바다로 흘러들어 갑니다. 하지만 바다는 뿌리침이 없이 다 포용하기에 그토록 넓은 대해를 이룰 수 있는 것입니다. 불빛 하나를 밝히고, 이어 또 하나, 두 개, 심지어 세 개, 네 개를 밝혀도 서로가 서로를 비추며, 부처님의 깨달음이 같은 것처럼 비춤에 장애가 없습니다. 동체공생의 도리가 바로 이것입니다.

동물 가운데, 눈이 하나씩이어서 함께 하지 않으면 날지 못한다는 비익조比翼鳥, 봉황이 함께 난다 등에는 화합적 성격이 있어, 부부의 금슬 좋음을 찬탄하는 말로 많이 쓰입니다. 심지어 사자와 개도 함께 생활할 수 있고, 고양이와 개도 서로 의지하며 살 수 있습니다. 세상에 본래 절대적인 적은 없습니다. 각자 습성이 다를 뿐입니다. 누군가는 고산에 거주하길 좋아하고, 누군가는 평지의 생활이 몸에 밴 사람도 있습니다. 또 누군가는 산속 동굴을 좋아하고, 누군가는 해저 깊은 곳을 좋아할 수도 있습니다. 선인장은 찌는 듯한 사막에서도 당당하게 각양각색의 꽃을 피울 수도 있습니다. 그들은 서로 공생하는 동시에 대자연과도 공존할 수 있습니다. 그래서 하늘은 살아 있는 것을 아끼는 품성으로 은혜를 베풀어 그들 생명이 자라게 하는 것입니다.

세계 민족 가운데 물과 초원을 따라다니며 거주하는 민족이 있지만, 광대한 초원 역시 그들을 버리지 않습니다. 과거에는 바다에 인접해 있거나 물줄기가 지나가는 곳이라면 비옥한 토지여서 생산되는 농작물도 더 많고 민중의 생활조건도 특히 더 좋았습니다. 그러나 요즘 세상은 사막에서 석유가 발견되고, 척박한 사막 지역에서 힘들게 살았던 주민들에게도 대박의 기회가 생겼습니다.

과거에 생각이 편협한 어떤 이가 역사상 발생한 사건에서 비롯되어, 어느 어느 성씨끼리는 서로 혼인하지 못한다는 관습이 생겨났습니다. 예를 들어 송나라 때 진회秦檜가 악비를 모함해 죽였기 때문에 악씨와 진씨는 대대로 원수가 되었습니다. 장화(彰化: 타이완 중부 지역의 도시)의 루깡鹿港 지역에서 시씨와 정씨가 서로 통혼을 않는 것도 명나라 말기에서 청나라 초기까지 이어진 정성공(鄭成功: 타이완을 개척한 인물)과 시랑(施琅: 타이완을 점령한 청나라 수군 장수)과의 은원에서 비롯된 것입니다. 이와 반대로 '유비, 관우, 장비의 도원결의'로 인해 후대 그 자손들은 대대로 교분을 나누고 있습니다. 이 역시 사람이 만들어낸 것입니다. 사실 우리는 전체 백가성百家姓을 한 가족처럼 친하게 생각해야 합니다. 성씨가 다르다고 해서 정을 나눠서 반만 줄 수 있는 것이 아닙니다.

고대에는 이웃하는 이민족과의 화친이 굉장히 큰일이었습니다. 예를 들어 한나라의 왕소군王昭君은 흉노인과 함께 하겠다고 기꺼이 이 민족에게 시집을 갔기에 흉노와 한족의 관계가 더욱 가까워졌습니다. 멀리 티베트의 송첸캄포(松贊干布) 왕에게 시집 간 당나라의 문성공주 이야기는 민족과 정치, 그리고 불교에 미담으로 전해오고 있습니다. 현재 동·서양의 서로 다른 나라 사람이 부부로 이어진 경우는 무척 많습니다. 그러므로 장차 양안해협 역시 반드시 한 민족이 될 것입니다.

중국은 한족과 만족, 몽고족, 회족, 장족 등 여러 민족이 있습니다. 다섯 민족이 함께 공존하는 '오족공화五族共和' 이것 역시 동체공생입니다. 미국은 이민자들이 많습니다. 각 종족이 모두 그곳에서 발전하며 화목하게 함께 살아갑니다. 세계 각 민족이 모여 있는 UN은 회의를 통해 수많은 국제간 분쟁을 줄였으니, 이 또한 동체공생의 소중한 점이라 할 수 있지 않을까요?

그러나 다른 한 편으로는 세계 각 민족은 다른 민족의 존재 역시도 인정해야 합니다. 이른바 '동중존이同中存異'라는 것입니다. 각자 나름대로의 생명을 발전시키는 것이 '동체공생'이지, 억지로 함께 있는 것은 동체공생이 아닙니다. 과학자가 연구실에 수많은 자료를 쌓아 놓고 있어도 서로 참고해서 연구를 해야 합니다. 위대한 건축물은 역시 산천과 토지 등에서 나는 건축자재와 함께 해야 만들어집니다. 세상의 산들바람은 대중을 가볍게 스치듯 지나가고, 세상의 햇살은 일체의 중생을 두루 비춥니다. 대지와 산하는 우리가 여행할 수 있게 해줍니다. 이른바 '화합하면 살고, 화합하지 않으면 망한다'라고 했습니다. 현재 전 세계가 일제히 '공생공유共生共有'해야 '공영공존共榮

共存'할 수 있다고 부르짖습니다.

불교에서 석가모니 부처님은 카스트 제도를 타파하고 종족간의 불평등을 없애며 강과 호수가 바다로 흘러들어가 하나의 맛이 되듯 사성계급 모두 출가할 수 있도록 했습니다. 불교승단은 부처님이 '육화승단'을 제창하셨고, 제자들은 '신화동주身和同主, 구화무쟁口和無諍, 이화동열意和同悅, 견화동해見和同解, 계화동준戒和同遵, 이화동균利和同均'의 규약에 따라 모두 함께 생활해 나갑니다. 또한 부처님은 새로 입문하는 제자에게는 항상 더 마음을 쓰셨습니다. 부처님은 약자들에게 관심을 가지셨습니다. 당초 사위성에는 비구니가 몸을 씻을 만한 곳조차도 없었습니다. 부처님은 대중들과 함께 목욕 공간을 세웠습니다. 비구가 현지에서 탁발하기 쉽도록 대규모 강연을 여러 차례 거행해 각계의 사람들에게 '재물과 법의 두 보시' 관계에 대해 알도록 했습니다.

부처님은 재삼 세간의 일체는 '사대'에 의해 이루어지고, '오온'이 합해져서 생겨난 것임을 강조하셨습니다. 그래서 현재 '너 가운데 내가 있고, 나 가운데 너가 있다'고 제창합니다. 이것이 바로 인간불교가 가장 중시하는 화합의 정신입니다. 세간에서 불교는 어느 나라 어느 지역이든 모두 봉사, 존중, 보시, 희사를 중시함은 모두가 서로를 존중할 줄 알고 다 함께 살아나가도록 하기 위함입니다.

불제자 가운데는 고대 한국·중국·일본의 금수강산을 찬탄하기도 하지만, 어느 한 곳 불제자의 손으로 개간하고 건설하지 않은 곳이 없습니다. 지금 우리는 인간불교를 선도하고 상호 왕래를 제창하며, 언어를 통한 소통과 신앙의 일치를 달성하고자 합니다. 설령 서로가 다르더라도 상호 존중해야 합니다. 우리는 재난구조를 통해 서로를 돕고 우호관계를 촉진합니다. 각종 문자와 언어 왕래를 통해 교류를 추진합니다. 각종 학술회의를 개최해 문화를 교류하며 서로간의 인식과 포용을 나눕니다. 각종 행사를 개최해 커다란 용광로의 한몸처럼 모두가 함께 참가하도록 합니다.

세계가 곧 우리의 집입니다. 집회, 구제활동을 통해 모두가 서로를 돕습니다. 그래서 수 년 전 불광산은 호주 골드코스트, 미국 하와이 섬, 뉴욕 녹야원 등지에 미리 토지를 남겨두어 양로와 육아의 봉사를 준비했습니다. 이 활동의 주목적은 세계에 경로사상과 어린이 보호 정신을 일깨우려는 것이었습니다. 우리는 회원과 신도 대중이 세계의 수많은 관광지를 편안하게 여행할 수 있도록 머물 잠자리를 제공하고 있습니다. 평소 거동이 불편한 노인은 운수雲水 병원에서 치료를 받고, 학업을 잇고 싶은 젊은이에게는 장학금을 지급하고 있습니다. 대학교, 중학교, 초등학교, 심지어 보이스카우트와 유치원까지도 포함해서 말입니다. 우리는 또한 수많은 사회사업을 창설하여 재가 신도 대중에게 참여의 기회를 제공하며, 적어도 불문 안에서만큼은 공동으로 영위하고 공동으로 생존하도록 하였습니다.

여러 해 동안 국제불광회는 세계 각지에서 끊임없이 한결같은 자선활동을 벌이고 있습니다. 경제적으로 낙후되고 생활이 궁핍한 지역에서 불광회는 집, 음식, 의료, 교육을 위주로 현지인과 협조하여 생활환경을 개선하고 있습니다. 사회복지가 잘 이루어지고 있는 국가에서는 자선바자회, 무료진료, 헌혈활동 등을 하며, 양로원, 고아원, 갱생시설, 특수교육 연구센터 등 기관을 방문하여 약자들을 위로

하고 관심을 가짐으로써 현지사회에 회향하고 있습니다.

중국은 문화혁명 이후 각지의 경제가 무척 낙후되었습니다. 마침 그때 국제불광회가 설립되어 불광회 부총회장이신 엄관우嚴寬祐 처사를 통해 광동, 강서, 사천 등지에 50여 곳의 '희망 초등학교'를 설립하여 빈곤하여 배움의 기회를 잃은 어린이에게 교육을 받게 하는 동시에 '불광의원'을 설립하여 몇몇 시골마을의 의료부족 문제를 돕도록 했습니다.

그밖에 아프리카 말라위 공화국(Republic of Malawi)에 '아미타불 관심센터'를 설립해 부모를 모두 여읜 아이들을 전문적으로 받아들여 양육, 의료, 교육 등에 착수, 현지의 사회문제를 해결했습니다.

브라질에서는 '여래의 자녀 빈민구제, 교육양성 계획'을 설립해 브라질 빈민구역 아이들이 정식교육을 받도록 돕는 동시에 장차 생계를 위해 마약에 빠지거나 미혼모로 전락하지 않도록 하기 위해 한 가지씩 특기를 익히도록 했습니다.

파라과이에는 '불광교佛光橋'를 건설하고 지방의 건설 여건을 개선했으며, 중파불광강녕의원中巴佛光康寧醫院을 세워 무료로 현지 빈민가정에 의료지원을 했습니다. 또한 '조산아 구조 방안'을 세우고 보온박스를 구매해 빈민가정의 조산아를 구조하였으며, '무기아방안無饑餓方案'을 세워 또우장(豆漿: 중국식 두유) 기계를 빈곤한 지역에 제공했습니다. 구휼활동을 거행해 휠체어를 증정하여 장애인들에게 도움이 되도록 했습니다.

십여 년 동안 불광회는 적극적으로 세계 각지에서 각종 자선활동을 치르고 사회에 환원하였으며, 현지 주민들에게 복을 짓고 보시를

통해 불도를 실천했습니다. 이 밖에도 평소 각지에서 천재지변이나
재난을 당하면 불광인은 더욱 '재난구조, 전 세계가 다 함께'를 실천
했습니다. 예를 들어 1999년 타이완의 9.21 대지진 후, 불광산은 불
광회와 더불어 가장 긴요한 순간에 긴급자금 및 구호물자를 제공하
여 왕생한 분들의 후사를 도왔으며, 기도법회를 거행해 영가들을 위
로한 동시에 14개소의 '불광원-마음주유소'를 설치해 생환자가 마
음을 추스르고 지진의 악몽에서 벗어날 수 있도록 불법을 전하며 도
왔습니다. 또한 컨테이너박스 집을 제공해 영원한 평화의 불광촌을
세우고 10여 곳의 학교를 재건하는 데 협조하는 등 총 2천만 달러를
사용했습니다.

2001년 미국 9.11 테러가 발생한 뒤 우리는 뉴욕에 긴급재난지휘
소를 세웠습니다. 전 세계 불광회원들이 각종 재난구조 협조업무에
응해왔고, 불광산 전 세계 도량에서는 영가기도 위패를 세워 재난을
당한 분들을 위해 천도재를 지내고 독경을 하였으며, 빈소를 세워 각
계의 사람들이 애도할 수 있도록 했습니다. 이 기간 동안 저도 미국
을 방문해 미주 지역 홍법활동을 펼쳤으며, 연이어 수차례 종교지도
자와의 대담, 불학강좌, 범패음악회, 삼귀오계, 기자회, 불광회 간부
강습회, 그리고 보이스카우트 증서수여식 등을 치렀습니다. 직접 대
중과 함께 뉴욕 쌍둥이 빌딩 폐허를 찾아 불경을 외우고 쇄정도 하였
습니다. 황망하고 불안한 사람들에게 불법이 마음을 다시 추스르는
데 도움이 되었으면 하는 바람과 그들을 위로하기 위해서입니다.

그밖에 1997년 파푸아 뉴기니에서 심각한 가뭄이 발생하자 심지
혜沈智慧 입법위원을 통해 채명융蔡明隆 주 파푸아뉴기니 타이완 상무

대표가 중간에서 안배해서 국제불광회 호주 긴급재난구조센터에서 즉시 3만 달러에 상당하는 통조림, 컵라면, 쌀, 비상식량 등 식품을 보내주어 재난당한 현지인들의 어려움을 해결하는 데 도움이 되었습니다.

2000년 2월 28일 필리핀의 마욘 화산 폭발이 일어나 백 년 만에 최고 심각한 재해로 기록되었으며, 주민들이 생활터전을 잃었습니다. 필리핀 불광협회는 즉시 '마욘 화산 재난구휼센터'를 설립하고 구제활동을 개시했으며, 화산폭발로 인한 재난지역으로 들어가 구제활동을 펼쳐 총 3천 가구의 이재민에게 매 가구당 필리핀 화폐 400페소 상당의 구호물품을 전달했습니다.

2004년 12월 26일 남아시아 지역에서 최근 백 년 만에 가장 심각한 지진이 발생하여 그 여파로 쓰나미를 일으키고 심각한 재난을 초래하였습니다. 불광산과 불광회는 즉시 '무정한 쓰나미, 유정한 인간'이라는 구호활동 조직을 발족하여 구조, 구제, 가옥재건, 심리상담 등 4가지 방면에서 전면적인 구조 활동에 착수하였습니다.

2005년 8월 미국은 21세기 들어 가장 강력한 허리케인 카트리나의 습격으로 수많은 사람이 집을 잃게 되었습니다. 국제불광회와 불광산은 '허리케인은 잔혹하나, 불광은 사랑을 보낸다'라는 슬로건으로 발족하였으며, 세계총회는 즉각 10만 달러의 구호금을 보내왔고, 현지 정부의 각종 구제활동에 불광인들의 협조로 이재민을 편안하게 하였습니다.

이상은 그저 한두 가지 예를 든 것뿐입니다. 사실 15년 동안 국제불광회는 '천하는 한 가족이다'라는 출발점에서부터 발전해 왔습니다. 저는 모든 사람이 법계를 가슴에 담고, 서로 보살피며, '동체공생'의 중요성을 이해하고, 동체공생하는 글로벌 인간이 되겠다는 원을 세우길 바랍니다.

불교의 수많은 교의와 주장에는 모두 '동체공생'의 사상이 가득 담겨 있습니다. 예를 들어 화엄종의 '십현육상十玄六相'에서 말하는 '서로 막힘없이 의존하고 연결되어 있다'는 '사사무애事事無礙' 법계관은 곧 일종의 '자타일체 법계원융自他一體 法界圓融'이라는 원만한 세계입니다. 『법화경』의 사상대의思想大義 가운데는 일념삼천一念三千, 백계천여百界千如, 삼종세간三種世間, 성구사상性具思想, 이제원융二諦圓融 등 많이 있지만, 법화의 요의를 이해하기만 하면 '백계천여, 일념삼천'을 알 수 있을 것입니다. 원래 십법계의 중생은 모두 한마음(一心)을 떠날 수 없고, 한마음에 만법이 원만히 구족되어 있으니, 만법은 우리의 한마음 가운데에 있습니다.

불교는 평등을 제창합니다. 평등의 참 의미는 '하나와 많음은 다르지 않다'는 것입니다. 일반인들은 많은 걸 좋아하고 적은 걸 싫어합니다. 그래서 결국 비교하고 따지니까 미혹됨이 일어나 업을 짓게 됩니다. 이 세간 역시 이렇게 해서 분란이 끊이지 않습니다. 사실 불교에서 보면 하나는 곧 많음이고, 많음은 곧 하나이며, 하나와 많음은 다르지 않고, 본성과 현상은 아무런 구별이 없습니다. 왜냐하면 만법은 일여一如하고, 동체공생하며, 한 법法을 따라 들어도 전체와 밀접한 관계가 있기 때문입니다. 그래서 지금 전 세계가 평화를 제창하지만 평화는 우선 먼저 평등해야 합니다. 큰 것이 작은 것을 존중하고, 많음이 적음을 존중하며, 강함이 약함을 존중하고, 있음이 없음을 존중하며, 위가 아래를 존중해야 평화를 이룰 수 있습니다.

불교의 보살은 '반야'가 모든 부처의 어머니임을, '연기연멸緣起緣滅'이 제법의 실상임을, '삼법인'이 우주인생의 참 진리임을, '사대비유四大非有'와 '오온계공五蘊皆空'이 생명의 본질임을, '동체공생'이 우주의 질서임을 깨달았기에, 심지어 '연기중도'의 진리정법을 믿었기에 능히 '공유무애空有無礙'를 들여다볼 수 있었으며, 능히 출세의 사상으로 입세入世의 사업을 할 수 있었습니다.

사람들은 인간에게 운명이 있는지를 연구하길 좋아합니다. 사실 운명은 '인연'입니다. 어떤 '인'을 짓고 어떤 '연'을 맺느냐에 따라 받는 '과보'가 달라집니다. 과보가 선한가 악한가가 운명의 좋고 나쁨을 결정합니다. 그래서 사람은 널리 선한 인연을 맺어야 하고, 타인과도 내게 좋은 인연을 준 적이 있으니 나도 선한 인연을 주어야겠다고 해서 서로가 서로의 인연이 되어야 합니다. 이것이 바로 '동체공생'입니다.

'동체공생'의 사상은 굉장히 풍부합니다. 동체공생은 법계가 서로 밀접하고 인아가 일여하다는 것입니다. 인간불교는 '동체공생'을 제창하며, '모든 인연이 모여 이루어짐'을 중시합니다. 제법은 모두 인연이 모여 이루어지기 때문입니다. 세간의 모든 현상은 홀로 존재할 수 없고 일체가 상호 의존해서야 그 현상이 이루어질 수 있습니다. 평소 생활에 필요한 것 어느 하나도 사회 대중의 고생한 결과가 아닌 것이 없으며, 사회 대중이 없다면 개인 홀로는 결코 생존해 나갈 수 없습니다. 심지어 사람과 자연 역시 동체공생의 관계입니다. 현재 전 세계에서 발생하고 있는 지진, 쓰나미, 태풍 등 심각한 재난은 천재지변같아 보이지만, 사실 환경을 파괴한 인류에 대한 대자연의 반격인 셈입니다. 남아메리카 브라질의 열대우림은 지구 전체의 기온 및 공기를 조절할 수 있기 때문에 전 인류의 생존과 밀접한 관계가 있습니다. 비록 유엔에서 보조를 해 벌목을 금지하고 보호하도록 애쓰고 있지만, 사실상 남아메리카의 열대우림은 천천히 사라지고 있는 중입니다. 미국 뉴올리언스를 휩쓸고 지나가 수십만 명에 이르는 사상자를 냈던 허리케인 카트리나의 간접적인 원인 중 하나가 바로 습지대의 지나친 난개발입니다.

현재 인류의 가장 큰 위기는 바로 오랜 세월 자신의 입장에서 만물을 대하고, 사용할 수 있는 것은 무조건 갔다 쓰고 거슬리면 없애버렸기 때문에 결국 한 걸음씩 스스로의 한계에 도달하게 됐고, 스스로 앞날을 망쳐버리게 된 것입니다. 불교가 '동체공생'을 설명하는 이유는 우주만물은 모두 많은 인연의 모여 이루어지고 서로 공생공존하기 때문입니다. 불법에서 설명하는 '보시'가 사실 사물과 내가 하나이고, 다 함께 사는 공동체라는 거시적 관점입니다. 나의 재물은 타인에게 주어 함께 누릴 수 있습니다. 나의 지혜는 감출 필요 없이 타인에게 행복을 만들어줄 수 있습니다. 나의 모든 것은 혼자 독식할 필요 없이 인간세상에서 필요한 사람들에게 나눠줄 수 있습니다.

불교에서 말하는 '석복惜福' 역시 '동체공생'에 기초한 인식입니다. 대자연의 각종 자원을 아껴야만 인류가 영원히 오래도록 평안하게 지구에서 생존할 수 있습니다. 불교에서 설명하는 '인연'은 모든 중생은 서로 의존하는 인연집합체라는 것을 인식하고, '무연대자無緣大慈, 동체대비同體大悲'와 '동체공생'의 이념은 공익사업을 추진하는 근거로 삼아야 합니다. 우주만물은 모두 많은 인연이 모아져 이루어진 것이기 때문에, '인연이 모이면 생겨나고, 인연이 흩어지면 사라진다'고 했습니다. 이 원리를 통해 국가와 사회는 온갖 인연관계로 이루어지고, 국민의 공동된 힘으로 건립된 것임을 짐작할 수 있습니다. 이 이치를 이해하면 인류는 과거 '물질경쟁, 적자생존', '약육강식'의 개념을 없애고, 평등호혜의 관점에서 일체 중생을 보도록 바꿔야 합니다. 크게는 세계평화, 보육운동, 작게는 다리 건설, 도로 수리 등과 차 보시, 칭찬 격려 등 무릇 중생에게 유익한 일이라면 응당 마음을 내어 힘써 다 함께 이룩해야 합니다.

그래서 눈은 세계로 돌리라고 했습니다. 불교의 진리만이 자연환경을 보호할 수 있고, 오직 불교의 미묘한 진리만이 지구의 위기를 구할 수 있습니다. 오직 불교의 '중생평등'의 관념만이 인류의 아집을 없앨 수 있고, 불교의 '동체공생' 사상만이 우주에 활력을 불어넣을 수 있으며, 오직 불교의 '자비로 중생을 보호한다'는 방법만이 인류의 살업殺業을 줄일 수 있고, 오로지 불교의 '이사명리以事明理'의 교육만이 닫힌 마음을 열 수 있기 때문입니다. 『금강경』의 '이 법은 평등하여 높고 낮음이 없다'라는 말처럼 자성과 허공이 평등하고, 본성(理)과 현상(事)이 평등하며, 중생과 부처가 평등하다는 큰 지혜를 구족해야 마음에 능히 하늘을 품고 무한한 사바세계를 담을 수 있습니다. 『능가경』에서 "일체 중생은 마치 나의 몸과 같다"고 한 것처럼 '동체공생'을 인식해야 무연대자無緣大慈, 동체대비同體大悲 할 수 있습니다.

인류는 무리지어 사는 동물입니다. 먹고, 입고, 살고, 행동하는 데

소용되는 모든 물건은 대중이 서로 이룩해서 생겨난 것입니다. 특히 오늘날처럼 정보가 발달된 사회에서 사람은 대중을 떠나 혼자 생활할 수는 없습니다. 일찍이 2천여 년 전 부처님은 제자들에게 중생과 마주할 때의 예절을 가르치셨습니다. 겸손하고 공손해야 하며, 차례를 지킬 줄 알고, 다른 일은 논하지 말며, 온 마음을 다해 들어야 하고, 가르침을 받들어 일상에서 행하라고 가르쳤습니다. 이미 오랜 세월이 흐르긴 했지만 지금까지도 여전히 와 닿는 내용입니다.

유감스럽게도 전 세계는 여전히 전쟁이 끊이지 않고 있습니다. 전쟁으로 사람을 죽이고, 결국 타인을 모두 죽여 나 혼자 이 세상에 남는다면 결코 생존해 나갈 수 없습니다. '타인을 해침은 곧 나를 해치는 것이고, 타인을 이롭게 함은 나를 이롭게 하는 것이다'고 했듯이 우리는 서로 인과관계가 있습니다.

하루는 염라대왕이 재판을 열었습니다. 염라대왕은 '갑'에게 "너는 세간에서 살인, 강도 등 온갖 못된 짓을 하고 살았으니 지옥에 떨어져서 100년 뒤에 인간으로 태어나도록 해라"고 말했습니다.

이번에는 '을'에게 "너는 세간에서 하루 종일 먹고 놀기만 하고 힘써 일하지 않았으며, 부모님께 효도는 물론 사회 대중에게도 이로움이 없었으니 너도 지옥으로 가 50년간 고생하다가 사람으로 환생하거라"라는 판결을 내렸습니다.

다음 어느 기자의 차례가 되었습니다. 염라대왕은 "너는 무간지옥에 떨어져 영원토록 환생할 수 없도다"고 말했습니다. 이 판결을 들은 기자는 염라대왕에게 억울함을 호소했습니다. "방금 전 저 두 사람은 온갖 못된 짓을 다 했어도 50년과 100년간만 괴로움을 받았잖습니까? 도둑질하지도 않고 살인하지도 않은 저는 기자일 뿐인데 왜 무간지옥으로 떨어져야 합니까?"

"저들이 저지른 살인과 나쁜 짓은 한 번으로 끝나지만, 네가 쓴 글은 사람들 마음을 해치고도 지금까지도 세간에서 흘러 다니며 여전히 사람들에게 고통을 주고 있다. 네가 쓴 책이 일으키는 독소가 사람들에게 끼치는 영향이 다 사라진다면 또 혹시 환생할 수 있는 기회가 있을지도……."

우리는 남을 해치고도 자신은 책임이 없다고 생각해서는 안 됩니다. 사회의 하나하나가 모두 인과로 얽혀있는 관계이기에 공생해야 행복을 누릴 수 있습니다. 우리는 세간의 생명은 수중에서 노닐든, 공중을 날아다니든, 땅에서 기어 다니든 종류와 모습에 상관없이 생명은 다 한몸이며 공생하고 공유한다고 생각해야 합니다.『금강경』에서 "알에서 태어난 것, 어미 뱃속에서 태어난 것, 습한 데서 생긴 것, 스스로 생긴 것, 형상이 있는 것, 형상이 없는 것, 생각이 있는 것, 생각이 없는 것, 생각이 있는 것도 아니고 생각이 없는 것도 아닌 것……, 모두 제도하여 무여열반無餘涅槃에 들도록 하리라"고 말한 것처럼 우리는 생명이 있는 모든 종류의 중생은 하나도 없어서는 안 되는 우리의 육근으로 바라봐야 합니다. 이렇게 할 수 있다면 여러분 모두는 동체공생을 실천하는 자비로운 사람이 될 것입니다.

당시 제가 창립한 국제불광회는 중생평등을 제창하는 명실상부한 사회단체로 자리매김하였으며, 불광회 내에서는 모든 회원이 국가, 종족, 남녀, 빈부를 구분하지 않고 불법을 널리 펼치는 데 노력하고 있습니다. 왜냐하면 우리는 일체의 회원을 동체공생의 지구 한 가족으로 보기 때문입니다. 15년 동안의 국제불광회는 역대 5대의 총회장, 7,500명의 독도(督導: 고문), 7,500명의 회장, 부회장, 비서 등을 탄생시켰습니다. 그 가운데 어느 지역 분회는 딸이 회장이고, 어머니가 부회장이며, 아버지가 비서로 있는 곳도 있습니다. 모두들 이러한 평등의 정신으로 우리의 신앙을 발전시키고 우리의 인간관계를 화목하게 만들어야겠습니다.

우리가 종교를 믿는 목적은 이기심을 없애고 공덕심公德心을 배양하기 위해서입니다. 이기심은 우리의 가슴을 더욱 좁게 만들고 안목을 더욱 줄어들게 만듭니다. 그래서 우리는 스스로를 더욱 크게 만들고, 안목은 더욱 넓게 만들어야 합니다. 하나의 동체공생의 세계인 이 세상에서 서로 의존관계에 있는 모든 중생이 함께 생활하고 함께 번영해 나가야 합니다. 허공 가운데의 해, 달, 별은 밝음과 어두움을 나누지 않고 서로를 비춥니다. 대지에는 우뚝 솟은 산과 언덕이 높낮이에 상관없이 서로 이어져 있습니다. 이 우주에는 진귀하고도 특이한 것들이 많지만, 종류가 같든 같지 않든 상관없이 서로 보완하여 이뤄나갑니다. 그래서 이 우주는 본래 '동체와 공생'하는 원만한 세계입니다. 여러분은 항상 공덕심을 간직하여야 하며, 자비심으로 이 우주라는 커다란 가정을 사랑하고 보호해야 하고, 평등심으로 일체의 중생을 대해야 합니다. 오로지 모두 '우리는 지구라는 곳에서 함께 사는 생명공동체임을 자각하고, 서로 편견과 아집을 버리고 상부상조하며, 더 나아가 모든 중생의 생존권을 존중하고, '한몸'이라는 중생평등의 사상을 촉진하며, '함께 생존'한다는 자비와 보시의 정신을 널리 발전시키면 지구를 평화롭고 안락한 인간정토로 만들 수 있습니다. 그러나 이 이상적인 목표를 실현하려면 사람들이 저마다 반야지혜를 구족할 필요가 있습니다.

3일간의 강좌를 마무리 하는 시점에서, 지금까지 설명한 계·정·혜 삼학은 우리가 불교를 배우는 데 없어서는 안 될 양식입니다. 불교의 수많은 경론 가운데 곳곳에서 삼학의 중요성을 제시하고 있고, 역대 조사와 대덕들 역시 힘써 이 법문을 제창하였습니다.

『잡아함경』에서는 "삼학을 구족함이 비구의 바른 행이다"고 하였고, 『대방등대집경』에서는 "이른바 계·정·혜와 무상한 다라니는 능히 3업業을 정화하여 일체 사람의 사랑을 받는다"고 했습니다. 『해혜보살소문정인법문경』에서는 "모든 부처의 정법을 지키고 보호함은 몸과 말과 마음으로 짓는 업을 청정하게 하고 계·정·혜가 맑아져 또 그러하니 모두 해탈·지선·청정을 얻는다(諸佛正法護持者, 身語心業皆淸淨, 戒定慧淨亦復然, 得解脫智善淸淨)"고 하였습니다.

도안道安 스님은 "세존께서 세운 교법이 세 가지가 있으니 첫째는 계율이요, 둘째는 선정이며, 셋째는 지혜입니다. 이 세 가지는 도에 이르는 문이며, 열반의 중요한 관문입니다. 계율은 삼악을 끊는 유능한 장수이고, 선정은 흩어짐을 끊는 날카로운 무기이며, 지혜는 약으로 병을 치료하는 훌륭한 의사입니다"고 말했습니다. 구마라집 스님 또한 "지계는 능히 번뇌를 끊어 굴복시켜 그 세력을 하찮게 하고, 선정은 능히 번뇌를 가려 산이 흐르는 물줄기를 끊듯이 하며, 지혜는 능히 번뇌를 사라지게 하여 필경에는 하나도 남김이 없도록 합니다"
고 했습니다.

이상으로 저는 계·정·혜 삼학의 중요성을 다음과 같이 귀납하겠
습니다.

①인류특성에 적합

불경에서는 사람에게 범행梵行을 추구하고 용맹하게 인내하며, 지
혜를 쌓는 등 세 가지 특성이 있으며, 그 나머지는 육도에 미치지 못
한다고 말합니다. 계·정·혜 삼학은 이 세 가지 특성과 상통하며, 우
리가 불도에 들어가는 가장 훌륭한 방법입니다.

②탐·진·치를 식별

탐·진·치는 중생의 세 가지 근본번뇌이며 중생은 그것이 존재하
기 때문에 망상을 일으키고 업을 지으며 윤회를 하기 때문에 '삼독'
이라 부르기도 합니다. 삼학을 힘써 닦고 계율을 잘 준수하면 근검·
희사·자비·보시의 습관을 기를 수 있고, 탐욕의 악습을 치유할 수
있습니다. '성냄'의 생각이 일어날 때는 '선정'으로 치유해야 합니다.
자주 선정에 들면 능히 우리 마음을 맑고 깨끗하게 하여 역경을 만나
도 화내는 마음이 생기지 않습니다. 반야지혜로 관조하는 것을 잘 활
용하면 번뇌를 보리로 바꿀 수 있습니다. 계·정·혜를 근면하게 닦는
것이 탐·진·치를 식멸하는 훌륭한 방법입니다.

③경·율·론을 풀이

삼장으로 말하면 경장을 풀이해 놓은 것이 정학이고, 율장을 풀이
해 놓은 것이 계학이며, 논장을 풀이해 놓은 것이 혜학입니다. 그래

서 계·정·혜 삼학을 거듭 수행하면 사상 면에서, 그리고 생활면에서 부처님의 교법을 실천할 수 있습니다.

④팔정도를 함양

팔정도는 사성제의 주요 내용이며, 그 중 바른 말, 바른 행위, 바른 생활은 계학에 속하고, 바른 견해, 바른 사유는 혜학에 속하며, 바른 마음 챙김, 바른 집중은 혜학에 속합니다. 바른 노력은 계·정·혜 삼학에 두루 통합니다. 그래서 삼학을 의지해 행동하면 해탈의 바른 길로 나아가는 것입니다.

⑤육도행에 부합

대승보살도에서는 육바라밀로 바른 행위를 삼습니다. 그 가운데 보시·지계·인욕·정진이 바로 계학의 주요 항목이며, 선정은 정학에 귀속되고, 반야는 혜학에 속합니다. 그래서 삼학은 자타가 두루 이롭고 함께 피안을 오르는 선박이라 보기도 합니다.

결론적으로 계·정·혜 삼학은 복덕쌍수·행해병중의 근본적인 힘이며, 오직 계·정·혜를 근면하게 닦아야 탐·진·치를 식멸하고 원만하고 행복한 인생을 얻을 수 있습니다. 홍콩 홍칸체육관에서 20년 불학강좌를 원만하게 마무리하는 이 시각 저는 여러분 모두 행복이 가득하시고 누구든지 '삼학이 증상'되어 복덕과 지혜가 원만하게 되길 축원합니다.

감사합니다.

성운대사星雲大師

1927년 중국 강소성 강도에서 태어나, 12살에 남경 서하산에서 지개 큰스님을 스승으로 모시고 출가하였다. 서하율학원과 초산불학원에서 불법을 공부하였으며, 임제종 48대 전인이 되었다. 1949년 타이완으로 건너와 월간지『인생』,『각세순간』,『금일불교』 등 불교 간행물을 편찬하였다. 1967년 불광산을 창건하여 '인간불교'의 이념을 정립하고, 사회복지·문화·교육·자선사업 등에 온 힘을 기울여 왔다. 전 세계 200여 곳에 사찰을 건립하였으며, 6개의 불교대학과 지광중학교, 보문중학교, 남화대학교, 불광대학교, 서래대학교를 설립하였다. 1985년 불광산 종장직에서 물러난 뒤 전 세계를 운유하며 홍법에 힘쓰고 있다. 1995년 전인도불교대회에서 불교계의 노벨상인 불보상을 수상하였다. 1997년 이태리 교황청을 방문해 천주교 교황 요한 바오로 2세와 만나 회담을 가졌다. 2000년 4월 1일『인간복보』를 창간하였다. 국제불광회 중화총회장을 역임하였으며, 세계불교도우의회 영구 명예회장을 맡아 불교의 현대화와 국제화는 물론 인간불교를 전파하는데 큰 공덕을 쌓았으며, 백여 권의 저술은 전 세계의 다양한 언어로 번역 출간되었다.

조은자

대학에서 중어중문학을 전공하고 현재 전문번역가로 활동하고 있다. 성운대사의『합장하는 인생』,『천강에 비친 달』,『성운대사의 관세음보살 이야기』,『인간불교, 부처님의 참된 가르침』을 우리말로 옮겼다.

계·정·혜, 인간불교의 근본 가르침

초판 1쇄 발행 2014년 7월 30일 | 초판 2쇄 발행 2016년 9월 28일
지은이 성운 | 옮긴이 조은자 | 펴낸이 김시열
펴낸곳 도서출판 운주사

(02832) 서울시 성북구 동소문로 67-1 성심빌딩 3층

전화 (02) 926-8361 | 팩스 0505-115-8361

ISBN 978-89-5746-384-0 03220 값 12,000원

http://cafe.daum.net/unjubooks 〈다음카페: 도서출판 운주사〉